A STYLISTIC STUDY OF DIJI
IN THE HAN, WEI AND SIX DYNASTIES

汉魏六朝地记之文体研究

李翠叶 著

北京理工大学出版社
BEIJING INSTITUTE OF TECHNOLOGY PRESS

内容简介

目前地理学界一般将六朝地记作为方志的开端，只在绪论中进行简单梳理，文学界则以纯文学学科的研究范式，考察地记诞生的外部背景、地记的文学特色、地记对后世的影响三个方面，不足以认知各类地记文献的文体特征以及它与六朝地学知识学术形态的关系。

《汉魏六朝地记之文体研究》将以“知识传承与文体变革”为研究角度，将地记放在六朝地学知识的发展中进行考察，主要从四个方面探讨地学知识的生成扩展与记体之间的关系：地学知识的独立与记体的生成、地学认知角度与记体类型的演变、地学认知主体与记体的记述形态、文人的地学修养对各类文体的变革等。

图书在版编目（CIP）数据

汉魏六朝地记之文体研究 / 李翠叶著. —北京：北京理工大学出版社，2018.12

ISBN 978-7-5682-6537-9

Ⅰ. ①汉…　Ⅱ. ①李…　Ⅲ. ①方志学–文体–研究–汉代–魏晋南北朝时代　Ⅳ. ①K290

中国版本图书馆 CIP 数据核字（2018）第 283054 号

出版发行 / 北京理工大学出版社有限责任公司
社　　址 / 北京市海淀区中关村南大街 5 号
邮　　编 / 100081
电　　话 /（010）68914775（总编室）
（010）82562903（教材售后服务热线）
（010）68948351（其他图书服务热线）
网　　址 / http://www.bitpress.com.cn
经　　销 / 全国各地新华书店
印　　刷 / 北京虎彩文化传播有限公司
开　　本 / 710 毫米×1000 毫米　1/16
印　　张 / 12.25
字　　数 / 171 千字
版　　次 / 2018 年 12 月第 1 版　2018 年 12 月第 1 次印刷
定　　价 / 78.00 元

责任编辑 / 李慧智
文案编辑 / 李慧智
责任校对 / 周瑞红
责任印制 / 王美丽

前言

目前地理学界一般将六朝地记作为方志的开端，一般相关的地理学专著只在绪论中对其进行简单梳理，而文学界则以纯文学学科的研究范式，考察地记诞生的外部背景、地记的文学特色、地记对后世的影响等方面，不足以认知各类地记文献的文体特征以及它与六朝地学知识学术形态的关系。

关于中国的知识传承体系，现代学界研究者较少。学界多重在研究经学阐释史和学派思想史。经学阐释史，在于以经学本身为研究对象，考察经学阐释活动和经学阐释类文献。学派思想史，主要在于解构这一学派内在观念的建构，考察各学派之间思想的异同、互补。

而所谓知识传承体系，重在考察一个时代共用的知识资源，知识的扩展、分化和文献衍生、文体变革的关系，以及文人的知识修养对于各种文献文体形式变革的影响。地记属于地学知识体系，将它的文体变革放在知识传承流变中进行考察，才能凸显其文化的构建意义。

中国地学知识的独立，直到魏晋时才伴随记体的发展而成熟起来。《汉魏六朝地记之文体研究》将以“知识传承与文体变革”为研究角度，将地记放在六朝地学知识的发展中进行考察，主要从四个方面探讨地学知识的生成扩展与记体之间的关系：地学知识的独立与记体的生成、地学认知角度与记体类型的演变、地学认知主体与记体的记述形态、文人的地学修养对各类文体变革的影响等。

记体在知识传承中的功能和价值，就在于它的杂录、序次、整理所承担的对于知识的延展作用，原有的知识经过组合、序次，有一类保持了杂录的形式，有一类则形成具有新认知范型的记体。第一，杂录类的记体，使人类积累的大量认知成果在整理汇集后得以交流，成为一个时代共有的知识资源。更重要的是记体中的各种文体要素通过文献衍生和文体变革的形式引起又一次知识体系的延展。第二，新的记体形成新的知识范型，进而又一次规范了人们的认知角度，既可以成为时人的知识修养影响当时的文学创作，又可以用这种认知角度去重新考量之前的作品，从而再次发现大量的知识。知识的传承机制，就是这样一个不断延展、汇集、再延展的过程。而记体在其中承担着整理知识、选择知识和传播知识的功能，可以说记体广泛参与了整个社会知识和观念的建构。

如果将记体的文体特征仅仅看成笔记、描述、杂录，则不能充分展现记体在知识传承中选择知识、序次知识、传播知识的作用以及随物赋形所生成的文体特征的丰富性。我们将充分思考认知层面与文化内蕴积淀对文体的影响，从知识与文体互构的角度对记体的生成及其流变进行研究。

六朝地记之后，迎来了唐宋山水文的繁荣。这种现象，与战国时期经过对各种早期传记进行序次整理后，汉代迎来论体文的繁荣非常相似；也同经过博物类、风俗类记体的发展后，唐代迎来笔记小说的兴盛相似。这说明，记体作为一种知识储备，是文学得以繁盛的基础。一种经验性知识的丰富，必定会引来文学的变化。记体的发展和文风变化同时并存，不是偶然的。

目录

绪 论

中国的地学知识，在先秦、两汉、魏晋这三个阶段，所表现出的地学观念、知识形态、知识兴趣有一个不断变化、演进的过程，并逐步完成了从官方知识到私学的转变，其文献形态从国家秘藏的地理图籍档案衍生出“地记”一体，进而转化为文人的一种地学修养。

从目录学的角度看，《汉书·艺文志》并无“地理”一门，地理知识作为附着因素存在于国家的各种行政文献，以及各种相面、相宅等书中，合为“形法”一类而列入“数术略”中，至王俭《七志》始分立“图谱”一项。至魏晋时期，开始出现大量地理著作，南朝陆澄首次对前期地理书做总汇，编纂为《地理书》，共 149 卷，注云：“合《山海经》已来一百六十家，以为此书。”之后，梁任昉又“增陆澄之书八十四家作《地记》二百五十卷”，“陈时，顾野王抄撰众家之言，作《舆地志》”[①]。这种整理编纂同类书籍的过程，代表着魏晋地理观念的确定。而所谓“抄撰众家之言”，说明私人著述开始成为主要的地理文献形态。至《隋书·经籍志》在史部专列“地理类”，罗列以魏晋地记为主体的有关地理著作，象征着中国地理知识在国家档案、图谱之外，开始出现私人地学著述。

作为私人著述，六朝地记在内容上不涉及政治、军事、经济等内容，其最大的文体功能在于，建立了较为完整的对自然地理观察的知识角度，这些角度以文体的形式确立，如州郡地记、异物志、山志、水记、宫殿记、庙记、陵记等多种形式。而在文献中所涉及的具体内容和记述方法，也首次奠定了认知地理的知识架构和知识要素。这些文献均以“记”为名，确立了记体作为认知性文体的属性。

① [唐] 魏征，等. 隋书·经籍志 [M]. 北京：中华书局，2011：988.

六朝地记历代辑佚表

时间	综合辑佚	区域辑佚
明代	1. 陶宗仪《说郛》 2. 何允中《广汉魏丛书》	
清代	1. 王谟《汉唐地理书钞》 2. 王谟《增订汉魏丛书》 3. 王仁俊《玉函山房辑佚书补编》 4. 黄奭《汉学堂丛书》 5. 陶栋的《辑佚丛刊》	1. 荆湘：陈运镕《麓山精舍丛书》（约30种） 2. 西北：张澍《二酉堂丛书》 3. 岭南：伍元薇、伍崇耀《岭南遗书》 4. 永嘉郡：孙诒让《永嘉郡记校集本》
民国	1. 叶昌炽《觳淡庐丛稿》 2. 王云五主编《丛书集成初编·史地类》	1. 鲁迅《会稽郡故书杂集》 2. 王叔武《云南古佚书钞》
现代	1. 刘纬毅《汉唐方志辑佚》 2. 朱祖延《北魏佚书考》 3. 史念海《论班固以后迄于魏晋的地理学和历史地理学》（论文），梳理了东汉魏晋的全国总志和各区域地志作品的撰述情况	1. 许作民《邺都佚志辑校注》 2. 缪启愉《汉魏六朝岭南植物"志录"辑释》 3. 吴永章《中国南方民族史志要籍题解》 4. 骆伟《〈南越志〉辑录》 5. 冯君实《〈邺中记〉辑补》 6. 骆伟、骆廷辑注《岭南古代方志辑佚》 7. 陈晓捷《关中佚志辑注》

一、近三十年现代学术体系下的地记之文体研究

地记，在汉魏六朝时，经历了一个蓬勃发展的时期。《隋书·经籍志》对这一类文献做了梳理。唐宋时期对这类文献的认识，主要表现在：第一，史学范围内的批评，主要以刘知几为代表，认为它的性质丛杂。第二，近代文学研究范围内的褒扬，认为六朝地记为唐代山水游记的开端。第三，明清时期，主要是辑佚工作。综合性辑佚包括明代陶宗仪的《说郛》、何允中的《广汉魏丛书》等，清代王谟的《汉唐地理书钞》《增订汉魏丛书》，王仁俊的《玉函山房辑佚书补编》，陶栋的《辑佚丛刊》等，区域性辑佚的

有：清代陈运镕的《麓山精舍丛书》（约 30 种，荆湘地区），伍元薇、伍崇耀的《岭南遗书》，孙诒让的《永嘉郡记校集本》等；民国时期综合性辑佚有叶昌炽的《觳淡庐丛稿》、王云五主编的《丛书集成初编·史地类》，区域性辑佚有鲁迅的《会稽郡故书杂集》、王叔武的《云南古佚书钞》等；近代综合性辑佚有刘纬毅的《汉唐方志辑佚》、朱祖延的《北魏佚书考》，区域性辑佚的有许作民的《邺都佚志辑校注》等。

目前史学界、方志学界一般将汉魏六朝地记作为唐宋方志的开端，相关的学术专著只在绪论中对其进行简单梳理。文学界则采用纯文学学科的研究范式，主要考察地记诞生的外部背景、地记的写景艺术、地记对后世的影响三个方面，不足以认知各类地记文献本身的文体特征，以及地记作为一种新地学知识对六朝其他文献的文体变革所产生的影响。

方志界对于地记的研究，如仓修良的《方志学通论》、林衍经的《方志学综论》、张国淦的《中国古方志考》、彭静中的《中国方志简史》、王成组的《中国地理学史》等，为我们理清了地记的性质、分类、主要内容等基本知识，提供了较为清晰的研究范围。① 六朝地记的性质。一般将六朝地记作为方志演变的一个阶段，以其为唐宋方志的开端，基本上已经达到共识。主要引述《四库全书》："汉初，萧何得秦图书，故知天下要害。后又得《山海经》，相传以为夏禹所记。武帝时，计书既上太史，郡国地志，固亦在焉。而史迁所记，但述河渠而已。其后刘向略言地域，丞相张禹使属朱贡条记风俗，班固因之，作《地理志》。其州国郡县山川夷险时俗之异，经星之分，风气所生，区域之广，户口之数，各有攸叙，与古《禹贡》《周官》所记相埒。是后载笔之士，管窥末学，不能及远，但记州郡之名而已。"认为"方志的演替发展，大致上经历了全国性区域志、地记、图经、地方志四个主要发展阶段"[①]。但有些问题还是值得讨论的，如六朝地记兴盛时，在同时期的其他文献中也会提到"方志"，说明方志和地记是并存而非继起的文体。② 地记的文体特征。史赵荣《魏晋南北朝时期中国的地理学研究》认为六朝地记"不仅极大丰富了《汉书·地理志》涉及的地理内容，而且又在地理志的基础上，增加了社会人文内容，使地理志渐变成地方志，趋向史传化"，认为地记具有史传化的特征。黎子耀《魏晋南北朝史学的旁

① 中国科学院地学史组. 中国古代地理学史［M］. 北京：科学出版社，1984：336.

支——地记与谱学》，认为地记既言地方风土，又载地方人物，兼具志、传两种性质。③ 地记的分类与内容。仓修良的《方志学通论》，将地记分为六类：表彰先贤耆旧、记载建置沿革、描绘山水风光、叙述地名来源、介绍水利交通、反映物产风俗六类。辛德勇认为："在隋代以前，地志纂述还处于初级阶段。这主要体现为地方志的形式是以异物志、山水记、风土记和风俗传等为主，有很强的志异、志奇色彩，而州县城乡之建置、道里驿程之远近、关隘津梁之位置、土田林薮之广狭、人口多寡、形势险易等社会性内容，则一般很少予以记载。"[①]王成组《中国古代地理学史》认为："魏晋以后，地记著作的撰写，显著增多起来，各个重要地区都有'风俗记''风土记'，边远地区则有'异物志'，此外，还有记山水的'水道记'和'山水记'等。"将地记分为州郡地记、异物志、水道记、山水记四种。

在文学学科范畴进行研究的，具有开创性贡献的是日本学者青山定雄的文章《六朝之地记》，认为无论从撰者、体裁内容、功能，还是文章形态上所做出的研究，都显示出了六朝地记与前期地理书及后代地方志的不同。"六朝时代，承图经、风土记之余风，更有某记、某州记之撰述，尤以晋迄南朝间，盛极一时"。从撰者看"出自当地人士之手者八，当地人士为该郡太守者一，其撰者皆为世阀名家且盛负文名之士"，这和地志的撰写者为史官的性质不同。从体裁和内容上，青山定雄分述了各类地记所撰写的类目，包括郡县沿革、山川、城郭、桥梁、亭台、人物等，各书大致如此，又有所取舍，"至于其他地方志普遍记载之疆域、距离、户口、财赋等逸文，则不经见"。关于一地中人物之记载者，考其书目，多以先贤传、耆旧传为名。作者言"因某记或某州记之编纂，其中一部多有人物之记载。致单独编著人物志者，遂逐渐减少。再上溯到后汉之人物志，实为此际之图经及风土记之滥觞，再转而演化为地方志，其踪迹显然可知"。认为后汉人物志与魏晋图经、风土记有逐渐发展流变的关系。另外，青山定雄考察了地记在内容上多载传说故实，并对部分故实如尧的传说进行了梳理。最后考察了六朝地记中地名的命名情况。这些探讨对于全面了解六朝地记，具有重要的

① 辛德勇. 历史的空间与空间的历史［M］. 北京：北京师范大学出版社，2005：272.

价值和意义①。关于地记的文化研究方面，卞东波《中古地记及其文化意蕴》（南京大学本科论文，2008），王卫婷、祁刚《僧著地记：六朝佛教本土化的文学表现》（《南京晓庄学院学报》，2008）从地记与宗教、地记与民间信仰方面做了具体探讨，具有一定的开创意义，但是部分文献统计不确。2013年以来，区域地记研究较为兴盛，成果主要有湖南师范大学罗梦尘的《六朝荆楚地记研究》（硕士论文，2014），山东师范大学周斌的《六朝荆州地记研究》（硕士论文，2013）、张帆帆《六朝扬州地记研究》（硕士论文，2014）等，注重地记的史学价值、文化价值、文学价值的研究，有相当大的启发意义，但是在研究角度、分析论证上有所局限。

2012 年开始，地记研究出现了新的研究方法和研究热潮，截至 2017 年年底，国内学者在文学方面的研究，主要为山东师范大学王琳教授及其王教授的硕士、博士生：① 2013 年山东师范大学王琳教授的国家社科基金项目“魏晋南北朝私撰史籍与文学之关系及其影响研究”课题，其中一部分私撰史籍应该包括地记。前期发表的论文《六朝地记：地理与文学的结合》（《文史哲》，2012），以及后来的专著《齐鲁文人与六朝文风》，探讨了六朝地记繁荣的原因、六朝地记的文学特色与影响，这篇文章是目前文学学科内所见的在地记研究上比较全面的资料，代表了当前对地记进行文学研究的主要成就。但是文章主要从地记诞生的外部背景、地记的文学特色、地记对后世的影响三个方面写，并没有涉及地记对地学知识的传承，以及六朝文人的地学修养对于其他文体的影响等。② 研究综述和典籍整理。张帆帆博士的《六朝地记研究述评》（《辽东学院学报》，2016）分别对六朝地记的辑佚情况、地记的名称、起源、体例，做了比较全面的述评。江永红、王琳的《近三十年来六朝私撰地志辑佚与研究综述》（《中国地方志》，2017）对近 30 年的研究情况做了比较全面的总结。这两篇研究综述基本上展示出古今有关六朝地记的研究成果，为进一步展开研究奠定了基础。③ 关于六朝地记的文学特色。江永红博士《六朝咏物诗与地志咏物类记述之比较——以其兴盛原因、主题类型、文体样式为中心》（《成都大学学报》，2015）、《略论六朝地记之空间性叙述方式》（《名作欣赏，2013》）、《六朝私撰地志中小说化内容书写的演进》（《名作欣赏》，2017）、《六朝私

① 青山定雄. 六朝之地记［J］. 中和月刊. 见于国家图书馆缩微胶片。

撰地志中的鬼神描写——兼与戏曲中同类作品的比较》(《成都大学学报，2017》)、《六朝私撰地志中的民间传说探论——就“梗概与繁复”与林继富先生商榷》(《学术界》，2017)，张蓓蓓《任昉〈地记〉编纂初探》(《图书馆理论与实践》，2013)，张帆帆《六朝扬州地记之物类记述及其文学性探论》(《成都大学学报》，2016)，王昕《论六朝地记与志怪小说——以洞窟故事为中心》(《华东师范大学学报》，2018)等文章，一方面从传统的“小说”范畴进行研究，另一方面开始注重地记文献本身的文体特征。

当今地记研究比较薄弱的原因有三：第一，学科属性。地记长期被划分在方志学界，而方志学界仅将其当作方志的滥觞简单叙述。第二，文体属性。地记不隶属于具有情感性、审美性的诗词文等传统文学体系，但在文体发展史上却具有重要的意义。第三，研究角度。没有充分认识到杂记文献作为一个时代知识基础的价值，没有认识到它可以引起整个时代文体的新变。

二、魏晋地记研究的文献基础

《隋书·经籍志》所载的记体文献，与唐宋之后所产生的单篇记文类不同，均以著述的形式存在，文本形态上都是杂录的形式。分类主要有州郡地记、异物志、山水记、营建记四种形式。

《洛阳记》四卷

《洛阳记》一卷，陆机撰

《十州记》一卷，东方朔撰

《娄地记》一卷，吴顾启期撰

《风土记》三卷，晋平西将军周处撰

《吴兴记》三卷，山谦之撰

《吴郡记》一卷，顾夷撰

《京口记》二卷，宋太常卿刘损撰

《南徐州记》二卷，山谦之撰

《会稽土地记》一卷，朱育撰

《会稽记》一卷，贺循撰

《衡山记》一卷，宋居士撰

《湘州记》二卷，庾仲雍撰

《湘州记》一卷，郭仲产撰

《西京记》一卷

《西京记》三卷

《吴郡记》二卷，晋本州主簿顾夷撰

《随王入沔记》六卷，宋侍中沈怀文撰

《荆州记》三卷，宋临川王侍郎盛弘之撰

《神壤记》一卷，记荥阳山水，黄闵撰

《豫章记》一卷，雷次宗撰

《三巴记》一卷，谯周撰

《邺中记》二卷，晋国子助教陆翙撰

《永初山川古今记》二十卷，齐都官尚书刘澄之撰

《司州山川古今记》三卷，刘澄之撰

《元康三年地记》六卷

《元嘉六年地记》三卷

《司州记》二卷

《巴蜀记》一卷

《大魏诸州记》二十一卷

《代都略记》三卷

《益州记》三卷，李氏撰

《南雍州记》六卷，鲍至撰

《四海百川水源记》一卷，释道安撰

《江记》五卷，庾仲雍撰

《汉水记》五卷，庾仲雍撰

《寻江源记》一卷

《地记》二百五十卷，梁任昉增陆澄之书八十四家，以为此记，其所增旧书，亦多零失，见存别部行者，唯十二家，今列之于上。地记因此得名。以上为地记，是以“记”命名的文献中最为繁盛的一类。

《会稽后贤传记》二卷，钟离岫撰。以地域为界定范围，具有地方色彩的传记。

《襄阳耆旧记》五卷，习凿齿撰，今有整理本。不仅仅记人物，而是分人物、山川、城邑、牧守四部分，显示了这类记体和地学著作的关系。

《洛阳伽蓝记》五卷，后魏杨衒之撰

《庐山南陵云精舍记》一卷

《庙记》一卷

《京师寺塔记》二卷

《华山精舍记》一卷，张光禄撰。从题材看，包括神异、博物和佛事营建，以条目的方式编撰。

综上所述，先唐时期，从时间上看，在周末和魏晋南北朝两个时期，迎来了以著述为体式的记体的生成与繁荣。从撰者看，由儒者而史家而学者而文人，创作者身份的不同说明各类记体虽均命名为记，但其知识流脉不同。从类型上看，汉代记体多为传记。魏晋时，开始分为多种，开始产生新的记体，如地记、行记、风俗记、志异记等，这些记体均带有杂记、条录的文体色彩，而每一类型的记体，都有大量的文献创作，形成了稳定的文体特征。

三、知识传承理论与文体学研究方法

（一）国内“记”文体研究现状

目前尚无关于记体之文体特征与渊源流变之成书，只有曾军论文《从经史到文苑——“记”之文体内涵的源流及变迁》[①]首次从目录学的角度出发，来梳理记文体的源流变迁，具有开创意义。笔者同样做了这个工作，发现还有更多的问题有待进一步展开。关于具体的文体研究，目前成果主

① 曾军. 从经史到文苑——“记”之文体内涵的源流及变迁［J］. 江汉大学学报，2007（1）.

要为山水游记、学记、厅壁记、亭台楼阁记的论著，如王立群的《中国古代山水游记研究》[①]、梅新林的《中国游记文学史》[②]、刘成国的《宋代学记研究》[③]、刘兴超的《论唐代厅壁记》[④]、赵燕的《唐亭台记文体体制及其文化意蕴》[⑤]。这些研究均是以唐宋的记体散文为主要研究对象，何李的博士论文《唐代记体文研究》，主要集中在文本解读，提及了唐代的所有记文类。然而在先唐时期，以著述为体式的一类记体文献并没有得到充分的关注。

关于先唐记体源流的考察，相关学者的研究更多的是在第一章或绪论里，采用了明清两代的文评。现将各种互见的观点总括一下，其内容主要是："按《金石例》云：'记者，纪事之文也。'《禹贡》《顾命》，乃记之祖；记之名，则昉于《戴记》《学记》诸篇。厥后扬雄作《蜀记》，而《文选》不列其类，刘勰不著其说，则知汉魏以前，作者尚少；其盛自唐始也。其文以叙事为主，后人不知其体，顾以议论杂之"，"汉魏以前，作者尚少；其盛自唐始，是符合杂记文创作的实际情况的"。这些话语主要是追溯唐宋时期单篇记文类的源头，其中提到《戴记》《学记》《蜀记》等先唐记体。唐宋记文类的主要功能是"叙事识物"，和杂录性的《戴记》《学记》并不相同，而以为"记之名，昉于《戴记》《学记》"，这种说法，没有考虑到六朝时期出现的大量地记类文献，以及六朝时期的知识主义转向对唐宋记体文发展的影响。因此，对于先唐记体的生成流变以及和唐宋时期单篇记文类的关系，应有一个梳理的过程。

文体研究领域中，学者展开的大多是关于记文类的探讨，如许嘉璐先生《古代文体常识》[⑥]有"杂记"一章，分其为台阁名胜记、杂物书画记、山水游记三类，归纳每一类的特点，列出代表作品。主要是对单篇记文类的研究。在各种著作中涉及先唐记体研究的有刘叶秋的《历代笔记概述》[⑦]，邵传烈的《中国杂文史》[⑧]，陈书良、郑宪春的《中国小品文

① 王立群. 中国古代山水游记研究［M］. 开封：河南大学出版社，2007.

② 梅新林. 中国游记文学史［M］. 上海：学林出版社，2004.

③ 刘成国. 宋代学记研究［J］. 文学遗产，2007（4）.

④ 刘兴超. 论唐代厅壁记［J］. 四川大学学报，2008（3）.

⑤ 赵燕. 唐亭台记文体体制及其文化意蕴［J］. 船山学刊，2007（1）.

⑥ 许嘉璐. 古代文体常识［M］. 北京：北京出版社，1980.

⑦ 刘叶秋. 历代笔记概述［M］. 北京：北京出版社，2003.

⑧ 邵传烈. 中国杂文史［M］. 上海：上海文艺出版社，1991.

史》[①]，褚斌杰的《中国古代文体概论》[②]以及陈必祥的《古代散文文体概论》[③]，以上著作都对记体的概念和记体的源流做了一般理论上的探讨，由于定位在对古代文体做常识性介绍，所以对记体的界定、起源和流变等问题都没有详细的考察。

（二）知识传承理论与文体学

在观念史、思想史之外，还应有支撑这两者的知识史。这是由中国散文的性质决定的。中国古代的散文创作，从来不是个人意义上的一种活动，它受制于共同的观念与知识背景。地记的存在形态涉及的文献有类书、注文等一些隐藏在文学背后的知识性因素。汉魏六朝地记，不是个人的文学作品，它以汇集的形式，取材于一个时代共有的知识要素。

国内现代学界首先注意到知识谱系的代表人物是葛兆光先生，他的《中国思想史——七世纪至十九世纪中国的知识、思想与信仰》主要围绕“知识”和“哲学思想”这个中心，分析了知识和观念两个层次，并区分了“一般知识”和“精英知识”，而且注重学派内部的“思想传统的延续和更新”。作者的这些分析很有见地，也启发了我们做进一步的深入探讨。但是作者主要关注思想的发展，只是把一般的思想和知识作为广阔的背景，没有涉及知识的传承在具体文献中的体现。另外，此书虽然提出一般知识和精英知识的分化，但只是对知识做了总体性的描述，没有真正地分析知识如何演变为一般士人的知识修养。

国外关于知识传承理论的研究，主要有知识考古学和知识社会学。代表作品为福柯的《知识考古学》《词与物——人文科学考古学》和舍勒的《知识社会学问题》。这几部作品是关于知识生产与传承的重要理论著作。

知识考古学选择一个时代不同的话语及其话语的基础、关系和特征进行研究，从而找出该时代共有知识的形成、模式与哲学基础。福柯的《知识考古学》关注某一特定时代的文化现象及其出现、模式、演变，继而进行分析或批判。《词与物——人文科学考古学》，从文字、语言的角度对西

① 陈书良，郑宪春. 中国小品文史［M］. 长沙：湖南出版社，1991.
② 褚斌杰. 中国古代文体概论［M］. 北京：北京大学出版社，1990.
③ 陈必祥. 古代散文文体概论［M］. 郑州：河南人民出版社，1986.

方文艺复兴以来整个西方的知识史进行了颇富创见的分析。福柯建构的人文科学考古学，所依赖的学科涉及语法和语文学、自然史、生物学、财富分析和政治经济学等各种人文科学形态。显然，他所依据的知识谱系十分广阔，是基于西方社会人文科学背景下的哲学思考。其中有些观念给予我们很好的借鉴，如在第二章第二节谈到“记号”，第三章谈到“表象”，第五章谈到“分类”，这些是福柯认为能够剖析知识生成的重要角度。这些观念促使我们思考作为知识记载的“记述”，以表象为记载对象、以分类为内在行文思路的认知性记体、杂记笔记、记文类，在整个人文知识建构中可能起到的作用。

舍勒的知识社会学，从文化学研究的角度出发，提出要重视每一个时代共用的知识要素作为构成有效范围的历史，以及知识要素演变为使用规律的历史。在《知识社会学》中，舍勒“将‘事实’分为‘自然事实’‘科学事实’和‘现象学事实’——‘自然事实’存在于事物本身和人们在经验这些事物时所具有的主观状态之间的领域之中，人们从这里所获得的是‘日常知识’，所形成的是‘自然的世界观态度’。‘科学事实’是人们通过运用一定的、具有人文性的科学操作步骤，通过进行‘科学的还原’而获得的事实，人们因此便可以形成‘科学态度’并且获得相应的‘知识’，而‘现象学事实’则是由于人们从哲学的高度进行‘现象学还原’而获得的纯粹的直观内容——无论存在的是何种实在性，这种内容都始终在人的直接经验中充分地呈现出来”[①]。指出经验现象在自然科学领域和社会科学领域中的社会建构意义。

舍勒的观点促使我们思考“象”在整个知识谱系中的地位，天地万物，成象而后能记。中国的记体，其文体止于经验性存在物象的记述，却存在无限的扩展性：一端可以探讨象的形成，走向内在性的自然科学；一端可以探讨象的应用，走向无限性的社会科学。因此，它可以作为整个知识的起源和扩散点。如果从文体的角度建立中国的知识谱系，记体在整个文献体系中所发挥的作用是不可忽视的。

提到“象”，则不得不关注创自埃德蒙德·胡塞尔以及他的学生和对手的马丁·海德格尔的现象学。在这对德国师生对现象学做了披荆斩棘的工

①【德】马克思 舍勒著，文彦译.《知识社会学文体》，译林出版社，2014：11

作后，法国也迎来现象学的高潮，如勒维纳斯、保罗·萨特、莫里斯·梅洛庞蒂等，关注现象是如何被呈现的，探索一种“认识型”。在文中涉及“先验还原”“要素与整体”“范畴意向和范畴对象”等，显然“现象学”的主要研究对象是现象本身，而记体作为一种文体，要涉及的核心是如何对现象描述，以及这种现象描述对知识谱系构建的价值和意义。

综上所述，国内外学者分别从思想史、社会史的角度关注知识的建构，提出了极富创见的新观点。但是，对于各类知识的传承在文体演变上的表现还没有集中的论述。关于知识传承和文体变革的关系，还处在一个初创阶段，有很大的创新空间和开拓空间。

第一章
地学知识形态的展开与文体形式的演变

本章探讨地理知识如何从国家知识体系中衍生，而最后形成大量地记作品这一问题。这个角度略同于"地记兴起原因"的研究，但前人大多是从外部原因看地记的兴盛，如郡望门阀制、佛教兴起等[①]，其中，早期流行的用郡望现象来解释地记的兴起，已经受到学人的质疑。况且，仅从外部原因看，毕竟不知地记为何物。因此，必须着力去研究地记属于地学知识中哪一个知识谱系，它对于地理的认知和把握角度如何，以重新认识地记的生成。

这一过程的梳理，首先要明晰自周、汉而至魏晋时期，时人对于地理观念的两次重要转变：第一，周代地理观念是"行政地理观"，地理知识是行政可依靠的重要知识凭仗，在这种观念下所形成的文献共有三种类型：国家图籍、职官文献、方志文献。其中对后来的地记产生影响的是图籍文献。第二，汉代地理观念的一个新转变——"风俗地理观"，即风俗与地理、人物的结合。在这种观念下开始产生区域性地方著作：风俗传、耆旧传、地方史。汉朝这种特殊的"风俗"内涵，使地理、人物、历史，均笼罩在风俗之下，并取得了一种文体形式，这就是汉代所产生的地方著作，但并非地记。第三，魏晋时"博物地理观"的形成。因汉末"史官失其常守，博达之士，愍其废绝，各有记闻"的地学知识话语权力的下移，魏晋地方官员和文人开始采取国家专属的图经话语方式，创作了大量的地记作品。

---

① 仓修良. 仓修良探方志［M］. 上海：华东师范大学出版社，2005：93. 又，王琳先生总结地记兴起的原因有：① 汉末魏晋社会动荡……地方势力及地区观念增强，各地士人纷纷夸耀家乡地理、人物之美。② 伴随儒学的衰微，人们的治学视野及写作兴趣日益广泛。③ 还与这个极为动荡的时期，人们频繁迁徙流动，形成地理大交流的局面有关。④ 佛教及道教文化的繁荣以及隐逸之风的盛行也推动了本时期地记在内容上的拓展。总之，魏晋南北朝地记兴盛的原因是多方面的。见王琳. 中国古代散文国际学术研讨会论文集［M］. 南京：凤凰出版社，2011：181-183.

至隋朝建国，隋文帝即明令禁止私人撰修国史和臧否人物，《隋志》：“隋大业中，普诏天下诸郡，条其风俗物产地图，上于尚书，故隋代有《诸郡物产土俗记》一百五十卷，《区宇图志》一百二十九卷，《诸州图经集》一百卷，其余记注甚众。”①隋朝从官方角度开始写作图经和官修志书。唐宋之后，图经大盛，其语言体式一同于地记。图及图经，它的使用者均是国家和地方官员。魏晋士人沿袭了国家图经中的知识架构、语言体系，并在汉代风俗地理观念的影响下，确立了地记这一文体。

一、先秦行政地理观及其地理著作形式

《隋书·经籍志》地理类小序言：“昔者先王之化民也，以五方土地，风气所生，刚柔轻重，饮食衣服，各有其性，不可迁变。是故疆理天下，物其土宜，知其利害，达其志而通其欲，齐其政而修其教。故曰广谷大川异制，人居其间异俗。《书》录禹别九州，定其山川，分其圻界，条其物产，辨其贡赋，斯之谓也。周则夏官司险，掌建九州之图，周知山林川泽之阻，达其道路；地官诵训，掌方志以诏观事，以知地俗；春官保章，以星土辨九州之地，所封之域，以观祆祥；秋官职方，掌天下之图地，辨四夷、八蛮、九貉、五戎、六狄之人，与其财用九谷、六畜之数，周知利害，辨九州之国，使同其贯；司徒掌邦之土地之图与其人民之教，以佐王安抚邦国，周知九州之域，广轮之数，辨其山林、川泽、丘陵、坟衍、原隰之名物，及土会之法。然则其事分在众职，而冢宰掌建邦之六典，实总其事。太史以典逆冢宰之治，其书盖亦总为史官之职。”先秦的地理运用，主要是结合农业、政治、军事、经济的发展而形成的各种地学文献。

1. 周代的图籍文献

《周礼》所代表的对地学知识的应用，是权力与地学知识结合的典型话语表述。我们将福柯在《知识考古学》中关于权力的各种表述综合起来，

① [唐] 魏征，等. 隋书 [M]. 北京：中华书局，2011：988.

也有一种观点，即认为：知识、话语、权力运作是通过空间的组织安排得以具体操作和实践的。在中国的行政体系中，以《周礼》为代表，建立了一套完整的对自然和地理进行观察和控制的机制。而政府官员对于地理知识的掌握，不断衍生出不同类型的文献。

《周官》一书，即按知识体系分设官职，在行政系统中首先运用的是地图，地图是周朝认知地理、进以施政的一种主要知识凭借。周朝制度下，各级行政官员掌握着不同类型的地图。如司徒掌图，“周知九州之域，广轮之数，辨其山林、川泽、丘陵、坟衍、原隰之名物，而辨其邦国、都鄙之数，制其畿疆而沟封之”；《周礼·夏官》：“职方氏掌天下之图，以掌天下之地，辨其邦国、都鄙、四夷、八蛮、七闽、九貉、五戎、六狄之人民，与其财用九谷、六畜之数要，周知其利害”[①]；形方氏“掌邦国之地域，而正其封疆”[②]；山师、川师“各掌山林川泽之名，辨物与其利害”[③]；诵训“掌道方志，以诏观事，掌道方慝，以诏避忌，以知地俗”[④]。甚至有对地理知识的具体应用，如土均掌平土地，草人则掌土化之法，这些官吏通过地理知识和地图的运用来行使职权。

周代因地图的应用而产生各种文献。黎翔凤言“‘土训，掌道地图’，郑注：说地图九州形势山川所宜。此图说也。量人‘邦国之地与天下之涂数，皆书而藏之’，郑注：书地，谓方圜山川之广狭。书涂，谓支凑之远近。此图经也。”[⑤]但是周朝的这些档案文献，并无一份流传下来，无法确定是否和今天所见到的图说、图经相似，但是在周代伴随大量地图的使用，应有很多的图籍文献是确定的。

这些图籍文献作为国家案牍，应有系统而成熟的知识体系和话语表达，但是作为官方文献，并不在广大的范围中传播。这些地图及其文献都是秘密收藏的，即使后来唐代的《元和郡县图志》亦不附图流传，可知图籍实为国家重典。在春秋战国之前，国家的舆地图掌握在中央和诸侯的太史手中，换代之际，则会有史官抱图法以奔。而从不同角度对地图的运用则掌握在各级职官手中，是各地的档案资料，也具有私密性。从《左传》等文

① ［汉］郑玄. 周礼注疏［M］.［唐］贾公彦，疏. 上海：上海古籍出版社，2010：1271.
② ［汉］郑玄. 周礼注疏［M］.［唐］贾公彦，疏. 上海：上海古籍出版社，2010：1288.
③ ［汉］郑玄. 周礼注疏［M］.［唐］贾公彦，疏. 上海：上海古籍出版社，2010：1289.
④ ［汉］郑玄. 周礼注疏［M］.［唐］贾公彦，疏. 上海：上海古籍出版社，2010：589.
⑤ 黎翔凤. 管子校注［M］. 北京：中华书局，2004：529.

献中看，当时的地图和关于地图的解说都已经相当有体系。但是在今天都是无法考证的。

《汉书·艺文志》主要收集艺文著作，并不载录官方文献，但是这些图籍是和地理知识最为密切相关的一种文献形式。就目前能考证的实物，最早的图籍文献是汉代的《巴郡图经》。魏晋地记的知识架构，就是运用了图经这一官方文献的话语体系，容后文详论。

2. 周代的行政文献

周代的行政地理著作主要表现为国家的档案文献，代表作是《尚书》中的一篇《禹贡》。“清代学者胡渭归纳《禹贡》12 项地理要义：地域之分、水土之功、疆理之政、税敛之法、九州之贡、四海之贡、达河之道、山川之奠、六府之修、土姓之锡、武卫之奋、声教之讫。这 12 项要义简直包含了建立王朝江山大业的全部政、教、兵、财工作。”[①]《禹贡》是中国行政地理学观念下对地理认知的典型话语表达，承接这一地理观念的是《汉书·地理志》，强调赋税、人口、土壤、经济这些极具行政色彩的地理要素。它和《隋书·经籍志》“史部地理类”中以地记为主体的知识谱系显然不同，因此对于学界常谈的“地理是附着在史学著作中，至于魏晋兴盛起来”的说法似乎可以再商榷，因为这两者不是一个知识谱系。在地记兴起时，魏晋正史中依然有地理志，并非魏晋地记取代了汉代史学中的地理话语权。关于地理具体的学科知识是在职官文献中，如农桑之业不得不言地理，水利之造不得不因地势，营建之作不得不考地形，军事之兴不得不验地图。这些内容一直到《群书索要》中，宋代的章如愚才将版籍、户口、田制、水利、兵要列入“地理部”。作为类书的《群书索要》，是一般士人得以窥见职官文献体系的中介。

3. 外史“掌四方之志”的方志文献

方志文献是周代掌握国情的一种重要文献。至汉代“地方著作”兴起和魏晋南北朝“地记”兴起时，国家的方志文献一直都有自己的传承。如两汉时期，《后汉书·西域传论》：“至于佛道神化，兴自身毒，而二汉方志，

① 唐晓峰. 人文地理随笔［M］. 上海：三联书店，2005：261.

莫有称焉。”[①]西晋左思《三都赋序》“其山川城邑，则稽之地图。其鸟兽草木，则验之方志。”[②]北魏郦道元：“余以永平中，蒙除鲁阳太守，会上台下列《山川图》，以方志参差，遂令寻其源流。”[③]说明在地记兴起前后，一直存在方志。方志谱系亦不应与地记相混。因此学界论证“地记是方志的开端”，认为地记“是中国方志早期的编纂方式”，都是值得讨论的，而这却是方志学界常见的论说。刘师培对此也有考证：“尝考《周官》外史之职，掌四方之志，郑注释之曰：‘若晋乘、楚梼杌之类。’是则诸侯各国志乘咸有专书，然吾观《春秋左氏传》备引《周志》《郑志》之文，即外史所掌四方之志，然细绎其体，大抵汇录名贤绪言，旁及学术之大要，非仅如后世图经地志之例也。”[④]无论从时间还是内容上看，地记在很大程度上影响了隋唐以后的方志创作，但绝不是方志的开端。

4. 堪舆风水文献

这类文献是地理知识的一种应用形态，如其中谈到“形法”。因《汉书·艺文志》中仅存录这类文献，故常有文章认为中国的地理知识最早来自风水学。

5. 春秋战国地学知识下移后的诸子文献

至于春秋战国，大量官员流散民间，“某学出于某官”的民间私学传授是中国知识体系的一大转折点。地图本官方典籍，至《管子》则有专论篇章《地图》，“凡兵主者，必先审知地图。轘辕之险，滥车之水，名山、通谷、径川、陵陆、丘阜之所在，苴草、林木、蒲苇之所茂，道里之远近，城郭之大小，名邑、废邑、困殖之地，必尽知之。地形之出入相错者，尽藏之。然后可以行军袭邑，举措知先后，不失地利，此地图之常也。”[⑤]黎翔凤将这段话与《周礼》中“地官遂人职、夏官职方氏、司险、土训、量人”所掌握的知识进行对比，认为《管子·地图》“此篇专主兵事，与司险九州之图同，而于道里远近、城郭大小、地形之出入相错，纤悉具详，自

① [南朝宋] 范晔. 后汉书 [M]. 北京：中华书局，2011：2931.

② [南北朝] 萧统. 六臣注文选：卷四 [M]. 四部丛刊景宋本.

③ [南北朝] 郦道元. 水经注笺 [M]. [明] 朱谋玮，注. 明万历四十三年李长庚刻本.

④ 刘琅. 精读刘师培 [M]. 厦门：鹭江出版社，2007：361.

⑤ 黎翔凤. 管子校注 [M]. 北京：中华书局，2004：528.

必兼用量人之算、土训之说，诚古今地图之要法也”[①]。可见管子言谈在一定程度上继承了周朝的官方地理学知识。至于其他诸子对于地理知识的运用，也应有很多，如《孔子家语》中，孔子做鲁国司空，“乃别五性，而物各得其所生之宜”[②]。五性，一曰山林、二曰川泽、三曰丘陵，四曰坟衍，五曰原隰。此一技能乃是“知地域广轮之数，以辨五地之物生”的司徒之职对地理知识的运用。

关于诸子时代地学知识下移，“郝懿行等认为《山海经》源始于周朝官府所收藏的地理档案，至战国晚期始流出官府而编成后流传”[③]。之后诸子各从官学体系中有所传承，诸子篇章有单独探讨地理知识的，如《管子》中的《地员》《地图》《度地》《水地》；又如孙子兵法中的《地形》《九地》，就其单篇篇目言，一步步拓展了对于水文、土壤、土质的研究。黎翔凤言：“《周礼》大司徒职有土会之法、土宜之法、土均之法、土圭之法，地员实兼之。”[④]诸子对地理学的关注是地理学脱离政治、思想发展为学科知识的过程，但是它主要是以诸子文献的形态呈现。

从《汉书·艺文志》看，关于地理知识的收录，分为两类，即“诸子”“形法类中堪舆风水文献”，仅从目录看，就遗漏了图籍谱系、方志谱系、行政文献谱系。而这三种不同类型的地理著作在后来的传承中都有自己不同的知识谱系。总体来说，先秦时期，对地理本身的认知依然和行政紧密联系，这是行政地理观念的作用，使地理始终无法独立出来，直到汉代“风俗地理观”的确立才改变了这一进程。

二、汉朝地理观念的转变与地学文献的生成

汉代已经有了郡国地志，代表着区域地理学已经初具雏形。自汉朝，

① 黎翔凤. 管子校注［M］. 北京：中华书局，2004：529.

② 王国轩，王秀梅. 孔子家语［M］. 北京：中华书局，2011：6.

③ 刘苑如. 庐山慧远的两个面向——从庐山略记与游石门诗序谈起［J］. 汉学研究，2005，24（1）：79.

④ 黎翔凤. 管子校注［M］. 北京：中华书局，2004：1071.

开始有地方著作，这是地理学著作史上的一个转折点。汉朝对地理的关注，始于对风俗的重视。故汉代大兴地方著作，意在观览风俗，以行教化。这一点，对于后来魏晋地记的文体性质与文学性倾向产生了很大的影响。因此，有必要对汉代的风俗地理观下区域地学著作的特征做一个梳理。

（一）风俗地理观与地方著作的产生

汉人对风俗的理解与后世的岁时风俗不同，东汉应劭写有《地理风俗记》，同时也写有《风俗通》，在《风俗通·自序》中言：

> 风者，天气有寒暖，地形有险易，水泉有美恶，草木有刚柔也。俗者，含血之类，像之而生，故言语歌讴异声，鼓舞动作殊形，或直或邪，或善或淫也。圣人作而均齐之，咸归于正；圣人废，则还其本俗。[①]

《汉书·地理志》："凡民函五常之性，而其刚柔缓急音声不同，系水土之风气，故谓之风。"[②]

《汉书·五行志下》："夫天子省风以作乐。"颜师古注："应劭曰：风，土地风俗也。"[③]

风与天气、地理以及圣人教化有关，这本是承接《礼记》对风俗的认识："凡居民材，必因天地寒暖燥湿，广谷大川异制，民生其间者异俗，刚柔轻重迟速异齐。"可见，早期的风俗是在政教体系之中。应劭亦言："为政之要，辨风正俗，最其上也。"因此对于汉人来说，他们对地理的关注，出发点实在于考论风俗。因此，我们称之为"风俗地理观"。

汉代专设有风俗使，"常以时分适四方，览观风俗"[④]。《汉书·宣帝纪》："（帝时）遣太中大夫强等十二人，循行天下，存问鳏寡，览观风俗。"[⑤]汉

① [汉] 应劭. 风俗通义校注 [M]. 王利器，校注. 北京：中华书局，1981：8.
② [汉] 班固. 汉书 [M]. 颜师古，注. 北京：中华书局，2011：1640.
③ [汉] 班固. 汉书 [M]. 颜师古，注. 北京：中华书局，2011：1448.
④ [汉] 应劭. 风俗通义校注 [M]. 王利器，校注. 北京：中华书局，2010：1.
⑤ [汉] 班固. 汉书 [M]. 北京：中华书局，2011：258.

平帝派遣王恽等八人"分行天下，览观风俗"[①]。其对风俗的重视，盖因汉继秦之后，秦已经完成书同文、车同轨等经济、交通等基本的建设，继之于后的首要任务，即面对一个人口众多、民族多样的国家进行意识形态统一，"故尔古之大一统之君，继同轨同文之后，莫不以同风俗为急务也"[②]。这种新的国家意志，促使汉代出现了大量与风俗有关的著作，如郡书、风俗传、风土记。

自汉代起，地方文献的产生，是从行政体系中逐渐演变而来，但是并不是严格的行政专属文献，因此对地理的思考，在超出政治之外后，有更为细腻的观察角度，在文体上有主要有郡书、风俗记、风俗传、风土记四种文体形式。这四种著作形式，展现了汉人新的地理观念。

1. 郡书

郡书之作，始于后汉光武帝的诏令。《隋志·杂传类》记载："后汉光武，始诏南阳，撰作风俗，故沛、三辅有耆旧节士之序，鲁、庐、江有名德先贤之赞。郡国之书，由是而作。"[③]这条记载，颇能显明中国政治政教合一的特性，在行政领域中，"风俗"另一个的内涵，指先贤所创造的具有模范教化之事迹。

袁宏《后汉纪》卷二十八记载袁汤"为陈留太守，褒善叙旧，以劝风俗。尝曰：'不值仲尼，夷、齐西山饿夫，柳下东国黜臣，致声名不泯者，篇籍使然也。'乃使户曹吏追录旧闻，以为《耆旧传》"[④]，是写地方官员为教化风俗，而编写本地的耆旧传。可知耆旧传一类的郡书，其文体产生之缘由，正在于以先人之事迹来教化风俗。

这类著作，在三国时代有魏王基的《东莱耆旧传》、蜀赵宁的《蜀郡乡俗记》、吴陆凯的《吴先贤传》、吴谢承的《会稽先贤传》、徐整的《豫章烈士传》；南北朝时期有刘义庆的《江左名士传》《徐州先贤传》，吴切的《吴郡钱塘先贤传》，刘芳的《广州（河南省）先贤传》，郭缘生的《武昌先贤志》；唐代有黄璞的《闽川名士传》、陆龟蒙的《续襄阳耆旧传》等。自汉

① [汉] 班固. 汉书 [M]. 北京：中华书局，2011：357.
② [汉] 应劭. 风俗通义校注 [M]. 王利器，校注. 北京：中华书局，2010：1.
③ [唐] 魏征. 隋书 [M]. 北京：中华书局，2011：982.
④ [晋] 袁宏. 后汉纪 [M]. 李兴和，点校. 昆明：云南大学出版社，2008：253.

代产生，至于唐宋，命名为风俗传、耆旧传的作品一直延续不断，已经成为一种重要的文类。

这些耆旧传产生的原因，自钱穆至于当代的很多学者，均以其与门阀制度有关，又如林天蔚："大概晋代的耆旧传及先贤传独多，主要原因是晋代门阀制度盛行，故记叙耆旧及先贤之书籍特多。"[①]胡宝国先生在《汉唐间史学的发展》一书中，曾质疑这种看法，认为将地理书的产生归结为郡望门第，似乎不妥。但没有指出它兴起的真正原因。我们从风俗政教观这一角度看，中国的政治，自周朝起，即奠定了图画人物以教化风俗、砥砺治政的行政传统。故孔子观周庙，见壁上有图画文武周公众贤之像，而知周朝之所以兴。郡书的产生，就是这种行政观念在文献体系上的自然延伸。

在政权运作中，观风俗以考政绩，是西周行政体系中知识形态的惯例和传统的认知观念。姜子牙在齐国时，"因其俗，简其礼"，伯禽在鲁国"变其俗，革其礼"。政治则必因地理风俗而治，这是政治中"教化"视野下的地理认知。汉代周处的《阳羡风土记》，其本传言其为广汉太守时，"郡既经丧乱，新旧杂居，风俗未一，处敦以教义"[②]，著《默语》三十篇及《风土记》。郡书之起，虽起于光武帝表彰家乡，而实成于各地郡守砥砺风俗之愿。赵宁《蜀郡乡俗记》载于《华阳国志》："广汉陈留高眹亦播文教。太尉赵公，初为九卿，适子宁还蜀，眹命为文学，撰《乡俗记》。"[③]古之士君子，本有风教之任。可见，最早的地方著作是由地方官员组织，为播文教而开始撰写的地方性著作。

这种风俗教化，潜移默化而成为文人自我追溯先贤功勋的历史意识。《晋书·习凿齿传》："凿齿既罢郡归，与秘书曰：吾以去，五月三日来达襄阳，触目悲感，略无欢情，痛恻之事，故非书言之所能具也。每定省家舅，从北门入，西望隆中，想卧龙之吟，东眺白沙，思凤雏之声；北临樊墟，存邓老之高；南眷城邑，怀羊公之风；纵目檀溪，念崔徐之友；肆睇鱼梁，追二德之远，未尝不徘徊移日，惆怅极多……曰若乃魏武之所置酒，孙坚之所陨毙，裴杜之故居，繁王之旧宅，遗事犹存，星列满目。琐琐常流，

① 林天蔚．方志学与地方史研究［M］．台北：南天书局有限公司，1973：38-39.

②［唐］房玄龄，等．晋书［M］．北京：中华书局，2011：1571.

③［晋］常璩．华阳国志：卷三［M］．四部丛刊景明钞本：20. 本书中古籍引用凡有页码者，均为使用"中国基本古籍库"电子版古籍，为了以后查索方便，故标明页码。

碌碌凡士，焉足以感其方寸哉！……若向八君子者，千载犹使义想其为人，况相去之不远乎！”[①]在这封书信中，写习凿齿到达襄阳后，对古人的怀想，他撰写的《襄阳耆旧记》应该和这种内心的追溯有关。

郡书的文体特征，因以一地之人物为主，故多称为“传”。据《汉唐地理书钞》和《汉唐方志辑佚》，从可见的佚文看，凡耆旧传者，在内容上都涉及人物记载，以条目形式成文，每条记当地先贤一位，其行文，则为介绍名、字、籍贯、事迹，每条多不超过 100 字。关于人物的具体行事，则仅记其一件事情的始末，也偶有多者。

郡书在选材上，与正史中的人物列传相比，明显的区别在于，史书为人物作传，多选择推动历史进展的人物；而郡书所关注的人物，非为治国之才能，亦非描写其能影响行政的性格。郡书写人物，有以下两个特点：第一，展现多样的民间评价理念和人物本身的自然风采。如写郡守，不写行政能力，似更关心其佚文趣事。吴徐整的《豫章列士传》：“施阳，字季儒，为舒令。经江夏，遇贼劫夺阳物。贼去后，车上有五千钱，遣人追与，贼闻知阳，悉还其物。阳以付亭长。”[②]第二，选择具有一定价值理念引导的先贤人物，如列女传、孝子传等。因此，郡书的文体功能，实在于教化风俗。

郡书的文体意义为，在“风俗”的观念下，把土地与人物首度结合起来，它代表着汉人地理观念的新变。汉代的地理观以风俗为视野，这个视野就涵括了地理、人物、历史等多种因素。这种地理和人物结合的文献形式，引起目录学分类上的归属问题。如晋朝习凿齿的《襄阳耆旧记》，《隋书·经籍志》著录言“《襄阳耆旧记》五卷”，而《旧唐书·经籍志》和《新唐书·艺文志》称其为“《襄阳耆旧传》”，《郡斋读书后志》考证此种现象：“《襄阳耆旧记》五卷，晋习凿齿撰。前载襄阳人物，中载其山川城邑，后载其牧守。《隋经籍志》曰《耆旧记》，《唐书·艺文志》曰《耆旧传》，观其书记录丛脞，非传体也，名当从《经籍志》云。”[③]在《汉唐地理书钞》中也有佚文，称之为《襄阳记》。另，还有《会稽土地记》，因其所记人物众多，故两唐志将其归为“杂记类”。周树人从其他佚文中找到引《会稽土

① ［唐］房玄龄，等. 晋书［M］. 北京：中华书局，2011：2153.

② 刘纬毅. 汉唐方志辑佚［M］. 北京：北京图书馆出版社，1997：55.

③ 汪叔子. 文廷式集［M］. 北京：中华书局，1993：357.

地记》中专论地理者，认为是两唐志归类之失。因此并不能完全以目录学的归类来认定一书的性质。

这种纷繁性，正代表着地学知识在广度上的延展，在风俗视野下所写的人物传记，同时涉及土地、物产等地理知识。方志界认为郡书如《南阳风俗传》《关东风俗传》"这类著作，虽名为传记，实际已经包含风俗等内容，兼有人物传记与地理性质，已成为最初形态的地记"[①]。郡书很难说是地记，因为它的关注中心，并不是地理，和之后的州郡地记并不完全相同。但是这类著作，以风俗教化为旨归，将土地、人物首度联结起来，已成为最早的地方文化著作。

2. 风俗记、风俗传、风土记

风俗与地理相并，这是东汉普遍的地理观念。班固撰《汉书·地理志》时，将朱贡所条记的风俗记附录于《地理志》篇末。地理风俗类作品，有应劭的《地理风俗记》、圈称的《陈留风俗传》等，可见这种地理意识在当时已为士人普遍接受。

这种风俗传、风土记类的作品，呈现的是新地理观念下的一种文体形式，如应劭《地理风俗记》：

> "敦煌酒泉，其水甘若酒味故也。"[②]
> "甘陵郡东南十七里有清河故城者，世谓之鹊城也。"[③]
> "浮县，浮水所出入海，潮汐往来日再。今沟无复有水也。"[④]

所谓"地理风俗"者，即描述此地的"故事""风俗"。这与后来地记的体式非常相似，只是它关注的中心是风俗，而不是地理。地记中有大量的笔墨描写一地的山水形貌，这是《地理风俗记》中所没有的。

① 仓修良. 方志学通论［M］. 北京：方志出版社，2003：107.

② ［南北朝］郦道元. 水经注笺：卷三十六［M］.［明］朱谋玮，注. 明万历四十三年李长庚刻本：18.

③ ［南北朝］郦道元. 水经注笺：卷三十六［M］.［明］朱谋玮，注. 明万历四十三年李长庚刻本：68.

④ ［南北朝］郦道元. 水经注笺：卷三十六［M］.［明］朱谋玮，注. 明万历四十三年李长庚刻本：134.

同时还有一种文类是风俗传。既为传，则在书中记载了大量当地人物。在后人的目录学中，或将其归为杂传，或归为地理。如《陈留风俗传》一书，在《隋志》中被归为“杂传类”，姚振宗《隋书经籍志考证》：“《陈留风俗传》三卷，圈称撰。案此《风俗传》，与《耆旧传》本为一书，前世著录家乃分出《耆旧传》二卷入杂传，而此连《风俗传》并入地理，务欲各充其类故也。《唐经籍志》总入此类，《新志》则两头互见。”①《陈留风俗传》的内容主要有两个部分：第一，记人物，如“阮简为开封令。有劫贼，外白甚急。简方围棋，长啸曰：‘局上有劫甚急’”。这是写人物个性。还有的条目写人物所造成的风俗影响，如“昭帝时蒙人焦贡为小黄令，路不拾遗，囹圄空虚。昭迁贡，百姓挥涕守阙，求索还贡。天子听，增贡之秩千石。贡之风化犹存。其民好学多贫，此其风也”②。第二，记地理风俗，重点在于记一地所发生的历史，如“封丘者，魏地也。故燕之延乡。六国时，复南属魏。高祖与项氏战，厄于延乡，有翟母者免其难。故以延乡为封丘县，以封翟母焉”③。其主体是记载一地之风俗。但其中也有很多简单记载地理之名，如“陵树乡，故平陆县也。北有大泽，名曰长乐厩”，这使得风俗传和地记在文体形式上非常相似。其他如《南阳风俗传》《关东风俗传》，都不是单传的人物传记，而涉及有土地、物产等地理知识。

还有一种文类，为“风土记”，可考见的最早作品，是周处的《阳羡风土记》，《说郛》卷四中存佚文两条：“越俗饮宴即鼓盘以为乐，取大素圆盘以广尺六者抱其著腹，以右手五指更弹之，以为节舞者，应节而舞。”此条写当地风俗；又：“阳羡县东有大湖，中有包山，山下有洞穴，潜行地中云无所不通，谓之洞庭地脉。”④此条写当地地理现象。在《荆楚岁时记》案语中有关于岁时风俗的佚文，如：“仲夏造百索系臂，又有条达等织组杂物，以相赠遗。”⑤则所谓风土者，风俗、土地也。东汉卢植的《冀州风土记》，在《太平御览》卷一六一中有佚文一条：“冀州圣贤之泉薮、帝王之旧地。”其中也应有人物记录。

① ［清］姚振宗. 隋书经籍志考证：卷二十一［M］. 民国师石山房丛书本：705.
② 刘纬毅. 汉唐方志辑佚［M］. 北京：北京图书馆出版社，1997：11.
③ 刘纬毅. 汉唐方志辑佚［M］. 北京：北京图书馆出版社，1997：8.
④ 江苏广陵古籍刻印社. 笔记小说大观：二十五编［M］. 扬州：江苏广陵古籍刻印社，1983：70.
⑤ 梁宗懔. 荆楚岁时记［M］. 宋金龙，校注. 太原：山西人民出版社，1987：51.

“风俗传”“风土记”这两种文体形式，已经合风俗、地理、人物为一体，但是我们依然不能将这种文体称为地记。这两类文献与地记的不同在于：

第一，同为记地物，地记大多必以方位、里数记，而地理风俗传，则可直接交代某地有何物及与此物相关的史迹风俗。地记中的风俗是为解释地名服务，而风俗传中的地名，是为了引出此地的风俗。

> 汉辛氏《三秦记》，“华山在长安东三百里，不知几千仞。如半天之云”“毕陌西北有孝里，毕陌西有白起墓”，“风门在新丰县东南，两阜相对，其所多风”[①]。
>
> 《陈留风俗传》：“陈留县裘氏乡，有澹台、子羽冢。又有子羽祠，民祈祷焉。”[②]

第二，地记中的一些内容，如关于地理特征、地形地貌的描述，关于一地建筑物之间的方位、里程的关系，在风俗传中也是没有的。

> 汉辛氏《三秦记》：“咸阳，秦所都也。在九嵕山南、渭水北，山水俱阳，故名咸阳。胡亥时，阎乐为咸阳令。”[③]
>
> 汉辛氏《三秦记》：“仇池县界，本名仇维山，上有池，故曰仇池山，在仓洛二谷之间。常为水所冲激，故下石而上土，形似覆壶。”“龙首山长六十里。头入渭水，尾达樊川。头高二十丈，尾渐下高五六丈，土赤不毛。昔有黑龙从山出，饮渭水，其行道因成土山。今长安城，即疏山为台，殿基址不假筑。其含元殿，即龙首山之东麓，高敞为京城之最。阶高于平地三十余尺。”[④]

因此，方志界有论：“有些虽然称传，其性质已不是单纯的人物传了，实际上已经是地记。如圈称的《陈留耆旧传》、习凿齿的《襄阳耆旧传》、

① 刘纬毅. 汉唐方志辑佚［M］. 北京：北京图书馆出版社，1997：3.

② 刘纬毅. 汉唐方志辑佚［M］. 北京：北京图书馆出版社，1997：11.

③ 刘纬毅. 汉唐方志辑佚［M］. 北京：北京图书馆出版社，1997：1.

④ 刘纬毅. 汉唐方志辑佚［M］. 北京：北京图书馆出版社，1997：2.

宋孝王的《关东风俗传》和《南阳风俗传》等便是如此，这些都应列入地记表中。”[①]这种看法，并未严格区分风俗传和地记。

汉代的风俗观，是地理、人物、风俗兼备。这也是汉人认知地理的新观念，但是它的叙述中心并不是地理。风俗这个词可以包括政教风俗，包括衣、食、住、行等物质生活各方面的习惯，包括宗教信仰、历史典故，几乎能包括社会的方方面面。可以说，汉代的地理观念为认知地理打开了一个开阔的人文空间，并产生了大量的地方文化著作。我们在追溯地记产生的原因时，普遍的看法是“地方经济的发展和地方势力的强大是产生地记的社会基础”，但是，在这些外部原因之外，还应加一条，即汉代风俗地理观的确立。

（二）图籍谱系与地记的知识结构

《周易·系辞上》：“仰以观于天文，俯以察于地理。”孔颖达疏：“地有山川、原隰，各有条理，故称理也。”[②]早期“地理”的语义内涵，即为地形地貌。圣人首先对地理之象进行了秩序的把握。《易经·系辞上传》：“见乃谓之象，形乃谓之器，制而用之谓之法，利用出入、民咸用之谓之神。”[③]最初地理知识的表达首先是图画万象，地图中所绘画的内容、绘制的方法是观察和把握地理知识的一种角度，将这种角度通过一定的方法绘制下来，这是由象而图的过程，地图的产生是地理学的早期知识形态。

地图中所绘画的内容、绘制的方法即天地之象在知识体系上的呈现形态。这种知识体系表现在语言上的文体形式，是图注、图说、图经，后来发展到地记，它们观察地理的角度、所用的描述方式和语言表达非常相似，我们将之称为图经谱系。从文体形式上说，这一知识谱系经历了象—图—经—记的文体生成脉络。

图经与地记的关系，并非地记起源于图经，地记与图经是并存的两种文体，如在六朝地记盛行之时，也有《幽州图经》《冀州图经》《齐州图经》。

---

① 仓修良. 方志学通论［M］. 北京：方志出版社，2003：115.

② ［三国］王弼. 周易注疏［M］.［唐］孔颖达，疏. 清嘉庆二十年南昌府学重刊宋本十三经注疏本.

③ 周振甫. 周易译注［M］. 北京：中华书局，2007：246.

这两者在观察地理时，所运用的视角非常相似。从知识结构上说，地记关注地理的内容和角度，类似于图经的知识体系和描述方式。图经与地记的共同之处具体如下：

第一，存其名称。地记一如图经，其首要功能亦在于存一地之物象：① 记物之名。如晋朝史筌《武昌记》："阳新县有朔山""樊口之东有樊山""樊山东有小溪，夏时怀袖，恒有寒气，故谓之寒溪"[①]。这样的地名存录是地记的主体内容。② 解释别名。刘澄之《扬州记》中"太湖，一名震泽，一名笠泽，一名洞庭"[②]，就是考证太湖古今之名。③ 解释名称由来。如宋郑辑之《东阳记》："兰溪县，龙邱山下有兰溪，因以为名。"[③]对于人文营建之物象，则在于记明修建者，如晋张僧鉴的《浔阳记》："溢口城，汉高祖六年灌婴所筑。"[④]所谓地理之名，包括山川、地理、湖泊、城镇、庙宇等，这一项也是图经的内容，而文字表述方式完全一致。

第二，叙述地形地貌关系。山陵川泽因不同的地质而物象之形态各异，涉及山、冈、峡、湖泽、植被等。地记在于准确记录各种地形，如宋沈怀远《南越志》："郡东有羚羊峡，一曰高要峡。山高百丈，江广一里，华翠之树，四时菁茜"，"熙安县东南有固冈，高数十丈。冈西面为羊肠道"，"肃连山西十二里，有灵洲山焉。其山平原弥延，层野极目"[⑤]，等等。

第三，描述地物之间的相互关系。比如疆域界划，水势与山川、河海、都城的关系。疆域之界划者，如晋宋间任预《梁州记》："峨眉山，在南安界。今县在南安之西，峨眉之东。"[⑥]北魏刘芳《徐地录》："蒙山，其山高四十里，长六十九里。今县北与新泰县为此界。"[⑦]记水脉流向者，如山谦之《丹阳记》："建康有淮，源出华山，流入江。"[⑧]晋庾仲雍的《荆州记》："南至关城，合西汉水。""大城西九里有灵溪水"[⑨]。又常描述各种地理位置和物象间的关系，如宋雷次宗《豫章记》："风雨山在南昌，山高水湍，

① 刘纬毅. 汉唐方志辑佚［M］. 北京：北京图书馆出版社，1997：114.
② 刘纬毅. 汉唐方志辑佚［M］. 北京：北京图书馆出版社，1997：175.
③ 刘纬毅. 汉唐方志辑佚［M］. 北京：北京图书馆出版社，1997：197.
④ 刘纬毅. 汉唐方志辑佚［M］. 北京：北京图书馆出版社，1997：109.
⑤ 刘纬毅. 汉唐方志辑佚［M］. 北京：北京图书馆出版社，1997：273.
⑥ 刘纬毅. 汉唐方志辑佚［M］. 北京：北京图书馆出版社，1997：257.
⑦ 刘纬毅. 汉唐方志辑佚［M］. 北京：北京图书馆出版社，1997：336.
⑧ 刘纬毅. 汉唐方志辑佚［M］. 北京：北京图书馆出版社，1997：177.
⑨ 刘纬毅. 汉唐方志辑佚［M］. 北京：北京图书馆出版社，1997：111.

激着树木。……数里中通洪崖先生井。”[①]刘澄之《豫州记》：“城父县巢湖，湖周五里，湖中有三山，湖南有四鼎山。”潘岳《关中记》：“桂宫，……在未央宫之北，周回十余里。中有明光殿。殿上复道，从宫中西上城，西至建章宫神明殿、蓬莱山。”[②]这是写宫殿与四周山脉、殿阁的关系。雷次宗《豫章记》：“州城东有大湖，北与城齐，随城回曲，至南塘，水通章江，增减与江水同。”[③]这是写山、水、城之间的关系。

第四，图经以高度、广度、长度绘制物象，地记亦借助于数字来叙述物象。庾仲雍《湘州记》：“桂阳郴县东北五里，有马岭山，高六百余丈。”[④]晋或宋初《永世记》：“县南百余里铁岘山，广轮二百许里。”[⑤]宋郑辑之《东阳记》：“石步廊去歌山十里，临流虚构，高可数丈，长三十丈。”[⑥]晋陆机《洛阳记》：“洛阳城，周公所制，东西十里，南北十三里，城上百步，有一楼橹，外有沟渠。”[⑦]梁李膺《益州记》：“又有黄帝坛，石法天地，上圆下方，阔一丈二尺，有十二角。”[⑧]

第五，以方位、里数行文，是图经与地记的标志性表述形式。如晋庾仲雍《荆州记》：“大城西九里有灵溪水。”[⑨]晋史筌《武昌记》：“九宫山，西北陆路去州五百八十里。”“钟台山，在县东南一百里。”“安乐宫八里，有郊坛是也。”[⑩]

第六，图经和地记都会涉及地物得名的历史原因和神话传说。隋代《冀州图经》：“白登山，在定襄县东北，汉高所困之处。上有台，因山为名。”“梁郡城，在阳北二十里。即尔朱荣所居。”[⑪] 讲述物与历史的联系，解释物名之得来，地理所具备的人文意义在地图中已有呈现，但绝不枝蔓。至于地记，则颇擅长于此。

① 刘纬毅. 汉唐方志辑佚［M］. 北京：北京图书馆出版社，1997：247.
② 刘纬毅. 汉唐方志辑佚［M］. 北京：北京图书馆出版社，1997：83.
③ 刘纬毅. 汉唐方志辑佚［M］. 北京：北京图书馆出版社，1997：247.
④ 刘纬毅. 汉唐方志辑佚［M］. 北京：北京图书馆出版社，1997：124.
⑤ 刘纬毅. 汉唐方志辑佚［M］. 北京：北京图书馆出版社，1997：100.
⑥ 刘纬毅. 汉唐方志辑佚［M］. 北京：北京图书馆出版社，1997：198.
⑦ 刘纬毅. 汉唐方志辑佚［M］. 北京：北京图书馆出版社，1997：69.
⑧ 刘纬毅. 汉唐方志辑佚［M］. 北京：北京图书馆出版社，1997：307.
⑨ 刘纬毅. 汉唐方志辑佚［M］. 北京：北京图书馆出版社，1997：112.
⑩ 刘纬毅. 汉唐方志辑佚［M］. 北京：北京图书馆出版社，1997：115.
⑪ 刘纬毅. 汉唐方志辑佚［M］. 北京：北京图书馆出版社，1997：346.

这些文体内容和行文方式和唐宋后可考见的图经的表达几乎可以相混，更见其一脉相承的知识流脉。至于早期具有专题性质的山、水之图经，如《山海经》的山经部分，东汉桑钦的《水经》，它们所开创的记叙模式，在后来的地记著作中写山、水之条目时，则多有所仿。如写山，山谦之《吴兴记》：“天目山上有两池，……山极高峻，上多美石、泉水、名茶。”[①]其基本的叙述语言与《山海经》非常相似。地记之作中，关于水的描述，东汉桑钦的《水经》叙述了全国共 137 条水道的源头与流向。郦道元补充了 1 252 条水道，并为这些水道做注，内容包括这些河流流域的具体地理状况和曾经的历史人文。同时期的一些地记著作，在描写水之条目时，亦多是从源头、流向、流域的人文状况这几方面描述。

综上，地记所关注的地理物象，观察地理物象的角度，以及描述物象的语言形式，均是从图经获得，后人称图记，有径称为记者。南朝梁伍安贫作《武陵记》，又称为《武陵地理记》《武陵图志》。萧绎作《荆南地志》，又作《荆南志》《荆南记》《荆南地记》。

图与图经均是官方文献，东汉桓帝永兴二年，巴郡太守但望在呈送给皇帝的奏疏中言“谨案《巴郡图经》”[②]。唐代韩愈写有《将至韶州先寄张端公使君借图经》：“曲江山水闻来久，恐不知名访倍难。愿借图经将入界，每逢佳处便开看。”[③]从图到地记，代表着知识认知的下移。虽然地记在魏晋新的时代环境下又形成了新的文体特征，但是由图经而地记的发展，遵从的是同一个知识架构。图经知识谱系的特点在于关注地形地貌，但不探讨这些地貌形成的原因，是一种存在式描述，这种地学观念，正是六朝地理“博物”学的先声。

三、魏晋地学知识形态与地理知识独立谱系的形成

《四库全书》曰：“晋世，挚虞依《禹贡》《周官》，作《畿服经》，其州

① 刘纬毅. 汉唐方志辑佚［M］. 北京：北京图书馆出版社，1997：190.

② 周鹏飞，周天游. 汉唐史籍与传统文化［M］. 西安：三秦出版社，1992：173.

③ 刘开扬. 唐诗通论［M］. 成都：四川人民出版社，1981：192.

郡及县分野封略事业，国邑山陵水泉，乡亭城道里土田，民物风俗，先贤旧好，靡不具悉，凡一百七十卷，今亡。而学者因其经历，并有记载，然不能成一家之体。齐时，陆澄聚一百六十家之说，依其前后远近，编而为部，谓之《地理书》。任昉又增陆澄之书八十四家，谓之《地记》。陈时，顾野王抄撰众家之言，作《舆地志》。隋大业中，普诏天下诸郡，条其风俗物产地图，上于尚书。故隋代有《诸郡物产土俗记》一百五十一卷，《区宇图志》一百二十九卷，《诸州图经集》一百卷。其余记注甚众。今任、陆二家所记之内而又别行者，各录在其书之上，自余次之于下，以备地理之记焉。”

至魏晋时，政治中心南迁，面对日益扩展的地理疆域，原先的文体已经无法传达当时的感知世界。王羲之在《又遗谢万书》中言“山川诸奇，扬雄《蜀都》、左太冲《三都》殊为不备”①。昔日汉赋所带来的知识面，已经不足以应对长江流域及其以南广大的自然地理和人文景观。

郦道元在《水经注自序》中曾评历代地理书：“昔大禹记著《山海》，周而不备；《地理志》志其所录，简而不周；《尚书》本纪与《职方》俱略，都赋所述，裁不宣意；《水经》虽粗缀津绪，又阙旁通。”②认为赋之为体以辞藻见称，不能备述地理之实，而官方文献流传下来的又极为简略。地域意识的扩展与文体的限制，是记载地理知识的载体由赋体转为记体的内在驱动力。

（一）地记释名

“地记”本为官方方献。最狭义的地记，是当时为了整顿版图、清理户籍，作为中央的调查文献，按照年代为题，对一国所辖地进行整理记录的文体。如晋朝《太康三年地记》《元康三年地记》，宋《元嘉六年地记》，齐《永元元年地记》《永元三年地记》。从今天可见的《晋太康三年地记》看，内容均单记州郡地名，并未涉及郡县得名由来。隋志所言“载笔之士，管窥末学，不能及远，但记州郡之名而已”，是言在国家文献体系中的“地记”

① ［清］严可均．全上古三代秦汉三国六朝文［M］．北京：中华书局，1958：1583.

② ［北魏］郦道元．水经注校证［M］．陈桥驿，校证．北京：中华书局，2007.

一体并未能承继《汉书·地理志》对于地理风俗详细描写的知识形态。如《元康六年户口簿记》，在《宋书·州郡志》中言，以太康、元康定户。《补晋书·艺文志》："《晋太康三年地记》五卷……"《魏书·陈群传》注云："案《晋太康三年地记》，晋户有三百三十七万。"①可知，"地记"在文体功能上是为记户口、州郡县名为主的一种官方文献形式。"地记"是针对整个国家范围，作为官方档案形式的一种记录文献。

吕思勉《两晋南北朝史》："案《志》所谓但记州郡之名者盖官书，所谓因其经历，并有记载者，盖私家之作。"②吕思勉先生推测，这种只是条录记载各州郡之名的为官方文献，而在后来被任昉、陆澄所收集的大量州郡地记，内容详为训释各地的地物名称，介绍一地的地貌、风俗、物产的为私家之作。这其中就涉及知识的逐步下移，需要进一步探讨。

毕沅辑本《晋太康三年地记》："司州河南郡，河南郡有东垣县。尸乡，故殷汤所都者也，亦曰汤亭。田横死于是亭。右洛阳，坎欿聚在巩西。右巩，……。阳郡……宏农郡……上洛郡，分京兆立上洛郡，属司隶。……平阳郡，皮氏县有介山，子推所逃隐于是。……河东郡，安邑有司盐都尉，别领兵五千。""豫州，豫州之分，其人得中和之气，性安舒，其俗阜，其人和，今俗多宽慢。""汝南郡，西平县有龙泉水，可以砥砺刀剑，特坚利。故有坚白之论云。"③其中略有写人物如介子推者，为介绍山名之由来。

在官方"地记"文献中有州、郡、县的架构形式，这是在汉代风土记等地方文献中所没有的。后来的州郡地记，显然有吸收官方"地记"的视野，这也可以从后来州郡地记的命名上看到这种影响。如《江乘记》，又名《江乘地记》；《会稽记》又称《会稽地记》或《会稽志》；宋郑辑之《永嘉郡记》，亦名《永嘉地记》《永嘉记》；郭仲产《秦州记》，又名《秦州地记》；《齐地记》，又名《齐记》；《吴地记》又称《吴郡记》；萧世诚《荆南志》又称《荆南记》《荆南地志》等等。

① [晋] 陈寿. 三国志 [M]. [宋] 裴松之，注. 北京：中华书局，2011：637.

② 吕思勉. 两晋南北朝史 [M]. 上海：上海古籍出版社，2005：1285. 书中认为：此类记载，取材实多。有根据官书，专记州郡建置者，如《元康三年地记》《元嘉六年地记》《九州郡县名》《并帖省置诸郡旧事》，有兼及户口者，如《元康六年户口簿记》是也。其专详一地方情形者，则为诸州图经。又言这些著作为私人之作，但是在《宋书·州郡志》中言，以太康、元康定户。即以《元康六年户口簿记》定户，则其必为官家之书。而户口一事，亦非私人根据官书即可写定的。

③ 毕沅集. 晋太康三年地记 [M]. 北京：中华书局，1985：1.

作州郡地记者，先须有一地之图，方可因已知而进入未知。《益州记》：“江由（有）左担道，按图在阴平县北，于成都为西。注曰：其道至险，自北来者担在左肩，不得度右肩也。”[①]这条佚文说明：作者依图而知所要描述地物的方位。在地记中清晰的方位意识源于能够参看到的国家图籍。地记的典型格式：某县某方位多少里有何物。关于地物之方位道里的知识应该是从图中所得。作记，又往往与图相连。如陶弘景作《古今州郡记》三卷，《本起录》云“并造西域图一张”。《隋志》录陶弘景《古今州郡记》三卷，但《南史》本传言其为《古今州郡图记》。州郡不能亲历之，必有参看国家的图籍文献。晋宋间人所撰《荆州图副》，其行文与地记极为相似，如“江陵县东南七十里，有楚昭王墓，高四丈余。王粲《登楼赋》所谓西接昭丘是也”“南北岸曰屈原之乡里。屈原流放，忽然归，乡人喜悦，因名南岸曰归乡岸。原有姊，闻原还，亦来归，责其娇世。乡人又名其北岸曰秭归岸”[②]。其写法多以“有”为开端，而后有所描述。记与图的密切关系，在于其有相同的知识架构。而后人整理佚文时，常混而为一。如杨佺期的《洛阳图记》，“《隋书·经籍志》：《洛阳图》一卷，晋怀州刺史杨佺期撰。《新唐书·艺文志》：杨佺期《洛城图》一卷。而《艺文类聚》等类书所引，多称为杨佺期《洛阳记》”[③]。是类书所不能辨其为记或图记。

作地记者，必参看图籍，这一条件，只有当地官守或主簿等地方官员方有这种知识获取条件。如晋杨佺期，弘农华阴人，出为河南太守，戍洛阳，著有《洛阳图记》，此为一地之官，而有作一地之图记。这也是魏晋地记创作的显著特征。《隋书·经籍志》：“自永嘉之乱，皇纲失驭，九州君长，据有中原者甚众，或推奉正朔，或假名窃号，然其君臣忠义之节，经国字民之务，盖亦勤矣。而当时臣子，亦各记录。”[④]这一点不仅仅表现在魏晋私史的创作，地理之记，最初即产生在具有执政权的地方长官和属员之手。地理话语权由“国家”而“臣子”的下移，代表着魏晋时期地学知识的下移，继而引起文体变革。

① 刘纬毅. 汉唐方志辑佚［M］. 北京：北京图书馆出版社，1997：259.
② 刘纬毅. 汉唐方志辑佚［M］. 北京：北京图书馆出版社，1997：232.
③ 刘纬毅. 汉唐方志辑佚［M］. 北京：北京图书馆出版社，1997：72.
④［唐］魏征. 隋书［M］. 北京：中华书局，2011：964.

（二）州郡地记的产生与魏晋地方官员的三重身份

1. 职官身份

魏晋初期，州郡地记的作者，大多具有职官身份。其创作地记的动机，多在于熟悉郡治境况，以备行政参考。如孔灵符曾任会稽太守，作有《会稽记》。晋吴兴太守张玄之撰《吴兴山墟名》。身为益州别驾的李膺作《益州记》三卷，顾宪之在衡阳任职期间作《衡阳郡记》，荀伯子在临川内史任上作《临川记》，盛弘之在临川王侍郎任上作《荆州记》，范汪在荆州留守任上作《荆州记》……“至于崔鸿之撰《西京记》，陶季直之撰《京邦记》，薛寘之撰《西京记》，姚察之撰《建康记》，他们大多供职京师，具有优越条件”[①]。范汪都督徐、衮、青、冀四州，在身任荆州留守时，亦作《荆州记》一卷。晏谟当时任南燕慕容德的尚书郎，在任上作《齐地记》，以使慕容德掌握齐地情况。鲍至随从萧绎镇守襄阳，撰有《南雍州记》，以备萧绎所用。

仓修良认为：“所以会出现上述这种现象，只要稍加考察便可发现，有许多地记作者，大都在某地任过官职，有的实际上就在任官期间所作。因为当时社会上特重世家门阀，因此，官吏们到某地任职，必须对当地的世家大族有所了解，这样可以避免在施政过程中触犯他们的利益。”[②]然地记多写地理内容，实不相符。以官员身份写作地记，这应是继承了早期政治教化意识，如《晋书》记载周处作《阳羡风土记》，周处为义兴阳羡人。于广汉任太守时，“郡既经丧乱，新旧杂居，风俗未一，处敦以教义”，“著《默语》三十篇及《风土记》，并撰集吴书”[③]。魏晋时，地方官员更注重地理风俗的记录。

从地记作家的创作身份来看，刺史、郡守至一郡之别驾、留守、从事、侍郎、主簿，均可撰写地记。可知地记的创作并非固定的某官员的职责，因此地记创作不是如图经一样，必须完成的任务。地方官员观察地理的角

① 仓修良. 方志学通论［M］. 北京：方志出版社，2003：122-123.

② 仓修良. 仓修良探方志［M］. 上海：华东师范大学出版社，2005：93.

③［唐］房玄龄，等. 晋书［M］. 北京：中华书局，2011：1571.

度，非为备档，而为咨政。这使得地记成为一地长官或士人进行地学修养的一种锻炼方式。从其内容上看，并不涉及军事、经济、险要、关隘等重要的政治内容，以至于后来李元甫在《元和郡县图志》序中言："古今言地理者数十家，尚古远者或搜古而略今，采谣俗者多传疑而失实，饰州邦而叙人物，因丘墓而征鬼神。"这些特征所形成的原因，在于地记文献在其产生之初，即为非专业的国家地理行政文献。

私人撰写地记的同时，在国家层面，则主要是图和图记的制作。晋文帝既平吴蜀之后，"晋文帝命有司撰访吴蜀地图，蜀土既定，六军所经，地域远近，山川险阻，征路迂直，校验图记，罔或有差"[①]。开一疆便有一疆之图、图记，这种图籍文献是国家掌控一地区的主要知识凭借，强调经济地理和军事地理。当时职在地官的裴秀，"儒学洽闻，且留心政事……又以职在地官，以禹贡山川地名，从来久远，多有变易。后世说者或强牵引，渐以暗昧。于是甄旧文，疑者则阙，古有名而今无者，皆随事注列，作《禹贡地域图》十八篇，奏之，藏于秘府"[②]。这是国家文献体系中主要的地理文献形态。

2. 地学家身份

由于地记的创作，并非国家专属文献，创作中并不涉及政治敏感的内容，故而得以广泛传播。学习和模拟者比较多，遂出现了一人而撰写几处地记的情况，则知所写之地非为郡望，和地方势力无关，也无关对乡邦的热爱之情，当然也不会在几地参政，可见在魏晋时，已经逐渐出现了长于州郡地记写作的专门人才。

这些地记的创作者并非职在地官的，如顾野王，《陈书》本传言"以编著舆地志知名于时，随其父赴任建安，乃卜居焉"[③]，当时只有十二岁，而作《建安地记》两篇。可见，只要具备地记撰写的知识架构，虽非地方官员，亦可创作。之后顾野王又作《六朝之地记》，其内容应不止一郡一县。后又抄撰众志，作《舆地志》三十卷。今有顾恒一所辑注的《舆地志辑注》[④]。

① 吕思勉. 两晋南北朝史［M］. 北京：中国友谊出版公司，2009：1071.

② ［唐］房玄龄，等. 晋书［M］. 北京：中华书局，2011：1039.

③ ［唐］姚思廉. 陈书［M］. 北京：中华书局，2011：399.

④ 顾恒一. 舆地志辑注［M］. 上海：上海古籍出版社，2011.

《隋书·经籍志》和两《唐书》经籍志、艺文志又作《十国都城记》。可见，在魏晋时，如《舆地志》这样全国性的地理书，也可以由私人搜集众志而成。这里的“私人”虽也具备官员身份，但并不是国家的专属地官“司空”，而是颇具地学修养的士人。又如南朝宋刘澄之一人写有几地之记，著有《永初山川古今记》，其中可考的就有《鄱阳记》《扬州记》《荆州记》《江州记》《豫州记》《广州记》《司州山川古今记》，此外还有《元康三年地记》等。南朝宋郭仲产写有《秦州记》《仇池记》《南雍州记》《荆州记》《湘州记》。又有一人写自己所在郡下不同县的县记，如山谦之写有《丹阳记》和《吴兴记》，同时又写有《南徐州记》《寻阳记》。还有雷次宗、郭仲产等，均为地记的多产作家。

从作家身份的演变来看，最初写作地记，往往是地方官员为了解其管辖之地，由本人或组织属下撰写地记，而之后所出现的一人开始撰写几处地记的现象，说明只要掌握了地记的体例，具有深厚的地学修养，私人也可以撰写各地地记。

因为私人创作的原因，地记开始接近文学。首先，同一地方，却有不同撰者，如崔鸿之《西京记》、薛寘之《西京记》，而《荆州记》在不同时期、同一时期均有多人撰写。不同学者其笔下地方色彩不同，记开始有主观性质。其次，在地方志中普遍记载的疆域、贡赋、户口，在六朝地记一概不记，这是地记主动区分地方志在文体上的表现。这也是地记开始走向一种文学而非专业地学的必然趋向。

3. 文人身份

至魏晋时期，地记的创作从国家走向地方，摆脱了参政的束缚，志书作者从地方官员到地方学者都有。从中央到地方，从官员到学者，使六朝地记同早期由史官负责的地志性质不同。早期史官更多是从知识的角度进行记载，而作为地方官，在参政之外，又具备一种审美的情懐。

（1）地记著作的文学色彩

《宋书·羊欣传》：“太祖重之，以为新安太守，前后凡十三年，游玩山水，甚得其性。”[①]“宋罗原在《新安志》序中亦谓‘新安在秦汉为黟歙二

① [梁] 沈约. 宋书 [M]. 北京：中华书局，1974：1662.

县，汉末别于丹阳，以自为郡，其山川风土则见于中古矣……至梁萧几为新安太守，爱其山水，始为之记。’此乃新安太守爱其山水所作”[①]。可见，至六朝时人们对山水开始具备了一种审美的倾向。在《南史》本传中，常有写传主爱好山水一项，如喜欢游赏山水的孙诜撰有《临海记》。登临山水，终日忘归的阮籍撰有《宜阳记》《九江记》。“文帝辅政，籍尝从容言于帝曰：‘籍平生曾游东平，乐其风土。’[②]帝大悦，即拜为东平相。”地方官员在从政之外，特具的审美倾向开始影响地记的创作。

这种主观审美动机的发展使地记开始具备更多人文要素，而忽略地域沿革、山川险要等政治地理内容。唐代的史学家，便常以史学的眼光来评价六朝地记。杜佑《通典·州郡序》：“凡言地理者多矣，在辨区域，征因革，知要害，察风土。纤介毕书，树石无漏，动盈百轴，岂所谓撮机要者乎！如诞而不经，偏记杂说，何暇遍举。”其注言：“谓辛氏《三秦记》、常璩《华阳国志》、罗含《湘中记》、盛弘之《荆州记》之类，皆自述乡国灵怪，人贤物盛。参以他书，则多纰缪，既非通论，不暇取之矣。”[③]此言一些地记之纰缪，可见部分地记已经偏离了知识记录的求实性。

比较汉代辛氏《三秦记》与晋潘岳的《关中记》，可见后者更偏重于对人文的记载。

> 《三秦记》：“昆明池，汉武帝之习水战，中有灵昭神池。云尧时洪水讫，停船此池。池通白鹿原，人钓鱼于原，纶绝而去。鱼梦于武帝，求去其钩。明日，帝戏于池，见大鱼衔索。帝曰：‘岂非昨所梦乎！’取鱼去其钩而放之。”[④]
>
> 《关中记》：昆明池，汉武习水战也，中有灵沼神池。云尧时理水讫，停舟此池。盖尧时山已有沔池，汉代因而深广耳。人钓鱼，纶绝而去，梦于帝求去其钩。明日帝戏于池，见鱼衔索。帝取其钓放之。间三日复游，池滨得珠一双。帝曰：“岂非昔鱼之报也？”[⑤]

① [日] 青山定雄. 六朝之地记 [J]. 中和月刊，1943（2-5）. 国家图书馆保存本库缩微胶片.

② [唐] 房玄龄. 晋书：卷四十九，清乾隆武英殿刻本：635.

③ [唐] 杜佑. 通典：卷一百七十一，清武英殿刻本：1772.

④ 刘纬毅. 汉唐方志辑佚 [M]. 北京：北京图书馆出版社，1997：5.

⑤ 刘纬毅. 汉唐方志辑佚 [M]. 北京：北京图书馆出版社，1997：82.

这种在人文上的细致夸张，已经超过了《三秦记》，而离咨政功能越来越远。李元甫《元和郡县图志》序："古今言地理者凡数十家，尚古远者或搜古而略近，采谣俗者多传疑而失实，饰州邦而叙人物，因丘墓而征鬼神，流于异端，莫切根要。至于丘壤山川，攻守利害，本于地理者，皆略而不书，将何以佐明王扼天下之吭，制群生之命，收地保势胜之利，示形束壤制之端，此微臣之所以精研，圣后之所宜周览也。"[①]颜师古为《汉书·地理志》作注时言："中古以来，说地理者多矣，或解释经典，或撰述方志，竟为新异，妄有穿凿，安处互会，颇失其真。后之学者，因而祖述，曾不考其谬论，莫能寻其根本。今并不录，盖无尤焉。"[②]六朝地记本非专业的地理书，唐人对于六朝地记的摒弃，象征着对王朝地理观念的回归。

（2）文人的游赏与游览性地志

地方官员的文士身份。《晋书·王羲之传》："会稽有佳山水，名士多居之，谢安未仕时亦居焉。孙绰、李充、许询、支遁等皆以文义冠世，并筑室东土，与羲之同好。"[③]文人以游览、欣赏为主的山水赏会活动开始出现。魏晋人对于地理的认知开始出现审美的因素。

游赏。《晋书·谢安传》："（谢安）寓居会稽，与王羲之及高阳许询、桑门支遁游处，出则渔弋山水，入则言咏属文，无处世意。"[④]又《宋书·谢灵运传》："灵运既东还，与族弟惠连、东海何长瑜、颍川荀雍、太山羊璿之，以文章赏会，共为山泽之游，时人谓之四友。"[⑤]《新安记》："锦沙村傍山依壑，素波澄映，锦石舒文。冠军吴喜闻之而造焉，鼓枻游泛，弥旬忘反，叹曰：'名山美石，故不虚赏，使人丧朱门之志。'"[⑥]游赏山水成为士人的一种生活情趣。

安居。"孔灵符于永兴立墅，周围三十三里，含带二山皆是。"[⑦]《南史·谢弘微传》，言其曾孙举"宅内山斋，舍以为寺。泉石之美，殆若自然"[⑧]。

① [清] 王鸣盛. 十七史商榷：卷九十 [M]. 清乾隆五十二年洞泾草堂刻本：590.

② [汉] 班固. 汉书 [M]. [唐] 颜师古，注. 北京：中华书局，2011：1543.

③ [唐] 房玄龄，等. 晋书 [M]. 北京：中华书局，2011：2098.

④ [唐] 房玄龄，等. 晋书 [M]. 北京：中华书局，2011：2072.

⑤ [梁] 沈约. 宋书 [M]. 北京：中华书局，2011：1774.

⑥ [宋] 乐史. 太平寰宇记：卷 95 [M]. 北京：中华书局，2007：1913.

⑦ 吕思勉. 两晋南北朝史 [M]. 北京：中国友谊出版公司，2009：865.

⑧ [唐] 李延寿. 南史 [M]. 北京：中华书局，2011：564.

《北齐书·阳斐传》：东郡太守陆士佩，“以黎阳关河形胜，欲因山即壑，以为公家苑囿，此犹是古制之遗”[①]。荀伯子《临川记》：“王羲之尝为临川内史，置宅于郡城东高坡，名曰新城。旁临回溪，特据层阜，其地爽垲，山川如画。”[②]将住宅建设在山林之中，这时的赏爱不同于州郡地记兴起时考索地名的知识兴趣。

文人身份，引起地记文体的三种演变形式：第一种是游览性州郡志，即为《王羲之游四郡志》，其佚文：“永宁县界海中有松门，西岸及屿上皆生松，故曰松门”[③]“临海南界有方城山，绝峨壁立如城”[④]。可见其文体依然采取州郡地记的形式，既然题为“游”，其中则必然有更为细致的描写，可惜佚文太少，无从考证。第二种是游览性名山志。即为谢灵运的《游名山志》。第三种是山栖志，如刘孝标的《山栖志》，后人称其“为文甚美”。《梁书·刘峻传》：“复以疾去，因游东阳紫岩山，筑室居焉，为《山栖志》。”[⑤] 记体创作开始成为文人自我的一种审美兴趣。

以游赏和居住为题的山水认知，是魏晋地理认知的一个新特色。这时的地理认知不再为参政议政，而是文人的一种认知兴趣。以谢灵运《游名山志》言，在永嘉太守任内，开始撰写《游名山志》，完成了“永嘉郡”题下“横阳诸山”“楼石上”“石宝山”“赤石山”“石帆山”等条目，归隐始宁后，完成“会稽郡”题下“石壁山”“临江楼”“南门楼”“石门山”“神子溪”等条目，后因与孟颉争地，谢灵运被派去做临川内史，在临川任上，完成“临川郡”题下“华子岗”等条目。谢灵运对地志的撰写，其目的在于将大好的山川介绍给世人。山水记，虽从地记中发展而来，但它已完全摆脱了咨政的约束，对于谢灵运而言，在其中开始有部分具体的山水描写。这种游志呈现的是自己游览意识下的知识记录。

对地学知识的关照，一郡之长官可以审曲面势以为治略，士人可以为私人知识修养，尤其只对山川进行观照和写作，使地记在题材上脱离政治话语体系，成为之后山水游记的起点。

① [唐] 李百药. 北齐书 [M]. 北京：中华书局，2011：553.

② 刘纬毅. 汉唐方志辑佚 [M]. 北京：北京图书馆出版社，1997：252.

③ [唐] 欧阳询. 艺文类聚：卷八十八 [M]. 清文渊阁四库全书本.

④ [明] 何镗：古今游名山记：卷四 [M]. 明嘉靖四十四年庐陵吴炳刻本.

⑤ [唐] 姚思廉. 梁书 [M]. 北京：中华书局，2011：702.

徐霞客曰："自古名山大泽，秩祀所先，但以表望封圻，未闻品题名胜。逮典午而后，游迹始盛，六朝文士，莫不托兴登临。史册所载，若谢灵运《居名山志》《游名山志》之类，撰述日繁。"①记体创作开始成为文人自我的一种知识兴趣，考其文体形式，一如地记之结构，如《王羲之游四郡记》，虽具有更多模山范水之语言，但并非后世重在审美的山水游记，而是时人地理认知的一种文体。此时游记的内涵，在于"探索与记录"。

这种游览性地志，在唐宋之后依然存在，其文体的根本特征，在于它是私人地学认知的一种文体，但在描写上更具文学色彩。刘知几《史通》卷十《杂述篇》："地理书者，若朱赣（即朱贡）所采，浃于九州；阚骃所书，殚于四国。斯则言皆雅正，事无偏党者矣。其有异于此者，则人自以为乐土，家自以为名都，竞美所居，谈过其实，又地池旧迹山水得名，皆传诸委巷，用为故实，鄙哉。"②而这种"等万物之情状，而下笔殊形"③的创作倾向，正是当时文学勃兴时期的主要标志。

（3）山水审美意识与山水记

山水审美意识，改变了地记的实证存录意识。审美，不在于实录与考证，而是对山水自身的形貌特征的美学关注。地理美的感受能力和当时文人的山水审美意识相关。《世说新语·言语》记王子敬"从山阴道上行，山川自相映发，使人应接不暇，至于秋冬之际，尤难为怀"④。袁山松《宜都记》："常闻峡中水疾，书记及口传悉以临惧相戒，曾无称有山水之美也。及余来践跻此境，既至欣然，始信耳闻之不如亲见矣。其叠崿秀峰，奇构异形，固难以辞叙。林木萧森，离离蔚蔚，乃在霞气之表。仰瞩俯映，弥习弥佳。流连信宿，不觉忘返，目所履历，未尝有也。既自欣得此奇观，山水有灵，亦当惊知己于千古矣！"⑤仅为欣赏的山水审美观已经确立，在地记创作中已有端倪。

这种山水审美意识，还和魏晋时候的玄学之风有关。慧远在元兴元年，在其主持的庐山西北麓筑成东林寺结"莲社"，其中有刘遗民、雷次宗、宗

① ［清］永瑢．四库全书总目：卷七十一［M］．清乾隆武英殿刻本．

② ［唐］刘知几．史通［M］．［清］浦起龙，通释．吕思勉，评．上海：上海古籍出版社，2008：195．

③ ［梁］萧子显．南齐书［M］．北京：中华书局，2011：907．

④ 徐震堮．世说新语校笺［M］．北京：中华书局，2011：82．

⑤ ［清］吴襄．子史精华：卷一百三［M］．清文渊阁四库全书本．

炳、周续之等，这些都是比较有名的地学家，并有相关的地记著作。其中的宗炳又是当时著名的山水画家，其所写《画山水序》是最早的山水美学专论。这就使山川的内涵完全私人化、审美化。谢灵运云："夫衣食，人生之所资；山水，性分之所适。"对山水的审美认知已经确立。稍后以谢灵运为代表的山水诗，以释慧远为代表的《游庐山记》，开始出现模山范水之作，东晋后期至南朝，山水诗、赋、序大量出现。

对山水的这种审美认知，是地学知识认知在内涵上的扩充和转变。这一认知的变化，在文体上表现为山水诗、山水诗序、书札之中，这种认知和后来山水游记的写作程式非常相似。刘师培将赵至的《与嵇茂齐书》、陆机的《答车茂安书》、鲍照的《登大雷岸与妹书》视为"游记之正宗"[①]。但是在魏晋时期，记、志文体并不承担这种审美认知。直到唐代的山水游记，才在自然认知的基础上融合审美和情感要素，开创了文学性山水游记的文类范式。

从具有咨政认知视野的地记，衍生出游览性的地志，进而发展为具有审美意识的山水诗赋书札，再逐步演变为唐宋时期的文学性游记，这种转化，是地理知识逐步普及、分化和延展的过程。魏晋时期地学知识不但完成了从国家到私人记录地理知识的转变，一郡之长官可以仗之以咨政，士人亦可以作为自我知识修养。总体而论，魏晋时期记体的本质特征——知识的保存和记载，这一点并没有改变。

综上所述，地理知识在周代本属于国家行政层面的知识，在知识的第一次下移过程中，主要是具有学科性质的"地理学"在诸子文献中的传承，但只是昙花一现。在第二次知识下移的魏晋时期，发扬的是图经谱系的存在式描述，并形成了"地记"文体，最终成为《隋志》中的"史部地理类"中的主体。因此，中国地理知识从官方知识到私人的传承，不是"地理学"谱系，而是地理"博物"谱系，这一特性，受益的必然是文学。

① 陈建勤. 明清旅游活动研究：以长江三角洲为中心［M］. 北京：中国社会科学出版社，2008：154.

第二章 州郡地记文体体例研究

所谓“州郡地记”，即鲜明地以州、郡之名命名的地记著作。魏晋时期，行政区域与文化区域首度结合，改变了《山海经》以山水为框架的自然地理结构。这是自汉朝以来，政治制度的变革对地域分区的影响在地学文体上的表现。

汉代行政区域继承秦朝的郡县制，“西汉前期，由于郡国不断增多，为了加强中央集权，在郡国之上再设立新的组织制度以协助中央更好地管理地方……除京师三辅（京兆、冯翊、扶风）、三河（河东、河内、河南）和弘农七郡直属中央外，汉武帝先后分设冀、豫、徐、青、兖、幽、并、荆、扬、益、凉 11 州与朔方、交趾共 13 部。征和四年（前 89 年），在京师七郡之上置司隶校尉监察区，与上述 13 部统称 14 州，至此，监察区州制正式全面创立”①。但是这 14 州牧在职能上只是监管郡国行政，只有监察权，不是实际的行政区划，因此东汉班固写《汉书·地理志》依照实际的行政区划郡县来写，至东汉末年“由于始设于汉武帝时的监察区州制的发展与变化，州已演变为一级行政区，地方行政区划体系形成了州—郡（国）—县依次所辖的实三级制”②，魏在行政区划上，即依照州、郡、县三级制。晋时州郡划分非常混乱，《宋书·志序》：“地理参差，事难核辨，魏晋以来，迁徙百计，一郡分为四五，一县割成两三，或昨属荆、豫，今隶司、兖，朝为零、桂之士，夕为庐、九之民”，“版籍为之混淆，职方所以不能记”③。但是，州、郡、县是主要的行政区划。伴随这种行政区划，形成了魏晋时期大量的州郡地记。

① 张全明. 中国历史地理学导论［M］. 武汉：华中师范大学出版社，2006：179.

② 张全明. 中国历史地理学导论［M］. 武汉：华中师范大学出版社，2006：181.

③［梁］沈约. 宋书［M］. 北京：中华书局，2011：205.

三国、两晋、南北朝州、郡、县地记总表

三国（按国别分）

三国	著者、著作	备注
魏国	阮籍《秦记》《宜阳记》《宣阳记》 何晏《九江志》 杨元凤《桂阳记》 崔玄山《濑乡记》（今河南鹿邑县东十里）	有《宜阳记》《宣阳记》两说，考佚文中所涉及的地名，应为《宜阳记》
蜀国	谯周《益州记》《三巴记》 僧仁显《华阳记》 佚名《永昌郡传》	《永昌郡传》，刘纬毅考其为三国蜀作
吴国	顾启期《娄地记》 韦昭《吴兴录》《三吴郡国志》 顾微《吴县记》 徐整《豫章旧志》 朱育《会稽土地记》 环氏《吴地记》	《三吴郡国志》为郡志

晋朝（按《晋书·地理志》所设州、郡分）

州	郡县	州记	郡记	县记
司州	河南郡：洛阳、阳城 弘农郡（宜阳） 河东郡 广平郡（襄国） 魏郡（邺）	无名氏《司州记》	无名氏《河东记》	晋陆机、华延隽、杨佺期、戴延之《洛阳记》 无名氏《阳城记》 无名氏《襄国记》 陆机、无名氏《邺中记》
兖州	陈留国：济阳 泰山郡：永安	晋荀绰《兖州记》	无名氏《泰山郡记》	陈留国下属：无名氏《济阳录》
豫州	颍川郡 汝南郡 谯郡 弋阳郡（春）		无名氏《颍川记》 杜预《汝南记》 无名氏《谯内记》	弋阳郡下属：无名氏《春记》
冀州	赵国 安平国（信都） 中山国	裴秀《冀州记》 荀绰《冀州记》 乔潭《冀州记》	邢子励《赵记》 张曜《中山记》	安平国下属：无名氏《信都记》

续表

州	郡县	州记	郡记	县记
幽州		阳休之《幽州古今人物志》		
并州	太原郡晋阳上党郡	无名氏《并州记》	无名氏《晋阳记》 无名氏《上党记》	
雍州	京兆郡 长安	裴秀《雍州记》	无名氏《京兆记》 无名氏《长安记》	
凉州	张掖郡			无名氏《汉中记》
秦州	陇西郡		无名氏《陇西记》	
益州	蜀郡（成都）	任豫《益州志》	李尤《蜀记》 袁休明《巴蜀记》 常宽《蜀志》 杜袭《蜀后志》 王隐《删补蜀记》	
宁州	云南郡 永昌郡		袁滋《云南记》 无名氏《永昌郡传》	
青州	齐郡	袁谟《齐地记》 解道康《齐地记》 伏琛《齐记》（又名《三齐略记》）		
徐州	彭城国	无名氏《徐州记》		
荆州	江夏郡 （南郡）江陵 襄阳郡 宜都郡 武陵郡 衡阳郡 湘东郡 零陵郡 桂阳郡 武昌郡	范汪《荆州记》 萧世诚《荆南地志》	无名氏《江夏记》 伍端休、庾诜《江陵记》 杨元凤、无名氏《桂阳记》 史筌、皮零《武昌记》	无名氏《宜春记》

州	郡县	州记	郡记	县记
扬州	丹阳郡：永世、江乘、姑熟、秣陵 宣城郡 淮南郡：寿春 庐江郡：吴县 毗陵郡 吴郡：吴、钱唐、娄 吴兴郡 会稽郡 东阳郡：信安 新安郡 临海郡 建安郡 豫章郡 临川郡：南城 鄱阳郡 庐陵郡 南康郡	阮升之《扬州记》	纪义《宣城记》 无名氏《淮南记》 无名氏《毗陵记》 贺循《会稽记》 孔晔《会稽郡记》 虞预《会稽典录》 顾夷《吴郡记》 顾长生《三吴土地记》 张勃《吴地记》 无名氏《新安记》 熊默《豫章旧志》 熊欣《豫章旧志后撰》	丹阳郡下属：无名氏《永世记》《姑熟记》《秣陵记》，是乘民《江乘地记》 庐阳郡下属：顾微《吴县记》 东阳郡下属：无名氏《信安记》 临川郡下属南城县之罗城：无名氏《南城县罗城记》
交州	交趾郡	刘欣期《交州记》		
广州	始安郡 始兴郡 桂林郡	裴渊《广州记》 顾微《广州记》 王范《交广二州记》 王隐《交广记》 黄恭《交广记》		

南北朝地记总表

（以《宋书·州郡志》为据，统合宋、齐、梁、陈，因北齐、梁、陈在正史中均无地理志。）

州	郡	州记	郡记	县城记
扬州	丹阳、 吴郡：钱塘 吴兴 会稽 东阳 永嘉 临海 建康	南朝宋刘澄之《扬州志》	南朝宋山谦之《丹阳记》 南朝宋山谦之《吴兴记》 南朝宋王僧虔《吴郡地理志》 南朝宋董览《吴地志》 南朝宋孔令符《会稽记》 南朝宋郑辑之《东阳记》 南朝宋谢灵运《永嘉记》 南朝宋郑辑之《永嘉记》 南朝宋孙诜《临海记》 南朝齐陆道瞻《吴地记》 南朝齐虞愿《会稽记》 南朝陈姚察《建康记》 梁陈夏侯曾先《会稽地志》	南朝宋刘道真《钱塘记》 南朝宋佚名《会稽郡十城志》
南徐州（分徐、兖、幽、冀、青、并、扬七州郡邑而置）		南朝宋山谦之《南徐州记》 南朝梁虞孝敬《广梁南徐州记》		南朝宋刘损《京口记》
徐州		北朝后魏刘芳《徐州人地录》		
南兖州				
兖州				
南豫州				
豫州		南朝宋刘澄之《豫州记》		
江州（分扬州、荆州而置）	寻阳 鄱阳 豫章 临川 南康 建安	南朝宋刘澄之《豫州记》 南朝梁萧绎《江州记》	南朝宋张僧鉴《寻阳记》 南朝宋山谦之《寻阳记》 南朝宋刘澄之《鄱阳记》 南朝宋张僧鉴《豫章记》 南朝宋雷次宗《豫章古今记》 南朝宋荀伯子《临川记》 南朝宋邓德明《南康记》 南朝宋王韶之《南康记》 南朝梁萧子开《建安记》 南朝陈顾野王《建安地记》	

续表

州	郡	州记	郡记	县城记
青州（侨）	治广陵			
冀州（侨）			北朝北齐李公绪《赵记》	
司州（侨）		南朝宋刘澄之《司州古今记》		
荆州	南郡：江陵 南河东：永安 安成郡	南朝宋盛弘之《荆州记》 南朝宋郭仲产《荆州记》 南朝宋刘澄之《荆州记》 南朝梁萧绎《荆南地志》	王孚《安成记》	南朝梁庾诜《江陵记》 北朝后魏《永安记》
郢州（分荆州、湘州、豫州而置）	武陵：沅陵	南朝梁鲍坚《武陵记》 南朝梁伍安贫《武陵记》	南朝齐黄闵《沅陵记》 南朝齐黄闵《沅川记》	
湘州	广兴：始兴 衡阳	南朝宋庾仲雍《湘州记》 南朝宋甄烈《湘州记》 南朝郭仲产《湘州记》	南朝梁顾宪之《衡阳记》	南朝宋王韶之《始兴记》
雍州（侨）		南朝宋郭仲产《南雍州记》 南朝梁鲍至《南雍州记》		
梁州（侨）	武陵 南阴平：始安	南朝宋刘澄之《梁州记》	南朝齐黄闵《武陵记》	南朝宋王韶之《始安记》
秦州（侨）仇池	寄治汉中	南朝宋郭仲产《秦州记》		南朝宋郭仲产《仇池记》

续表

州	郡	州记	郡记	县城记
益州		南朝梁李膺《益州记》 北朝北周王褒《益州记》		
宁州（分益州而置）	建宁 兴古 云南：海岱 永昌			南朝齐崔慰祖《海岱记》
广州		南朝宋刘澄之《广州记》		
交州		南朝宋姚文咸《交州记》		
越州		南朝宋沈怀远《南越志》 南朝宋邓德明《南越志》		

一、著作概况

从知识体系扩展的观点看，自汉时开始专门探讨地理和风俗、人物之间的关系，并以“传、记”文体形式展开，因此出现了风土记、乡俗记、地方人物传等一系列的文献形式。既为风土乡俗者，自然为某地之风土乡俗，故其文献以郡县命名。在汉代这类地方著作中，其关注重点并不在于何郡何县，而在于一地之风俗事迹所呈现的文化意义。因此有些文献是以一地之历史旧称命名，如《三秦记》。汉完全以郡县命名的是《九江寿春记》，其既不称风土记，亦不称乡俗、人物记传，其略称的意义在于，以一地来统合风俗、地理、人物体系的形成，但其文不可考，只能揣测。然而非常明显的是，至三国时的地记作品，其命名完全以郡县为名，如阮籍的《宜阳记》、何晏的《九江志》、杨元凤的《桂阳记》，可知三国时，地记的文体观与命名形式已经形成。魏晋延续这一传统，在图经的知识架构上，借鉴风俗传的写作形式，开创了州郡地记这一文体形式。

1. 鲜明的地域意识

至两晋，其地记的发展，在于鲜明的以行政区划命名，并形成了州—郡—县—城的地记体系。晋设有十三州，而每州都有州记。十三州下各设郡县，部分郡县有郡记、县记，以至于城记。所以两晋地记的发展不仅是数量的繁荣，而且建立了地记体系。州郡地记是以州、郡、县、城为核心，以行政区划为视野出发点对一地之地理文化现象进行考察。

地记完全按照行政区划来创作，也可从南朝地记的命名上看出。自晋东渡以后，在行政区划上产生了新的形式，即新增郡县和侨置郡县。① 新分立出的州、郡。南朝偏安江左，在原来的行政区划上的改革之一，即分立新州郡。如江州乃分扬州、荆州而置。又如宣城郡，乃于西晋建康元年（280 年），割丹阳郡 11 县分置。又“从丹阳郡先后分置的新郡有：新都郡（208 年）、宣城郡（280 年）。从丹阳郡和邻近郡（如吴郡等）分置设立的新郡有：吴兴郡（266 年）、义兴郡（304 年）、广梁郡（555 年）、建兴郡（578 年）”[①]。这些新分立的州郡都有地记著作，如刘澄之的《江州记》、纪义的《宣城记》、山谦之的《吴兴记》、韦昭的《吴兴录》等。② 侨置郡县。所谓侨置郡县，是为了安顿从北方不同州郡迁移而来的民众，这些民众迁到南方后，仍聚集在一起，语言不变，风俗未及变，故南朝为其设立侨置州郡，保留原州郡名不变，而在其前加“南”字，如南河东、南徐州、南豫州、南冀州等，这些新侨置的州县也有地记著作，如《南徐州记》《南雍州记》等。可见，在南朝时，按行政区划来创作地记，这种鲜明的地理认知意识已非常明显了。

2. 地域考述

从地记所涉及的整个区域看，自汉至于南北朝，地记创作基本上覆盖了十三州，而尤以南方地记为多。汉时记载北方区域的地记数量较少，《史通杂说》：“交趾远居南裔，越裳之俗也；敦煌僻处西域，昆戎之乡也。求

① 陈刚. 六朝建康历史地理及信息化研究［M］. 南京：南京大学出版社，2012：97.

诸人物，自古阙载。盖由地居下国，路绝上京，史官注记所不能及也。”从三国时，由吴国士人所撰写的地记、异物志的数量明显超过魏蜀，至于晋朝时，关于南方州郡的地记尤多，由北而南的地域覆盖，是中华文明圈逐渐扩大的表现。

从一州之记所涉及的区域看，有一郡之记，一县之记，还有一城之记，如无名氏的《南城县罗城记》即临川郡下属南城县之罗城，也有一地建筑物之记，最早的宫殿记，如东汉王褒的《云阳宫记》，详细记其宫殿所在区域、区域物产、宫殿基本体制、关于宫殿的人文遗迹等。

从地记涉及的州郡来看，并不是所有的郡县都有记，这和行政谱系中的方志不同，呈现出记注不平衡的现象。① 经济地位、文化地位、政治地位高的州郡必有记。南朝地记共有 26 个郡县有地记著作，其中以荆州、扬州地记为多，在六朝地记中数量比例最大。这不但在地记上有所表现，即使在正史《宋书·地理志》中亦将扬州排在第一位。扬州，从政治地位上说为当时的王畿，而荆州是军事重镇和文化名郡。《宋书·刘义庆传》：“荆州居上流之重，地广兵强，资实兵甲，居朝廷之半，故高祖使诸子居之。”《宋书》沈约言当时荆扬两地的经济情况“荆城跨南楚之富，扬部有全吴之沃，渔盐杞梓之利，充仞八方，丝绵布帛之饶，覆衣天下。”[①]自汉而至于南朝，一国之都城必有记，如汉代的《洛阳记》、南朝的《丹阳记》。② 重要州治下的县记比较多。如荆州以郡记为多，而扬州则是县记最为繁多，且在当时比较发达的郡县，其地记最为完整。《宋书·州郡志》记载孝建元年，分扬州之会稽、东阳、新安、永嘉、临海五郡为东扬州。南朝时人称浙东五郡。这五郡均有地记，即孔令符的《会稽记》、郑辑之的《东阳记》、谢灵运的《新安记》、郑辑之的《永嘉记》、孙诜的《临海记》。③ 重要州郡不止一人为之作记。如洛阳一地，共有陆机、华延隽、杨佺期、戴延之《洛阳记》四部，荆州有盛弘之《荆州记》、郭仲产《荆州记》、刘澄之《荆州记》、萧绎《荆南地志》共四部，豫章、建安、南康等地均有两部以上地记。④ 南方边远地记较粗略。南方地域，在三国蜀时，有《永昌郡记》，其中在地域记载外，常有原始民族记载。魏晋南北朝时，交、广两州无县记，主要以异物志记载，其州记形式，用合二为一的形式写，如晋初王范

① [梁] 沈约. 宋书 [M]. 北京：中华书局，2011：1540.

的《交广二州记》。南方边远之郡志也有将几县合为一起的，如南朝佚名的《吴郡缘海四县记》，其中多写动植物产，一似异物志中所记。

二、州郡地记的文体特征

州郡地记，是地理认知下所产生的文体，它以行政区划下的州郡为视野中心，将此空间中的各类物象并置在一起，对一地之山水物象、地形地貌、神话古迹、历史人物、人文事件进行综合描述和考证。

1. 州郡地记与图经的区别

图者，专力于地貌形态的绘制。有以山为图，以水为图，以郡县版图为图，以宫殿为图等多种形式，虽主题不同，但必依托于地形地貌，其衍生的文字著作，有图（注）、图说、图经、图记四种形式。从简单的注文到图经、图记，逐渐有了文字的成书形态，图经谱系形成了自己的语言表达方式和文体叙述程序。“中国地图的发展源远流长，古代神话传说之中就有‘史皇作图’‘河伯献图’等，而较为可靠的是最早使用地图的记载见于《宜侯夨簋》《散氏盘》等铭文中。《诗经·周颂》《尚书·洛诰》中也有关于地图的记载”①，但只言片语，不能让人明晓早期地图内容。中国现存最早的地图实物是战国时期的兆域图和放马滩地图。兆域图为墓穴规划图，此处不论。1986 年在甘肃省天水市东南放马滩一号秦墓出土了 7 幅地图。“图上绘有河流、山脉、居民点、道路、关隘，以及许多文字注记的地名、山名、溪名、谷名、森林分布、道里数字和图的上下位等。”②这是能考证到的早期地图，地图的内容表现了此时的地理知识已经掌握了方位、道里、地物关系这三项。早期地图中所描述的物象，记载得最为清晰的是在《管子·地图篇》：“名山、通谷、经川、陵陆、丘阜之所在，草、林木、蒲苇之所茂，道里之远近，城郭之大小，名邑、废邑、困殖之地，必尽之。地

① 唐锡仁，杨文衡. 中国科学技术史［M］. 北京：科学出版社，2000：154.

② 华林甫. 中国历史地理学综述［M］. 济南：山东教育出版社，2009：475.

形之出入相错者，尽藏之。……此地图之常。”[①]可知，最早的地理内涵即为地形地貌也，这些显著的地理物象和地形地貌是早期地图上的主要内容。

汉代的地图如《汉舆地图》《地理图簿》《司空郡国舆地图》《地形图》仅存其名，不能有所考实。但是在汉代的史学著作中所提及的地图，多和地形地貌有关。如班固征匈奴，其作有《封燕然山铭》，“考传验图，穷览山川”，关于匈奴之传和匈奴国的地形，在汉代的军事战争是必备之物。《汉书·李广传》记载李广率部“深入匈奴两千余里，过居延视地形”。又载李陵“出居延北行三十日，至浚稽山止营，举图所过山川地形，使麾下骑陈步乐还以闻”。这是将自己所经之处的山川地形绘画以呈给朝廷。《后汉书·李恂传》：“慰抚北狄，所过皆图写山川、屯田、聚落百余卷。”从这些描述中都可以推知汉时地图的部分内容。班固《汉书·地理志》颜师古注：“琅邪郡，有莱山莱王祠。奚养泽在西，秦地图曰‘剧清地（池）’。”[②]说明在汉时地图上有文字注记。《后汉书·张衡传》记载张衡绘制了包括山川、屯田、聚落，均为可征之物象。城邑等内容的地形图，对地表物象和地形地貌的反映是地图的基本内容。用图和经表示地方情况的图经，在东汉时候已经出现。东汉桓帝时巴郡太守但望根据《巴郡图经》了解巴郡的境界、道里、户口和官吏等情况。《华阳国志》卷一：“望上疏曰：谨按《巴郡图经》境界南北四千，周万余里，属县十四，盐铁五官，各有丞史，户四十六万四千七百八十，口百八十七万五千五百三十五。远县去郡千二百至千五百里，乡亭去县或三四百，或及千里……”综上，地图的内容，包含疆界、道路、突出人文建筑物、居民村落、地表形态、山水形态与走势等。这些内容在后来残存的大量图经佚文中都可以得到验证，而地图和图经中所关注的内容，正是后来地记创作要叙写的题材内容，其根本即“地理之象”。

地记的语言形式和观察地理的角度虽与图经极相似，但其文体功能不再为释图，因而形成了自己独特的文体特征：

第一，内容不同，不涉及户口、村落、道里。图经是属于国家行政系统的文献，为参政辅助而用。地记属于地理学范围，多数为私人撰著。

第二，视角不同。在图经中，以图上物象为主语，如“潘岳父冢，巩县西南三十五里”，“嵩岳，在县西南五十里”。其语言在于标注图上之山川

① 黎翔凤. 管子校注［M］. 北京：中华书局，2004：529.

② ［汉］班固. 汉书［M］.［唐］颜师古，注. 北京：中华书局，2005：1274.

营建之物，遂以物本身为主语。而地记体式，则以某县为主语，叙其为："巩县西南三十五里有潘岳父冢。"可知，虽均为叙一地之物，而地记是以州郡县为视野中心。

第三，地记不同于图经只对重要地物标志进行陈述的局限，展开了对地理物象的广泛描述，而有博物之用。图经仅涉及山，至地记，则写一山之有，至于山上之岗穴，乃至山上之洞、洞上一台等，至于树木鸟兽，纤介皆入。如《江乘地记》："南十五里上思村山，山上有穴，未测深浅，名为云隆。""摄山有山猿，赤足，或见，涉冬积雪，辄有一行迹。"①至于在《始兴记》中描述芙蓉岗、桃花洞等如此细致的地理物象，是图经所不具备的，而正是地记在表现题材上与图经的区别。

第四，图经、地记均在于叙地名。地理之得名，多因人文之活动，在图经中，也有因解释地名而叙及人文活动的。

第五，地记中涉及人文历史。至于地记，在解释地名之外，其重点更在于叙一地曾发生的人文活动、历史遗迹，这是地记最显著的文体特征。如晋史筌的《武昌记》："吉祥山，吴主微时，尝隐于此。"讲述此山所发生的历史人文，不再限于此山之所以得名的历史，此为因地而存古。又如"武昌长湖通江，夏有水，冬则涸，于时靡所产植。陶太尉立塘以遏水于此，常自不竭。因取琅邪郡㴩湖鱼菱，以著湖内。菱甚甘美，异于他处，所产鲋鱼，乃长三尺。"②其叙述的重心更为偏重于人文历史的介绍，这显然是受汉代风土记、风俗传的影响。

2. 地理描述的文体特征

认知性记体，本是关于各种知识的一种存在性描述。记体语句本身就是其意义本身，而不会在语言之外再获得新的意义。地记作为一种地理认知，即按照山川水脉本身的自然属性进行描写。记体的行文本身就是知识形态和知识要素的架构，它的价值在于确立了地理认知的思维方式和知识要素，而这些正反映在记体的著作体式、记述方法、记述对象上。

在著作体式上，州郡地记采用的不是篇章形式，而是分开一条一条记叙，以单行散句行文，随物曲折，务在传达地理之形貌。它反映的是人类

① 刘纬毅. 汉唐方志辑佚［M］. 北京：北京图书馆出版社，1997：320.

② 刘纬毅. 汉唐方志辑佚［M］. 北京：北京图书馆出版社，1997：116.

在感性认知下的一种语言形式。在记述方法上，主要有记录、描述、考证三种。所谓的记录，其本质是对感官所能接触到的天地万象的分类、存录，即“区分类聚”。这种区分定名即是科学的第一步。而描述，则是对山水物象因分类而凸显出的各种特性和知识架构的掌握。考证，主要是辅助记录与描述，始终以山水自然形态为经，重视对山、水、地名、古迹及有关历史人物、事件的确凿记录和考订。

在记述对象上，州郡地记确立了认知地理的基本角度。如果在地记的创作中超越这些知识要素，或不符合这些知识要素的描述角度、记述方法，都很难归为“地记”文体，因此一种记体既形成了一种文类，也形成了一种知识范型。地记的记述对象和描述方法主要有四个方面：

州郡地记，首先在于辨区域、征因革。如蜀国谯周的《三巴记》：“初平六年，荆州帐下司马赵韪建议分巴郡诸县，汉安以下为永宁郡。建安六年，刘璋改永宁为巴东郡，以涪陵县分立丹兴、汉葭二县，立巴东属国都尉，后为涪陵郡。”①记载在历史中此一区域的行政沿革和一郡所领之县的变革，它的描述方法在于写其分合隶属。

其次，在区域范围内存录一地之地理物象。自然地象则必言其因何得名，人文地象则言何人而筑。如《益州记》：“益州城，张仪所筑。”②在描述方法上，则以郡县为中心，按照方位里数引出地理物象，并对地理物象进行史地文的综合描述。在记录地理物象上又常辅以考索、实证，考证一地在古今文献中的记载。如山谦之的《丹阳记》：“江宁县南四十里慈母山，积石临江，生箫管竹。王褒的《洞箫赋》所称即此也。”③《荆州记》：“（当阳）本楚之邑也。《左传》楚潘崇伐麇，至于锡穴。颖容《释例》云：麇，当阳也。”④这种考据实证是地记非常鲜明的表达方法。

再次，对于各种地理形貌进行描述。山川河流各有其自然形貌，如山，有“岗、岩、陵、洞、穴”，水，有“湖、泽、陂、塘、池、潭、峡”，又有土壤、水质的不同等。记体的功能正在于能有此格物之用。如盛弘之的《荆州记》：“始安有甘岩，岩林峻茂。下有穴，达南北。其间可二百许步，

---

① 刘纬毅. 汉唐方志辑佚［M］. 北京：北京图书馆出版社，1997：38.

② 刘纬毅. 汉唐方志辑佚［M］. 北京：北京图书馆出版社，1997：312.

③ 刘纬毅. 汉唐方志辑佚［M］. 北京：北京图书馆出版社，1997：178.

④ 刘纬毅. 汉唐方志辑佚［M］. 北京：北京图书馆出版社，1997：112.

口高二丈五尺，广十九尺。其西北有三溪，殊源别涧，合注其下。”①在记述具体的形貌特征时，重在传达地理物象在空间中的位置。

在静态地记载地貌之外，还注意记录地貌的古今演变。《文选·江赋》注引晋张勃的《吴录》：“巴陵县有青草湖。”盛弘之的《荆州记》：“巴陵县南有青草湖，周回数百里，日月出没其中。”张修桂认为：“谓之‘青草湖’，说明它是由水草丰美的沼泽平原沉沦潴汇所形成的平浅型湖泊。”②可见东晋、南朝之际，荆江江水分流汇注洞庭地区，原来平浅型的青草湖，水域范围迅速扩展。有时在地记中会涉及地貌的古今变化，如山谦之的《南徐州记》：“南沙县北百里，有中州山，昔在海中，去岸七十里，义熙以来沙涨遂与岸连。”③地记是可以随时记载地貌变化的重要文献形式。其中州郡地记对水的描写，必涉及人为的水利工程。如东汉马臻在任会稽太守时修建了鉴湖，孔灵符的《会稽记》：“筑塘蓄水高丈余，田又高海丈余，若水少，则泄湖灌田；如水多，则闭湖泄田中水入海。”④《关中记》：“昆明池曰神灵沼，尧治水讫，停舡此池，盖尧已有池，汉代因特深广之。”⑤佚名的《洛阳记》：“千金堨，旧堰谷水，魏时更修此堰，谓之千金堨。”⑥这如同史书中立《河渠书》《沟洫志》一样，人类对水的利用，主要以人为的水利工程为多。

州郡地记另一主要记述对象，是对于各地物产的存录。如宋山谦之的《吴兴记》：“上箬、下箬村，并出美酒”“东溪出美鱼”。陈姚察《建康记》：“建康出天门冬，极精妙”“建康出当归，不堪用”⑦。又涉及有元参、紫参、芍药。魏杨元凤的《桂阳记》：“临贺山，有黑银。”⑧晋宋间吴穆之的《义兴记》：“阳羡县塘西潜壤中有黄土，色如精金。”⑨它的描述方法在于描绘物产之形状、颜色、功用。

州郡地记对地理物象的关注，有时会涉及一些地貌科学现象和动植物

① 刘纬毅. 汉唐方志辑佚［M］. 北京：北京图书馆出版社，1997：216.

② 张修桂. 中国历史地貌与古地图研究［M］. 北京：社会科学文献出版社，2006：146.

③ 刘纬毅. 汉唐方志辑佚［M］. 北京：北京图书馆出版社，1997：172.

④ 刘纬毅. 汉唐方志辑佚［M］. 北京：北京图书馆出版社，1997：186.

⑤ 刘纬毅. 汉唐方志辑佚［M］. 北京：北京图书馆出版社，1997：82.

⑥ 刘纬毅. 汉唐方志辑佚［M］. 北京：北京图书馆出版社，1997：35.

⑦ 刘纬毅. 汉唐方志辑佚［M］. 北京：北京图书馆出版社，1997：316.

⑧ 刘纬毅. 汉唐方志辑佚［M］. 北京：北京图书馆出版社，1997：31.

⑨ 刘纬毅. 汉唐方志辑佚［M］. 北京：北京图书馆出版社，1997：182.

的生长活动规律。晋史筌的《武昌记》："芜菁山，有龙穴。其水深暗，少得入者。有人采钟乳，乘火而入。下有水深数尺，多有蝙蝠来扑火。"[①]齐黄闵的《武陵记》："武陵有一孤岭，上有一池水数亩，鱼鳖无不备有。其七月七日，皆出游岭颠，类族各别。"[②]但是这种关注，在文体上仍以存在式描述为主，因此，六朝地记所反映的主要是"博物"的知识修养。

3. 地理描述的文体意义与类书"地部"的知识分层

魏晋时的州郡地记，是对一地之自然地理的一个认知过程，在行文中，所关注和描写的地理要素奠定了后代类书对于地理部的分类。州郡地记和类书"地部"在知识要素上有同构的关系。

《武昌记》："九宫山，西北陆路去州五百八十里。其山，晋安王兄弟九人，造九宫殿于此山，遂以为名。"

《武昌记》："钟台山，在县东南一百里。上有桃花洞。芜菁山，有龙穴。"

《武昌记》："奉新县有渚石，临水，高三十丈。上有字，仿佛似印，故曰印山。"[③]

《南徐州记》："延陵县南有茅君山。其山有灵符洞室、十七涂、九泉，交通四方。有五穴，南二，东、西、北各一。"[④]

《益州记》："南池，在阆中县东南八里。（大江）下山有滩。宁州有马元河。"[⑤]

通过对六朝地记的研究，可以看出其对一地的地理认知，行文结构为州一郡一地理物象，主要地理物象为山水，山水下的知识要素主要是包括：① 描述一郡县中的各种地物。② 对于山的训释，介绍其得名由来。③ 关于各种地貌的描述，有山、陵、岗、峡，水则有潭、湖、溪。④ 一山则有

① 刘纬毅. 汉唐方志辑佚［M］. 北京：北京图书馆出版社，1997：115.
② 刘纬毅. 汉唐方志辑佚［M］. 北京：北京图书馆出版社，1997：295.
③ 刘纬毅. 汉唐方志辑佚［M］. 北京：北京图书馆出版社，1997：115.
④ 刘纬毅. 汉唐方志辑佚［M］. 北京：北京图书馆出版社，1997：172.
⑤ 刘纬毅. 汉唐方志辑佚［M］. 北京：北京图书馆出版社，1997：311.

洞、穴、石。⑤ 一水则有水源、水势、水质。这种知识架构，到了唐宋类书时，才被明确地标示出来。《艺文类聚》“地部”：

地部	地	野	关	冈	岩	峡	石	尘	
州部	冀州	扬州	荆州	青州	徐州	兖州	豫州	雍州	……
郡部	河南郡	京兆郡	宣城郡	会稽郡					
山部上	总载山	昆仑山	嵩高山	华山	衡山	庐山	太行山	罗浮山	……
山部下 水部上	虎丘山 总载水	石帆山 海水	石门山 河水	石鼓山 江水	蒜山 淮水	太平山 汉水	岷山 洛水	会稽诸山、交广诸山	…
水部下	壑	四渎	涛、泉	湖、陂	池、谷	涧、浦	渠、井	冰、津	…

六朝地记对一地的认知、描述、分类和表达，建立了认知一地之知识架构。至唐代的类书，将这种知识架构变为知识分层。以州、郡、山、水这四项为一级分目，二级分目则以地貌类别为层次，又如《北堂书钞》地部：“地、丘、陵、冈、岘、堆、阜、垅、阪、培、坑、窟、穴、泥、沙、石。”也是按地表形貌分。这些知识要素在类书的分类条目中得到了彰显。而类书条目的建立，表示地记中所建立地学话语重要概念在后世的接受和运用。

从知识的传承来说，类书将魏晋地记中所建立的地理知识要素变为一种分类类目，展示的是地理认知系统的最终确立。隋唐人创作诗文赋时对于地理知识的学习则转而通过类书来获得。

4. 州郡地记中人文描述的文体意义

地记在发挥地理认知的功能之外，首次将人文附属于地理，扩充了“记述”这种手法的表达范围。从文学史的角度言，地记的价值，不在于释物，而在于存古。这种特征表现在当时地理书的命名上，如《永初山川古今记》《司州山川古今记》，所言之古今，主要是指此地所发生的古今人物历史之变化，而非地貌的变化。如宋山谦之的《丹阳记》：“江宁县南二十五里有列州，晋简文帝为相时，会桓温处也”，“秣陵县南有岩山。山西有石室，山东大道左有方石，长一丈。刻勒铭题，赞吴功德，孙皓所建也。宋孝武帝改曰龙山，明帝泰始中，建平王休佑从上于岩山射雉。日欲暮，上遣左右寿寂之等，逼休佑令坠马，因共殴杀之”[①]。均是写一地所发生过的古今史事。

六朝地记，记录历史人物在不同地方所留下的痕迹，使历史人物在正史记载之外，有了更为丰富的史料背景。盛弘之的《荆州记》：“竹山县有白马塞，孟达为新城太守，登白马而叹曰：‘刘封、申耽据金城千里而不能守，岂丈夫哉！”[②]晋宋间任预的《益州记》：“文翁学堂，在大城南。昔经灾火，蜀郡太守高眹，修复缮立。”[③]宋郑辑之《永嘉记》：“昔王右军游恶溪道，叹其奇绝，遂书‘突星濑’于石，今犹有墨迹焉。”[④]宋山谦之的《吴兴记》：“市亭山，王逸少莅郡，尝欲于此山立宅，以其面溪背山也”，“（由拳山）晋隐士郭文，字文举，初从陆浑山来居之。王敦作乱，因逸归入此山”[⑤]，等等，均是将人物附属于地理，而描述的重点却在人文事迹。

这种倾向使部分地记中的人物描写，开始摆脱对地理的附属，出现单独的人物记述，即《困学纪闻》所谓的“饰州邦而叙人物”[⑥]。如张莹的《汉南记》，其中有地理之记如“蜀有阳平、江关、白水，北为三关”佚文一条，其他均为人物之记，如写“北海靖王兴，性敦笃仁厚。长有明略，少为光武所抚育，恩爱如子”，“陈蕃等欲除黄门，谋泄，寺之党于宫中诈称惊，云：‘外有反者。’蕃奔入宫，小黄门朱寓逆以戟刺蕃”[⑦]，这是地记在其本身发展中新兴的文体内容。又如南朝梁鲍至的《南雍州记》，在地理记载之外，同时也有两条记载人物的佚文，且均为写烈女。“卫敬瑜妻，年十六而夫亡。父母舅姑欲嫁之，乃截耳为誓，不许。户有巢燕，常双飞，后忽孤飞，女感其偏栖，乃以缕系脚为志。后岁，此燕果复来，犹带前缕。妻为诗曰：‘昔年无偶去，今春又独归。故人恩义重，不忍更双飞。”[⑧]南朝王孚

① 刘纬毅. 汉唐方志辑佚［M］. 北京：北京图书馆出版社，1997：178，179.

② 刘纬毅. 汉唐方志辑佚［M］. 北京：北京图书馆出版社，1997：212.

③ 刘纬毅. 汉唐方志辑佚［M］. 北京：北京图书馆出版社，1997：257.

④ 刘纬毅. 汉唐方志辑佚［M］. 北京：北京图书馆出版社，1997：192.

⑤ 刘纬毅. 汉唐方志辑佚［M］. 北京：北京图书馆出版社，1997：191.

⑥［宋］王应麟. 翁注困学纪闻［M］.［清］翁元圻，等注. 台北：世界书局，1962：543.

⑦ 刘纬毅. 汉唐方志辑佚［M］. 北京：北京图书馆出版社，1997：294.

⑧ 刘纬毅. 汉唐方志辑佚［M］. 北京：北京图书馆出版社，1997：304.

的《安城记》："县有孝子符表，以孝闻天下。年十六……""平都区宝者，后汉人。居父丧……孝慈之志，通于神明，由是知名"[①]。这种在地记中写人物的著作，还有晋荀绰《冀州记》《兖州记》，从佚文看，均为专门记人之记，并未附属于具体的地理物象。其他如晋张莹的《汉南记》、南朝梁鲍至的《雍州记》、南朝王孚的《安成记》、北周薛寘的《西京记》、吴韦昭的《三吴郡国志》等作品，其中既有地理物象的记载，也有人物的记载。后来西晋挚虞所作的全国地方志《畿服经》在《隋书·经籍志》的记载中也有"乡贤旧好"的条目，可见，这种文体内容已经被固定为地记以及后来地方志记述的重要内容之一。

魏晋地记中所涉及的当时人物有曹仁、谢安、王右军、桓温、晋简文帝、张鷹、新城太守孟达、魏征南军、河南尹彦辅、杜元凯、孙雄等，这些人物与地记作者的时代非常接近。一地之中，凡人迹所到之处，在各州郡地记中均因物而有所记载。这种特殊视野下的人物描写，使我们可以从地理的角度保留各种人文事迹。如晋荀绰的《冀州记》："满奋，字武秋，高平人，魏太尉宠之孙也。性情平，有识，自吏部郎，出为冀州刺史"，"裴頠弘济有识，稽古，善言名理，履行高整，自少知名，历侍中、尚书左仆射，为赵王伦所害"[②]。其文体形式，受地记体例的影响，以条目形式为纲，每一条目写一个人物，且描写字数较少。地记中的人物选材，多取有教化意义的题材，这与"耆旧传"一类文献的选材观念是一样的。

地记和人文的紧密联系，反过来影响了地记的文体功能。新的地理物象的记述，往往反映当时社会观念和风俗的新变。《会稽记》中写一山之人文活动时，便多有写时人对于山的赏爱之情和在山中建立别墅的新现象，而在其他地记作品中并无此项人文活动，这正反映了当时人们对于山水的观照从认知转而为审美这一观念的演变。《宋书》孔灵符本传言："灵符家本丰，产业甚广，又于永兴立墅，周回三十三里，水陆地二百六十五顷，含带二山，又有果园九处。为有司所纠，诏原之，而灵符答对不实，坐以免官。"[③]而在孔灵符所作的《会稽记》中，便以地记特有的文体内容反映了这种山水内涵的新认知。"（罗壁）山有虞国墅，襟带山溪，表里畤苑。

① 刘纬毅. 汉唐方志辑佚［M］. 北京：北京图书馆出版社，1997：325.
② 刘纬毅. 汉唐方志辑佚［M］. 北京：北京图书馆出版社，1997：87.
③［梁］沈约. 宋书［M］. 北京：中华书局，2011：1533.

洛阳来人云：‘岩囿天势，具体金谷’，郗太宰遍游诸境，栖情此地，每至良辰，携子弟游憩。后以司空临郡，遂卜居之。”[①]写在会稽郡中各山上之别墅。地理物象变化的描述传达出一种新的人文信息。

六朝地记，开始记载大量的人文营建之物，包括墓、碑、寺、楼、亭、精舍。山川河流千古不变，而人文营建日增。宋王韶之的《始兴记》：“灵山，台殿宏丽，面像巧妙，岭南佛寺，以此为最。”[②]是为记新兴佛寺之建设。又如南朝宋孔灵符的《会稽记》：“晋司空何元忌临郡，起亭山椒，极望岩阜，基地犹存，因号亭山。”[③]是为对人文营造之山亭的记述。其他如近代人物的墓碑、生前所立亭、学堂、住宅等都有记载。南朝宋山谦之的《丹阳记》：“京师四市，建康大市，孙权所立；建康东市，同时立；建康北市，永安中立；秣陵斗场市，隆安中发乐营人交易，因成市也。”[④]是地记中首次所见的对市场这一人文建筑的记载。

另外，融合宗教信仰与一地风俗亦是地记的主要文体特征。这种描写有两种体式：第一，山水得名，多源于神话传说或历史典故或宗教信仰。如盛弘之的《荆州记》：“巴陵南有青草湖，周回百里，日月出没其中。湖南有青草山，故因为名”，“雁塞，北接梁州汶阳郡。其间东西岭，属天无际，雁飞翥，至此即回翼。唯一处稍下，每雁飞达，则矫翮裁度，下处而过，故名雁塞。”[⑤]第二，一地所发生的神话传说。如《荆州记》：“枝江县，西至上明，东及江津，其中有九十九洲。楚谚曰：‘洲不满百，故不出王者。’桓玄有问鼎之志，乃增一为两，以克百数。僭号旬时，身屠宗灭，及其倾覆，洲亦消毁。至宋文帝在藩，忽生一洲，果龙飞江表。元凶之祸，此洲还没。”[⑥]这些传说即是人在山水之间所留下的痕迹。有时地记中所描述的神话，其篇幅和文采可媲美于一篇神话传说。萧子开的《建安记》：“乌君山者，建安之名山也。在县西一百里。近世有道士徐仲山者，少求神仙，专一为志。……仲山尝山行，遇暴雨，若风雷，迷失道径。忽于电光之中，

① 刘纬毅. 汉唐方志辑佚［M］. 北京：北京图书馆出版社，1997：183.
② 刘纬毅. 汉唐方志辑佚［M］. 北京：北京图书馆出版社，1997：270.
③ 刘纬毅. 汉唐方志辑佚［M］. 北京：北京图书馆出版社，1997：183.
④ 刘纬毅. 汉唐方志辑佚［M］. 北京：北京图书馆出版社，1997：176.
⑤ 刘纬毅. 汉唐方志辑佚［M］. 北京：北京图书馆出版社，1997：210，218.
⑥ 刘纬毅. 汉唐方志辑佚［M］. 北京：北京图书馆出版社，1997：211.

见一舍宅……”[①]其篇幅之长，情节之细，人物语言之详，足见作者对于一地之神话传说本身的关注。荀伯子《临川记》中曾记录，麻山有枫树及数千年者，如人形，眼鼻口全而无臂脚，斫之“皆出血”[②]。元吉甫曾评价其“因丘墓而征鬼神，流于异端”，而这正是地记的一种文体特征。

可见，六朝地记在对地理物象本身进行“知识性”记述之外，还记述和一地相关的人文百科，如人物、神话、历史、宗教信仰等，开创一种思维方式和认知视角，即对空间进行人文化的知识观照。在这种社会思潮的影响下，后来的《洛阳伽蓝记》继承了地记的写作体式。《洛阳伽蓝记》名为记寺庙，可是从它的内容来看，记录的范围远远超出了对洛阳寺庙的记载。书中记录有宫观、桥梁、水路，并带起了经济、政治、历史的大语境。杨衒之撰写《洛阳伽蓝记》实际上是把它作为一部北魏王朝的别史来写的。魏晋私史与地记这两种文体体式是同时出现的文学现象。黄巾起义之后，天下大乱，官府控制史官的局面被打破，博达之士“各记闻见，以备遗忘”，魏晋时期私人记史的兴盛也促使地记在以地理负载史学的尺度上大为扩展。这种学术形态最终表现在文法结构上，《洛阳伽蓝记》采用当时地记之学的写作模式，并进一步扩充了史学上的描述，从而形成了私史与舆地学结合的记体新作。

综上所述，州郡地记的文体意义在于能因地而叙物，即地而存古。这种记体功能是魏晋人认知地理的一种角度，代表着不同于先秦的一种独立的地学知识形态。州郡地记完成了地理认知要素的累积和区域人文的整合，表征着人们对地理知识的理性认知和对地理社会性理解的统一。

三、以记述为核心的文体表达

关于记述，学界一般是这样表述的：“写景简洁生动，不事雕琢。”这一概括过于笼统。“不事雕琢”的背后是怎样的一种语言体式？明清时期关于记述的研究，如“朱石君言古文有十弊，‘记、序不知体裁，传、志如写

① 刘纬毅. 汉唐方志辑佚［M］. 北京：北京图书馆出版社，1997：300.

② 刘纬毅. 汉唐方志辑佚［M］. 北京：北京图书馆出版社，1997：252.

账薄’”[①]。提到源流的，有“记，记其事理，必具始末。其原为事记、物记、杂记，其流为柳宗元”[②]。提到文体特征的，有陈绎曾的“叙事，依事直陈为叙，叙贵条直平易。记事，区分类聚为记，记贵方正洁净”[③]，“记，以记事，贵方正。纪，以纪事，贵切要”[④]。这些文论涉及的就是认知性记述。认知性记述，本是对于各种知识的一种存在性记录和描述。记述语言似乎是最简单的，但是它的复杂性在于记述的行文本身就是认知架构和知识要素的形成与使用。它是一种智力的训练和语言表述习惯的逐步形成。客观的知识在一定的语言体式下可以取得一种清晰性和审美性。这种“简洁生动，不事雕琢”，我们称其为“记述形态”。

最早产生这种记述形态的是早期的经典。经典本身是人类文化的起点，体现的是人们在自然科学知识、社会礼乐文化的传承中，所获得的感知世界的能力，表现在文学上，则是一种智力的训练和语言表述习惯的逐步形成。郝经言“六经为记，而不以记为名”，就是着眼于六经中的记述形态。早期经典的语言表达方式参与了人类思维的形成和文化的创建。就地学知识的传承而言，这是学界在追溯山水记的文体缘起时，将其归为《禹贡》《山海经》的原因。但是这两部经典是和行政区划联系在一起的，展现出来的记述形态和魏晋州郡地记的山水记述，作为一种地理认知，即按照山川水脉本身的自然属性进行描写。它的文体价值在于确立了山水认知的思维方式和语言表达。

在记录层面，首先是定名，即记述对象的产生。其次，对于各种地理形貌进行区分类聚。如山，有“岗、岩、陵、洞、穴”；水，有“湖、泽、陂、塘、池、潭、峡”；等等。这些分类成了后来唐朝类书“地”部的二级分类。葛兆光认为：“七世纪的人们……试图把所有的知识分类，清理成一个结构体系，以便自己能对这些知识提纲挈领。”[⑤]记述对象的产生在于对地理物象进行分类以尽格物之用。我们可以称其为“前科学时代”。

在确立了以象为主的前提后，另一个核心文体要素，是描述。描述并

① 王水照. 历代文话［M］. 上海：复旦大学出版社，2007：5434.
② 王水照. 历代文话［M］. 上海：复旦大学出版社，2007：1254.
③ 王水照. 历代文话［M］. 上海：复旦大学出版社，2007：1294.
④ 王水照. 历代文话［M］. 上海：复旦大学出版社，2007：1241.
⑤ 葛兆光. 中国思想史［M］. 上海：复旦大学出版社，2007：459.

不指向审美，而是指向认知。在写到地理物象形貌特征时，通过上下南北、间隔广修及数量词来表达，这种记述方法，其本质在于传达物象在空间中的延伸与位置。如盛弘之的《荆州记》“始安有甘岩，岩林峻茂。下有穴，达南北。其间可二百许步，口高二丈五尺，广十九尺。其西北有三溪，殊源别涧，合注其下”[①]等。在记述山上物产时，多以“出”“有”字结撰。如山谦之的《吴兴记》：“于潜县西六十里有晚山，悉是松木真墨所出也。”[②]它的记述方法在于描绘物产之形状、颜色、功用。关于各种水貌特征，首先须认知河、泉、堰、溪、池、涧、温泉等不同体貌，然后才能有不同的记述内容和方法。如泉水，则关心其水质之清浊、甘美，而堰、池、塘为人工所造，故多记何人修筑和修葺之事，以及它的功用。如《吴兴山墟名》：“蠡塘，昔越相范蠡所筑。”《洛阳记》：“河东盐池长七十里，广七里。水气紫色，有别御盐。”[③]作为“知识性著述”[④]，在州郡地记中对山水认知所产生的记述对象与记述方法是后来单篇地学山水记的基本语言表达体式。

州郡地记在存录和描述地理物象之外，已经有山水“风景”。这种“风景”内涵的构成，目的不在于传达美感和情趣，但是成为后来文学性山水描述的取资之处。小川环树认为：“六朝时期‘风景’一词的意涵，着重在空气、光影与氛围的变化，并非如中唐以后的‘风景’已作为观览物的全称。”[⑤]首先，这种“风景”是对山水、云雾、风雨、光照关系的描述。即最初在地记中描写山，只写山与云、风、雨、日的关系。这是最高的理念，也是最直接的经验之象。易言：“天地交气而雷风山泽水火之质成。”这是山水记述形态产生背后的认知架构。如荀伯子的《临川记》：“（灵谷山）悬岩半岫，有瀑飞流，分于木末，映日望之如掣练。”[⑥]地记的这些描写奠定了最初以“风景”为内容的地记对山水特性的把握，是后世山水散文创作的智力要素。其次，写山势与水流的结合，常从山的实际形势以及造成的水流样貌来写，主要目的在于对不同区域的山水关系的认知和保存。如《南

① 刘纬毅. 汉唐方志辑佚［M］. 北京：北京图书馆出版社，1997：216.

② 刘纬毅. 汉唐方志辑佚［M］. 北京：北京图书馆出版社，1997：189.

③ 刘纬毅. 汉唐方志辑佚［M］. 北京：北京图书馆出版社，1997：73.

④ 王昕. 论六朝地记与志怪“小说”——以洞窟故事为中心［J］. 华东师范大学学报，2018，50（2）119-128.

⑤［日］小川环树. 论中国诗［M］. 贵阳：贵州人民出版社，2009：4.

⑥ 刘纬毅. 汉唐方志辑佚［M］. 北京：北京图书馆出版社，1997：252.

康记》的雩都峡，因“高岭稠叠，连岩石峙。其水常自激涌，奔转如轮，春夏洪潦，经过阻绝”①。另外，记述水源流向和山脉的关系，是地学认知的又一认知关键要素。如《京口记》“回岭入江，悬水峻壁”。这些描写并不在于创造一种烟雨氤氲的审美意境，而是客观地描写。而越是客观，其中内蕴越丰富，可以为后来的文学创作提供最原始的、最丰厚的创作素材。再次，写山水光色的明暗，山水相映之势，尤其是光的参与，是山水记中比较明显的特色。宋郑缉之的《永嘉记》：“大溪南岸有西山，名为城门。壁立，水流从门中出，高百余丈，西流瀑布，日映风动，则洒散生云虹，水激铿响，清泠若丝竹。”②它形成了后来山水记作品中常见的一种记述内容。另外，有关声音描写的，包括岩间泉声、树间风声、林间猿声等。如《湘中记》：“衡山有悬泉，滴沥岩间，声泠泠，如弦音，有鹤回翔其上如舞。”③光照、声音以及山水之间多样的关系，本为事物本身之特征，地记通过这种记述方式扩大了时人的元认知能力，后来晋朝山水诗、赋内涵上的大丰富都得益于此。地记对各地山水的真实描述对于认知和语言本身来说，都是一种极大的扩展。

魏晋州郡地记的山水记述展示了时人对山水在认知上的成熟。由认知型记述所确立的记述对象，形成了基本的地学知识要素，而地记采用的记述方法和角度，形成了基本的地学认知架构，都以固定的语言形式形成了稳定的文体特征。这些典型的句式和认知要素在同时期的各类州郡地记以及后来的单篇地学山水记、地学山水游记的流变中一直保持不变，有非常鲜明的文体区别意识。到了宋代地理学再次兴盛后，伴随各种认知的发展，才逐渐形成一些新的角度。

这些记述的功能在于存录“物之本末”。作为一种知识载录的文体，并没有主观的叙述者和对事物局部特征的文学渲染，不是自我独特的生命体验，而是对客观知识、共有文化的描述，是人类最基本的知识传承体系中的文体形态。《广雅·释诂》：“记，识也。”识，志也。记最初的含义，在记载之外，有备而不忘的意思。用简单的线条做一个记号，是符号体系内的记，用语言文字保存一类知识或事件以备忘，是文献体系内的记。在后

① 刘纬毅. 汉唐方志辑佚［M］. 北京：北京图书馆出版社，1997：239.

② 刘纬毅. 汉唐方志辑佚［M］. 北京：北京图书馆出版社，1997：192.

③［唐］徐坚. 初学记：卷五［M］. 清光绪孔氏三十三万卷堂本.

来的文体流变中，如山水记、山水游记文类的结尾还保留着“……记之”这样的语言痕迹。

四、魏晋时期地记与风俗记的文体新变

在今本《荆楚岁时记》中，宗懔自己征引的文献有《风俗通》、《风土记》、《三秦记》、傅玄的《拟天问》、《诗》、《广雅》，共6种。其中的《风土记》《三秦记》是汉魏新兴的地学著作，而地理、风俗之间本来存在着固有的知识性联系。魏晋时，地记开始有自己独立的文体形式和记述传统，对一地岁时风俗的记载并不在州郡地记中，而在风土记、地方史类杂记中，唐宋之后，地方志融合州郡地记与风土记的文体，才开始在地方志文献中出现对岁时风俗的记载。

1. 风俗地理观与岁时风俗

汉魏诸子对“风俗”的理解，依然秉承着传统的“风俗地理”观。刘昼的《刘子·风俗篇》：“风者，气也。俗者，习也。土地水泉，气有缓急，声有高下，谓之风焉；人居此地，习已成性，谓之俗焉。”[①]关于岁时风俗的记载，也见存于当时比较兴盛的地记类著作中。

关于地记与岁时风俗记的关系，李道和先生认为《荆楚岁时记》“本名《荆楚记》，是一部在地理撰述风气下所产生的地理风俗文献。由于专记岁时，后称《荆楚岁时记》”[②]。“唐初类书《艺文类聚》一般引作《荆楚岁时记》。而卷四之五月五日一条，卷八九月九日一条却作《荆楚记》，《初学记》卷四之五月五日，宿岁迎年，去故纳新三条，《史记·陈涉世家》唐司马贞索隐引蜡节一条，皆作《荆楚记》。此外白居易《六帖》卷四、段公路《北户录》卷二，韩鄂《岁华纪丽》卷二及卷三，《太平御览》卷一七、二八等

---

① [南北朝] 刘昼. 刘子：卷之九 [M]. 明正统道藏本.

② 李道和. 荆楚岁时记的撰述、文本及其文化背景 [M]. 四川大学中国俗文化所. 新国学：第7卷. 成都：巴蜀书社，1999：41.

亦多如是。”[①]杨立诚在《四库目略》也将其归为“史部地理类”。

《荆楚岁时记》作为一种地域岁时记载，保留了传统史书中的风俗地理观。“荆楚”，《诗经》：“挞彼殷武，奋伐荆楚。”是将“荆、楚”最早连用的文献。许慎《说文解字》释荆：“楚木也，从刑声。”释楚：“丛木也，一名荆也。”[②]孔颖达《春秋左传正义》说：“荆、楚一木二名，故以为国号，亦得二名。”[③]荆楚是以树木做地域的称谓。《隋书·地理志》：“自晋氏南迁之后，南郡襄阳皆为重镇。四方凑会，故益多衣冠之绪。稍尚礼仪经籍焉。江夏竟陵、安陆各置名州，为藩镇重寄。人物乃与诸郡不同，大抵荆州，率敬鬼，尤重祠祀之事。”[④]这与《汉书·地理志》记载“楚人信巫鬼，重淫祀”[⑤]的地方风俗和巫鬼文化的信仰是一脉相承的。荆州，为南朝军事重地、经济重地。六朝关于荆州一地的地理类著作，就有六家写有不同的《荆州记》。因此最早从地域的观念出发，记载此处的岁时风俗是可能的。

2. 州郡地记和地方杂史类笔记对岁时风俗记录体式的区别

（1）地方杂史类笔记

《三秦记》：“汉昭帝母钩弋夫人，手拳而国色，世人藏钩起于此。”

《邺中记》：“俗人以介子推五月五日烧死，世人甚忌，故不举火食，非也。北方五月自作饮食祠庙，及五色缕、五色花相问遗，不为子推也。”

《邺中记》：“寒食三日作醴酪”，又“煮粳米及麦为酪，捣杏仁，煮作粥”。

《西京杂记》：“菊花舒时，并采茎叶，杂黍米酿之，到来年九月九日始熟饮焉，故谓之菊花酒。”

① 四川大学中国俗文化所. 新国学：第7卷［M］. 成都：巴蜀书社，1999：41.

②［汉］许慎. 说文解字［M］. 清文渊阁四库全书本.

③［晋］杜预. 春秋左传正义［M］. 清嘉庆二十年南昌府学重刊宋本十三经注疏本.

④［唐］魏征，等. 隋书［M］. 北京：中华书局，2011：897.

⑤［汉］班固. 汉书［M］. 北京：中华书局，2011：1666.

（2）州郡地记

《临海记》："郡北四十里有湖山，形平正，可容数百人坐。民俗极重九日，每菊酒之辰，宴会于此山者常至三四百人。"

《南岳记》："其山西曲水坛，水从石上行，士女临河坛，三月三日所逍遥处。"

《荆州记》："父老传言，（屈）原既流放，忽然暂归，乡人喜悦，因名曰归乡。"

《荆州记》："秭归县有屈原宅、伍子胥庙，捣衣石犹存。"

州郡地记主要在于存地理物象，并不对风俗行为做具体的介绍。魏晋时期，州郡地记已经形成了自己的记述体式，即以地理物象为记述对象，总括所有关于这一地理物象的自然与人文事象，它的主体是地理。在州郡地记中，对于岁时风俗没有直接的记载，因此从记录传统的继承上看，其本身并没有对《荆楚岁时记》的生成产生直接的影响。

而以地域为分类的地方杂史类笔记如《三秦记》《邺中记》《西京杂记》等，虽然在命名上和地记非常相似，但是它和纯粹描述地理的州郡地记不同，它以一地为记述对象，总括一地所有的事象。因此，岁时风俗在地方杂史类著作中，是作为认知一地文化的一种角度得以记载。

这种地域意识下对岁时风俗的记载，是以客观的身份形式进行介绍，有源头有辨析，并描述当时人的各种岁时行为。这和《荆楚岁时记》中完全以行为物象为核心的记述方式不尽相同。

（3）风土记

魏晋时的风土记，最早全面描写各种信仰风俗和岁时行为。晋周处的《阳羡风土记》是目前所见最多记载岁时风俗的书。

《阳羡风土记》："蜀之风俗，岁晚相与馈问，谓之馈岁。酒食相邀为别岁。至除夕，达旦不眠，谓之守岁。"

《荆楚岁时记》："岁暮，家家具肴蔌，诣宿岁之位，以迎新年，相聚酣饮。"

《阳羡风土记》："仲夏端午，烹鹜角黍。端，始也，谓五月初五日也。"

《阳美风土记》："造百索系臂，一名长命缕，一名续命缕，一名辟兵缯，一名五色丝，一名朱索，又有条达等织组杂物，以相赠遗。"

《荆楚岁时记》："以五彩丝系臂，名曰辟兵，令人不病瘟。又有条达等织组杂物，以相赠遗。"

《阳美风土记》："醇以告蜡，竭恭敬于明祀，乃有藏彄。腊日之后，叟妪各随其侪为藏彄，分二曹以较胜负。"

《荆楚岁时记》："俗有藏钩戏，起钩弋夫人。俗云此戏令人生离，有物忌之家，废不修也。"

《阳美风土记》："元日造五辛盘。"

《荆楚岁时记》："于是长幼悉正衣冠，以次拜贺……下五辛盘，进敷于散，服却鬼丸。"

《阳美风土记》："七月七日，其夜洒扫于庭，露施几筵，设酒脯时果，散香粉于河鼓、织女，言此二星神当会。守夜者咸怀私愿，或云见天汉中有奕奕正白气，有耀五色，以此为征应。见者便拜，而愿乞富乞寿，无子乞子，唯得乞一，不得兼求。"

《荆楚岁时记》："七夕妇女结彩缕，穿七孔针，陈瓜果于中庭以乞巧。"

《阳美风土记》："九月九日，律中无射而数九，俗尚此日，折茱萸房以插头，言辟除恶气而御初寒。"

《荆楚岁时记》："九月九日，佩茱萸，食蓬饵，饮菊花酒，令人长寿。"

从记述体式上看，风土类文献和《荆楚岁时记》的记述体式最为相似。明代祈承爜的《澹生堂藏书目》就将《荆楚岁时记》归为"风土类"。但是这两者又不尽相同，如最后一例，在《荆楚岁时记》中以连续的动词形成一种表达方式"佩、食、饮"，然后写其目的，其中存在着一种认知范型。而风土记中的记载，在形式上更为零散，内容广泛。明代陶宗仪《说郛三种》所存《阳羡风土记》的辑本中还包括岁时、地理、庙会、特产、居处等，甚至一些记述内容也不相同，如其中"律中无射而数九"之类的记载，在《荆楚岁时记》中未出现任何一例。唐宋之后，所出现的各种风土记如《桂林风土记》《真腊风土记》等，对岁时风俗的记载也延续了这种零散、广泛的行文样态。

汉魏

第三章 异物志文体体例研究

所谓“异物志”，是汉人在立足于中原物产的视野上，对南夷和西域物产的定名。汉人的中土意识，有一个逐渐扩展的过程。汉刘安的《淮南子·坠形训》曰“正中冀州曰中土”，《后汉书·循吏列传》曰“时天下新定，道路未通，避乱江南者，未还中土”[①]，南朝刘义庆《世说新语·言语》曰“江左地促，不如中国”[②]。魏晋时，中原、中国的指称以长江流域为界，这种称呼并不是十分严格的地域区划，《宋书·州郡志一》：“晋永嘉大乱，幽、冀、青、并、兖州及徐州之淮北流民，相率过淮，亦有过江在晋陵郡界者。”[③]即北方士人过江之后，应主要聚集在荆州、扬州地区，也有越过荆扬而进入两广地带的。这使士人的视野开始真正关注岭南地域，新的地理学知识开始以“异物志”为文献载体呈现。

一、“异物志”的生成与辑佚概况

东汉时杨孚著有《交州异物志》，是第一本杂记岭南物产风俗的地记，同时确立了“异物志”的基本撰写体例和关注内容，后来者均沿用其书名和文体体例。三国时期，有朱应的《扶南异物志》、万震的《南州异物志》、何莹的《临海水土异物志》、薛莹的《荆扬已南异物志》、谯周的《巴蜀异物志》、晋续咸的《异物志》、佚名的《凉州异物志》、陈祈畅的《南方异物志》，还有一些不可考证的、无法辨别其作者、时代的佚文，简单称呼为“异

① [南朝宋] 范晔. 后汉书 [M]. [唐] 李贤，注. 北京：中华书局，2011：2460.
② 徐震堮. 世说新语校笺 [M]. 北京：中华书局，1984：87.
③ [梁] 沈约. 宋书 [M]. 北京：中华书局，2011：1038.

物志”。可见自汉之后以“异物志”命名的著作的繁盛，异物志作为一种文体形式已经确立。

“异物志”的成书，一部分是随着汉王朝开疆拓土后而产生的对新领地的记载，如东汉杨孚的《交州异物志》，所言的交州，即今天广东、广西、越南北部。公元前 111 年，汉武帝元鼎六年时，汉朝一举平定南越国，在原来南越国的境域设交趾，是汉代十三州之一，也是汉朝最南部的疆域。又，公元前 121 年，骠骑大将军霍去病远征河西，击败匈奴，武帝为彰其武功军威而命名为武威。在《汉书·地理志》记载：“自武威以西，本匈奴昆邪王、休屠王地，武帝时攘之，初置四郡，以通西域，隔绝南羌、匈奴。”于是有宋膺的《异物志》、佚名的《凉州异物志》，主要记载南方和西部的边疆异物。

一部分是域外地记。如朱应的《扶南异物志》。扶南，今柬埔寨以及老挝南部、越南南部和泰国东南部一带。公元 1 世纪，扶南国正式建国，其时与东汉已有往来。至三国时，扶南国王范旃派遣使者至东吴，东吴又遣中郎康泰以及宣化从事朱应回访扶南国，两人到达扶南后，记录下各种见闻，写成《扶南异物志》。

一部分既非新领地亦非域外，但以汉代都城长安为观察视点，所描写的区域大多地处偏僻，在秦统一六国之前，属于南夷之地，如《临海水土记》。临海，今浙江台州临海市。临海自夏、商、周时就是中国版图的一部分，秦统一六国后，临海统辖于闽中郡，西汉置回浦县，东汉改为章安县，三国改为临海郡。其地理位置，向东即是大海，属于中亚热带季风气候。三国时这些地方隶属于吴地，或接近吴地。

这些异物志，没有一部完整地保留下来，只能在古书的注文、类书的引文、自然科学著作的注文中略见残片碎文。明清时期，开始有学者对于早期的“异物志”进行整理，如“明陶宗仪、清王仁俊分别辑过《临海异物志》，清陈运溶辑过《南州异物志》和《扶南异物志》，张澍辑过《凉州异物志》，曾钊辑过杨孚《异物志》，陶栋辑过《异物志》”[①]，但是这些辑佚的作品也大多散佚。当代学者的研究成果中，有侯康的《汉魏六朝岭南植物志录考略》，王晶波的《汉唐间已佚异物志考述》《异物志的编纂及其种类》《从地理博物杂记到志怪传奇》，罗晃湖的《杨孚及其异物志考述》。

① 王晶波. 异物志的编纂及其种类［J］. 社科纵横，1993（4）.

其中王晶波的两篇论文，已基本总结了这些佚文的书目和佚文出处，此处不论，本文将在此基础上进一步探讨"异物志"的文体生成和文体特征。

异物志命名，在域内者，则以当时的行政区划为命名，如交州、凉州等，或以地区为名，如"荆扬已南"等。境外异物志，则以国为名。汉唐之间，"异物志"类著作所涉及的地域，遍及今天的广东、广西、福建、贵州、江西、重庆、四川、云南、甘肃，越南、柬埔寨、老挝、泰国，其主要地域为南方地区。

汉魏六朝异物志及其辑佚情况表

时代撰者	著作	地域	佚文见引之处（此条用王晶波成果）	今人整理本	备注
东汉杨孚	《异物志》《交州异物志》《南裔异物志》	交州（广东、广西、越南北部）	《太平广记》《太平御览》《初学记》《艺文类聚》《北堂书钞》《海录碎事》《事类赋》《后汉书》清曾钊有辑本	吴永章《异物志辑佚校注》	清曾钊在辑佚时，是分三书以列举佚文，然当代学者王晶波以为，三书为同一书，但无论证
三国吴朱应	《扶南异物志》	又称夫南、跋南。今柬埔寨以及老挝南部、越南南部和泰国东南部一带	《隋书艺文志》有存目，清陈运溶有辑本		
三国吴万震	《南州异物志》	南州，泛指南部一带，主要指两广 南朝梁江淹作《游黄蘗山》诗："南州饶奇怪，赤县多灵仙。"	《太平御览》《初学记》《北堂书钞》《史记正义》《一切经音义》清陈运溶有辑本		南州，自北周时方在行政区划上设南州，治万川县（今重庆市万州区），管辖二郡三县：一为万川郡，所属万川县（安乡县）、梁山县；二为怀德郡，所属武宁县

续表

时代撰者	著作	地域	佚文见引之处（此条用王晶波成果）	今人整理本	备注
三国 吴沈莹	《临海水土异物志》	台湾	《太平广记》《太平御览》《初学记》《艺文类聚》《北堂书钞》《海录碎事》《事类赋注》《后汉书》 明陶宗仪《说郛》及清王仁俊《玉函山房辑佚书补编》，另有杨恩辑本		1. 临海郡的动植物产、矿产。 2. 夷州民、安家民、毛民三个古代民族的社会状况
三国 吴薛莹	《荆扬已南异物志》	据今佚文，见涉及有交趾（越南）、高凉（郡名，东汉置郡，辖境相当于今广东电白、阳江、恩平、云浮、茂名）	《文选·吴都赋·注》		《史记·司马相如列传·索隐》引作《荆扬异物志》
三国 吴谯周	《异物志》，又称《巴蜀异物志》	巴国（重庆）、蜀国（四川）	《文选注》《史记正义》		
晋朝续咸	《异物志》	北方	佚		《晋书·续咸传》："著《远游志》《异物志》……皆十卷，行于世。"
宋膺	《异物志》	西域	《史记正义》《太平御览》《太平寰宇记》《通典》		据当代学者王晶波考证，宋膺应为汉晋之际人

续表

时代撰者	著作	地域	佚文见引之处（此条用王晶波成果）	今人整理本	备注
	《凉州异物志》	今甘肃省西北部的武威	《水经注》《太平御览》《太平寰宇记》《初学记》		作者不详
陈祈畅	《南方异物志》	区域名	《齐民要术》《太平御览》		
曹叔雅	《异物志》或《庐陵异物志》	庐陵，今江西吉安	《初学记》《太平寰宇记》		不见史志及私家著录，《艺文类聚》引作《异物志》，《太平御览》引作《庐陵异物志》
孙畅	《异物志》	仅一条佚文，载鹦鹉。鹦鹉主要分布在世界各地的热带地区，可推知，是记南方区域的异物	《初学记》		
	《南中异物志》	南中，三国时期是蜀汉的一部分。《三国志·蜀志·诸葛亮传》：“南中诸郡，并皆叛乱。” 晋常璩《华阳国志》有《南中志》。 今天的云南、贵州和四川西南部	《一切经音义》		作者不详
	《南方异物志》		《初学记》《一切经音义》		作者不详

续表

时代撰者	著作	地域	佚文见引之处（此条用王晶波成果）	今人整理本	备注
	《南中八郡异物志》	今天的云南、贵州和四川西南部			史上有南中七郡之称。汉武帝时置牂柯郡。 蜀汉建兴三年，南中七郡形成，是为：牂柯、越嶲、朱提、建宁、永昌、云南、兴古
	《郁林异物志》	在今广西桂平西，辖今广西大部	《太平御览》		汉元鼎六年（公元前 111 年）平定南越国，调整郡县设置，改秦桂林郡为郁林郡
郭氏	《异物志》	佚文一条中提到建州。建州，即今福建省建瓯市。位于福建省北部	《太平广记》		
郭义恭	《广志》		（自补）《艺文类聚》中多有所引，如："桄榔树，大四五围，长五六丈。洪直，旁无枝条。其颠生叶似棕叶。斫其木，肥坚难伤，入数寸，得面。"		

二、知识兴趣的转变与地理博物体“异物志”的生成

随着汉朝疆域的扩大，汉人对于南方地理知识的兴趣不在于行政系统下的疆域户口、山川险要，开始转变为对南方物产的兴趣。汉时中原人士、帝王大臣对南方异物给予了热情的关注，《三辅黄图》：“汉武帝元鼎六年，破南越，起扶荔宫，以植所得奇草异木：……留求子十本。”[①]《南方草木状》记载水蕉、鹿葱，女子佩戴宜男，“吴永安中，孙休尝遣使取二花，终不可致，但图画以进”。《太平御览》：“环氏《吴地记》曰：黄初三年，魏来求豆蔻。”[②]中州之人，对于南方风物在周秦之前少有所见，对于珍奇物产的奇异效用尤为关心，遂常有夸大其词者。杨孚本广东人，“杨孚，字孝元，南海人。章帝朝贤良，对策上第，拜议郎。南海属交趾部，刺史竞事珍献，孚乃枚举物性灵悟，指为异品以讽切之，著为《南裔异物志》。”[③]以明这些物产均为常见之物，遂有第一部《南裔异物志》（又称《异物志》）产生。

魏晋时，异物志以吴人创作最多。魏、蜀、吴分地而治，吴国与南方的联系最为紧密，吴人所写的“异物志”也最为繁盛。吴人的创作，最初也是国家行政体系下的附属品。第一，建交出使，如三国吴朱应为宣化从事，与中郎康泰，共赴南夷“奉命南宣国化”，出使至扶南、林邑，因作《扶南异物志》，其书也是国家行政文献的一部分。第二，三国时期官员任职于南夷，如何莹、万震都曾做过丹阳太守。何莹在未任官职时，曾随父亲何综寓居南州，何综为合浦、交趾等地太守。第三，开疆拓土。三国时的“异物志”以吴人所写居多，这和吴政权的海外征伐进程有关。《三国志·吴志·孙权传》：“赤乌五年（242）秋七月，遣将军聂友、校尉陆凯以兵三万讨珠崖、儋耳。”[④]《三国志》：“陆凯……赤乌中除儋耳太守，讨珠崖，斩获有功。”[⑤]《晋书·地理志》：“赤乌五年，复置珠崖郡。”[⑥]然在《方舆胜

① [清] 孙星衍，庄达吉. 三辅黄图　三辅故事　三辅旧事　两京新记 [M]. 北京：中华书局，1985：36.

② [宋] 李昉等撰. 太平御览 [M]. 北京：中华书局，1960：4305.

③ 王晓岩. 方志演变概论 [M]. 沈阳：辽沈书社，1992：19.

④ [晋] 陈寿. 三国志 [M]. [宋] 裴松之，注. 北京：中华书局，2011：1145.

⑤ [晋] 陈寿. 三国志 [M]. [宋] 裴松之，注. 北京：中华书局，2011：1400.

⑥ [唐] 房玄龄，等. 晋书 [M]. 北京：中华书局，2011：465.

览》中言“吴大帝于徐闻县立珠崖郡”“于其地立珠官一县，招抚其人，竟不从化”。[①]在三国吴时，还处于征讨和刚刚设郡之时，对于南方动植物产有比较浓厚的兴趣，《三国志》薛综上疏：“今日交州虽名粗定，尚有高凉宿贼，其南海、苍梧、郁林、珠官郡四界未静，依作寇盗，专为亡叛逋逃之薮。”[②]在征伐南夷同时，吴主还积极进行海外拓展，《三国志·吴书·吴主传》记载在黄龙二年，即公元230年，“遣将军卫温、诸葛直将甲士万人浮海求夷州及亶州”[③]。新领域拓展，大大丰富了时人的地理知识，而之前的经典著作中并未有南方热带和亚热带地域、物产的记载，这就需要新的著作来承担。第四，人口迁移。尤其在东晋建立之后。《宋书》州郡志：“晋永嘉大乱，幽、冀、青、并、兖州及徐州之淮北流民，相率过淮，亦有过江在晋陵郡界者。”[④]这使中原人的视野开始真正关注岭南地域。

以上所述可见，随着汉朝、三国吴的军事拓展、经济开发和晋朝迁移的时代变革，岭南这个地域开始进入行政官员、一般文人的视野。这时，所产生的大量“异物志”著作，就是针对中原所少见的奇异风土物产的知识性记录。

三、中国地学中博物知识体系的传承与“异物志”文体体例

在秦以前，除《山海经》《禹贡》外，描写边远疆域中的植物、动物、矿产、地域风气的早期著作有《诗经》《楚辞》《尔雅》《吕氏春秋》，另有史书中的《西南夷列传》《后汉书·东南夷传》，文学作品如汉代司马相如的《上林赋》等已经开始涉及了岭南物产。这些早期著作只提起南方植物之名和其简单的、部分的特征，几乎没有记载生长在南亚热带和热带地区的动植物和矿产资源的具体情况。而且，早期著作本为浑然不分的学术形态，这些物产知识均是以“知识要素”的形式存在，而这种知识要素发展到汉代专门的“异物志”，实质上是这些物产知识逐渐脱离经学、子学、史

① [宋] 祝穆. 方舆胜览：卷四十三 [M]. 清文渊阁四库全书本：462.
② [晋] 陈寿. 三国志 [M]. [宋] 裴松之，注. 北京：中华书局，2011：1253.
③ [晋] 陈寿. 三国志 [M]. [宋] 裴松之，注. 北京：中华书局，2011：1136.
④ [梁] 沈约. 宋书 [M]. 北京：中华书局，2011：1038.

学的范畴，开始具备独立的知识再生长和文体发展细化的过程。

既言知识的再生长，则必有对前期知识的一个继承。“异物志”虽产生于汉魏时期，但作者对于异域物产的认知与语言描述，均源于早期著作中对物产的认知概念和描述体式，然而经过汉魏各种社会时代因素的影响，以及魏晋人对物产知识本身的内部认知的细化，则又不能不有所更新，因而形成“异物志”新的文体特征。本节将“异物志”放在博物知识体系传承与发展中，从知识和文体同步共生的角度，考察“异物志”文体的生成与确立。

（一）早期的物产认知和书写方法

早期对博物知识的积累是从名物认知开始的。《尔雅》一书本是解释名物的著作，后人视其为“博物之祖”，即是从名物认知这个角度，来看待它和后来博物著作的关系。既如此，《诗经》《禹贡》《说文》《广雅》等早期一切经典著作，凡多有涉及物产之名的，都可以看作人们在生物学认知上的不断积累。“名物认知”是博物知识体系建立的第一步。

《中国科学技术史·生物卷》提到《诗经》表现当时人们对生物的认知程度：“《邶风·简》记载：山有榛，隰有苓。道出了长期被古人采食的野生坚果树榛树生长在山坡，而当时叫作‘苓’的一种植物，生长在低洼湿地里，较好地描述了这两种植物的生态环境。类似的还有《墉风·墙有茨》：‘墙有茨’。这里的茨即蒺藜，这是一种耐干旱而带刺的草本植物。这句诗写出了蒺藜有时长在墙上。《郑风·山有扶苏》还记有‘隰有荷华’‘山有桥松，隰有游龙’，《唐风·山有枢》：‘山有枢，隰有榆’‘山有栲，隰有杻’‘山有漆、隰有栗’‘山有厥薇，隰有杞桋’等诗句。这里的隰即低洼湿地或沼泽。”[①]这是注意到不同的地表高度会有不同的植被，到了管子的《地员篇》才将这种现象体系化、知识化。但是在《诗经》中作为诗歌的一部分，并不会展开对物产知识的讨论，而是以名物认知的角度，提到物产之名，同时也描述到物产的部分特性，代表当时人类对物产的认知水平。

① 罗桂环，汪子春. 中国科学技术史［M］. 北京：科学出版社，2000：56.

早期经典文献涉及物产知识较为集中的《山海经》首先奠定了一种"名物认知"型的存在性记述方式。所谓存在性的记述方式，是指在语言上以"有""多"为主要描述形式。如《南山经》"又东三百八十里，曰猨翼之山，其中多怪兽，水多怪鱼，多白玉，多蝮虫，多怪蛇，多怪木，不可以上！"[①]《西山经》："又西百二十里，曰浮山，多盼木，枳叶而无伤，木虫居之。有草焉，名曰熏草，麻叶而方茎，赤华而黑实，臭如蘼芜，佩之可以已疠。"[②]《北山经》："又北三百八十里，曰虢山，其上多漆，其下多桐椐。其阳多玉，其阴多铁。伊水出焉，西流注于河。其兽多橐驼，其鸟多寓，状如鼠而鸟翼，其音如羊，可以御兵。"[③]在整个《山海经》中，主要在于记载全国范围内主要动植物品种，而略微交代生物的性状、功用。

"名物认知"所用的书写法则是"记注"，就是以象为体，描述事物自然而然的呈现形态，这是早期著作中对物产描述通用的书写方式。如《禹贡》："鸟鼠同穴"实际涉及动物相互依存的情况，但是在早期著作中不止描写了这样一种现象，其他如：

> 《夏小正》："柳稊，鱼涉负冰。昆蚩（昆虫蠕动） 秀幽（狗尾草抽穗）栗零（栗子成熟后果壳脱落）。"写动植物随岁时变化的各种生理现象。
>
> 《周南·葛覃》："黄鸟于飞，集于灌木。"[④]《小雅·鸳鸯》："凫鹥在泾，鸳鸯在梁。"[⑤]写动物栖息的生态环境。
>
> 《荀子·劝学》："蓬生麻中，不扶自直。"[⑥]写植物生长的趋光性。
>
> 《晏子春秋》："尺蠖食黄即身黄，食苍即身苍。"写生物的身体构造与环境适应的关系。
>
> 《吕氏春秋·用民》："夫种麦而得麦，种稷而得稷，人不怪也。"[⑦]写生物性状遗传的稳定性。

① 郭璞. 山海经［M］. 陈成，译注. 上海：上海古籍出版社，2014：3.
② 郭璞. 山海经［M］. 陈成，译注. 上海：上海古籍出版社，2014：31.
③ 郭璞. 山海经［M］. 陈成，译注. 上海：上海古籍出版社，2014：80.
④ 雒江生. 诗经通诂［M］. 西安：三秦出版社，1998：4.
⑤ 雒江生. 诗经通诂［M］. 西安：三秦出版社，1998：626.
⑥［清］王先谦. 荀子集解［M］. 沈啸寰，王星贤，整理. 北京：中华书局，2012：5.
⑦ 许维遹. 吕氏春秋［M］. 北京：中华书局，2009：523.

《吕氏春秋·精通》:“月也者，群阴之本也。月望，则蚌蛤实，群阴盈；月晦，则蚌蛤虚，群阴亏。”[①]写月亮与海洋生物的关系。

《周礼·地官·大司徒》:“一曰山林，其动物宜毛物，其植物宜皂物……二曰川泽，其动物宜鳞物，其植物宜膏物。”[②] 写土壤与植被的关系等生物学知识。

早期著作对这种知识的表达，重视现象记载，采用的是一种观察句，主要在于描述。并没有发展到后来学科体系中的概念、属类性质。但是在种种现象描述中都可能内涵着一个知识学科，在《夏小正》《诗经》《禹贡》《山海经》以及诸子著作中对所观察到的各种自然现象，涉及了物候与动物迁移、土壤与生物习性的形成、动植物生长特性、生物的分布、生物之间的寄生依存、生物受光、生物遗传、植物的垂直分布，等等。这些以现象描述存在的知识需要后人继续去延展，魏晋时期的异物志，从知识的发展看，实际上是在博物知识延展下所产生的新文体。

（二）物产知识的延展与异物志著作的生成

1. 物产视野的地理拓展与和描述形态的细致化

中国人的地理视野是由《禹贡》和《山海经》奠定的。这两部著作所记述的对象是全国区域的划分和描述，在《禹贡》《山海经》中都涉及西域与南粤山川、物产、贡赋，发展到异物志则是主要针对西域和岭南的地方文献。它标志着记述一方风土、物产的专志，开始从全国性地理书中分离出来。

《山海经》是最早一部从地域分区描写各方物产的著作，在其中描写有当时中国南部、西部边疆地区的部族小国，如交州、凉州，在《山海经》中只是略略提及一点人文或物产状况，而至魏晋的异物志中，很多在《山海经》中所出现的国名直接以书名呈现，如《交州异物志》《凉州异物志》，

① 许维遹. 吕氏春秋［M］. 北京：中华书局，2009：212.

② ［汉］郑玄，注.［唐］贾公彦，疏. 周礼注疏［M］. 上海：上海古籍出版社，2010：337.

这是地学知识不断发展的表现。

在《山海经》中提及古民族之名称，如：

《海内南经》："伯虑国、离耳国、雕题国、北朐国皆在郁水南。"
《海外南经》："交胫国在其东，其为人交胫。一曰在穿匈东。"
《海外西经》："肃慎之国在白民北，有树名曰雒棠。"

其中，提到的交趾国、肃慎国、雕题国均在"异物志"著作中有更为详细的记载。如杨孚的《南裔异物志》："雕题国，画其面皮身，刻其肌而青之，或若锦衣，或若鱼鳞。"谯周的《交州异物志》："交趾封溪有猩猩，夜闻其声，如小儿啼也。"在《山海经》中，因略一提及其地名而使后人百思不得其解，至于异物志，则详细描述了其风俗，如《异物志》："穿胸人，其衣则缝布二尺，幅合两头，开中央，以头贯穿，胸不突穿。"说明穿胸国是以衣服的样式而得名。可见，"异物志"的具体描述是对新地域知识性认知的扩展。

在《交州异物志》[①]《临海水土异物志》[②]等书中写及当时生活在南方的诸多原始民族，如《交州异物志》：

乌浒，南蛮之别名。巢居鼻饮，射翠取毛，割蚌求珠为业。无亲戚，重宝货，卖子以接食，若有宾客，易子而烹之。

西屠国，在海水，以草漆齿，用白作黑，一染则历年不复变，一号黑齿。

写及各人种：

瓮人，齿及目甚鲜白。面体异黑若漆，皆光泽。为奴婢，强勤力。

儋耳，南方夷。生则镂其颊皮，连耳匡分为数支，状如鸡肠，累累垂至肩。

黄头人，群相随行，无常居处，其类与禽兽同。或依大树，以草

① 刘纬毅. 汉唐方志辑佚［M］. 北京：北京图书馆出版社，1997：14.
② 刘纬毅. 汉唐方志辑佚［M］. 北京：北京图书馆出版社，1997：63.

被其枝上，而庇阴其下。发正黄，如扫帚。见汉人，散入草，终不可得也。

《临海水土异物志》：

此夷舅姑子妇卧息共一大床，略不相避。

安家之民，悉依深山，架立屋舍于栈格上，似楼状。居处、饮食、衣服、被饰，与夷州民相似。

在今天所见关于南方异物志的描述中，见有乌浒、狼（月荒）、夫南、西屠、儋耳、黑齿、斯调国、黄头人、安家之民等各种古民族。南方是多民族的聚居地，全国56个民族都在这一地带有族群，“异物志”是首次对当时的原始民族进行具体记载的文献。之后在张华的《博物志》中，专列有篇名《外国》《异人》《异俗》，是以专篇的形式描述，而在异物志中描写外国、异人、异俗只是“异物志”内容的一部分，“异物志”在内容上，呈现的是一种杂记状态。但是它开拓了可能发展的各种知识维度。王庸言：“东汉以降，有所谓异物志者，其意义与山海经之记异物相类似而较为覆实，且其所述，大抵以南方事物为多。”①从《山海经》而至于魏晋异物志，开始超越名物认知阶段，而进于具体的描述，这是地学知识细化在文献流变上的表现。

2. 物产知识体系的发展与“异物志”文体特征的生成

汉代以前，古人通过不断地辨识以定名，观察以描述，“辨五地之物生”，积累了基本的物产知识和术语概念，但是并未将这些术语集中起来以描述一物，至“异物志”则系统地形成了基本的物产描述性话语模式（知识体系），这是六朝人综合前期物产知识而拥有的地学修养。

（1）知识架构的生成与存在型描写

汉前著作中已形成了基本的描述性的术语。① 关于性状描述的。涉及有植物的草、花、实、根、茎、果等术语，动物的体、足、尾等术语。② 关于习性描述的。涉及有生物特征、地理分布、效果功用等。③ 关于生物分

① 王庸. 中国地理学史［M］. 上海：上海书店，1984：133.

类。《尔雅》分为“释草、释木、释鸟、释鱼、释虫、释兽”，其中将植物分为草、木两类。《周礼·考工记》将动物分为五类：“天下之大兽五，脂者，膏者，赢者，羽者，鳞者。”[①]但是这些都是以经验描述的形式存在，“异物志”的贡献在于：它在诸多经验中，找到一些经验要素，并能对一物进行限定，这就是知识架构的产生[②]。杨孚的《异物志》：

椰树，高六七丈，无枝条，叶如束蒲在其上。实如瓠系，在于巅，若挂物焉。实外有皮如胡桃。核里有肤白如雪，厚半寸如猪肤，食之美于胡核味也。肤里有汁升余，其清如水，其味美于蜜。食其肤可以不饥，食其汁则愈渴。[③]

万震的《南州异物志》：

甘蕉，草类，望之如树。株大者一围余。叶长一丈或七八尺。广尺余。华大如酒杯，形色为芙蓉。茎末百余子，大各为房，根似芋魁，大者如车毂，实随花，每华一阖，各有六子，先后相次，子不俱生，花不俱落。此蕉有三种：一种子大如拇指，长而锐，有似羊角，名“羊角蕉”，味最甘好。一种子大如鸡卵，有似牛乳，味微减羊角蕉。一种蕉大如藕，长六、七寸，形正方，名“方蕉”，少甘，味最弱，其茎如芋。取濩而煮之，如丝，可纺织。[④]

异物志首次将干、枝、叶、食、核、肤、汁集合起来，对植物进行描

① [汉] 郑玄，注. [唐] 贾公彦，疏. 周礼注疏 [M]. 北京：中华书局，2010：1640.

② 福柯：“我们借以组合陈述群的各种不同的修辞模式（描述、演绎、定义）怎样彼此环结，因为它们的连续标志着某一本文的建构。我们以古代博物学为例：因为它没有使用与 16 世纪相同的概念，一些旧的概念（如种、类、符号）改变了用法，另一些（如结构）概念出现了，还有一些概念（如有机体）是后来形成的。但是，对于博物学来说，在 17 世纪被改变了的和将要支配概念出现和循环的东西，是陈述的总体布局，是它们在确定总体中的系统建立，是人们记录他们所观察的东西和他们在陈述过程中重建感知历程的方法。”（福柯. 知识考古学 [M]. 谢强，马月，译. 北京：三联书店，2007：61.）简而言之，即在 17 世纪的博物学中，开始出现了一种认知范型，改变了原来零散的经验式描述，这和中国博物学在认知上的理性发展是一致的。

③ 刘纬毅. 汉唐方志辑佚 [M]. 北京：北京图书馆出版社，1997：155.

④ 刘纬毅. 汉唐方志辑佚 [M]. 北京：北京图书馆出版社，1997：45.

述。尽管其在其表象特征上依然是描述，但是这种认知已不再完全是经验式的，在描述性话语系统的背后潜藏着一种知识架构，然后形成了一种话语范式。

即使今天的植物学著作在植物描述时的知识架构也与此同，如《植物系统分类学——综合理论及方法》中“第 4 章描述植物形态的术语”中言：“形态描述术语被用于描述物种已经有几个世纪了，并且将继续成为分类证据的主要来源。”他所列的术语有“1. 习性和寿命；2. 根；3. 茎；4. 叶；5. 花序；6. 花；7. 果实；8. 花程序；9. 花图式”[①]，将花分为花序、花图、花程序，叶又分为叶序、叶裂、托叶、叶形、叶缘、叶基。这些知识架构的术语基本上和万震所用的相同，不同的是对于单独的术语如“花”“叶”有了更加细致的知识内部延伸。

在性状描述之外，异物志对于地理分布、效果功用、生长周朝等有非常清晰的认知意识。谈地理分布的，如刘欣期《交州记》：“鲛鱼出合浦”[②]，《南州异物志》：“木有摩厨，生于斯调国”，“鸡舌，出在苏州，云是草花，可含香口”[③]。谈效果功用的，如“琉璃，本质是石。欲作器，以自然灰治之。自然灰状如黄灰，生南海滨，亦可浣衣”[④]。谈生长周期的，如“荔支为异，多汁，味甘绝口……四月始熟也”[⑤]。这些都反映了汉魏人在生物学知识的发展已经超越了早期“名物认知”的经验性观察。

汉魏人因知识架构的生成，所形成的异物志文体的第一个贡献，即开创了古代生物知识描述型体系的话语规范，它是魏晋时人认知动植物特征的角度和方式的进步。

这种描述型话语体系，代表古人对动植物学本身研究意识的增强。三国时期吴国的陆机将《诗经》中所涉及的动植物全部辑录出来，“缀集旧闻，荟萃旧说，考方国之语，采谣俗之志”，对其进行注疏，写成《毛诗草木鸟兽虫鱼疏》，他的话语体系和前期异物志的话语规范非常相似。之后，东晋时期郭璞作《尔雅注》《尔雅音图》也是“异物志”式描述话语。《毛诗》

① [印度] 古尔恰兰 · 辛格. 植物系统分类学——综合理论及方法 [M]. 刘全儒，等译. 北京：化学工业出版社，2008：48.

② 刘纬毅. 汉唐方志辑佚 [M]. 北京：北京图书馆出版社，1997：133.

③ 刘纬毅. 汉唐方志辑佚 [M]. 北京：北京图书馆出版社，1997：45.

④ 刘纬毅. 汉唐方志辑佚 [M]. 北京：北京图书馆出版社，1997：48.

⑤ 刘纬毅. 汉唐方志辑佚 [M]. 北京：北京图书馆出版社，1997：154.

和《尔雅》本是早期著作，早期在“名物认知和积累”阶段，并没有描述体系。而正是在“异物志”繁荣的魏晋时期，相关的知识架构得以整理。这也充分说明当一种文体形成后，效仿这种文体，实际是取得一种知识认知的角度，还可以用来规范以前的知识，对以前知识进行新的观照，从而重新发现大量的知识。

这种对生物性状的描述，在“异物志”之后，延续这种文体形式的是晋嵇含的《南方草木状》和徐衷的《南方草物状》，有论者认为这两本书应归于“异物志”，这种看法是不正确的。准确地说，这两部书是“异物志”中存在型描写话语体系的延伸。这两部都是专门以植物为描写对象的著作，是中国最早的植物学专志。

之后，随着对各类生物本身知识的积累，出现了专门研究一种动物或植物的专著，其话语形式一本于“异物志”中存在型描述体系。对于生物的性状描述、习性描述、分类有更为深刻、丰富的记述，这样的著作有状、谱、录、经等形式。

《竹谱》是最早关于单一物产描述的著作。因为专门研究单一物产，故对其形态特征、性状特征、生存环境、地理分布、效能功用方面的描述具体而微、丰富而广，使“异物志”存在型话语描述体系更加科学化、程序化、规范化。至于宋代，这种文体大为繁盛，有蔡襄的《荔枝谱》，韩彦直《橘录》，刘攽、孔谱、王观的《芍药谱》，刘蒙、范成大的《菊谱》，范成大的《范村梅谱》，赵时庚的《金漳兰谱》，张翊的《花经》等。在《隋书·经籍志》中对六朝时期的谱录的归类还十分混乱，“《隋志·谱系》本陈族姓，而末载《竹谱》《钱图》……是皆明知其不安，而限于无类可归，又复穷而不变，故支离颠舛遂至于斯。惟尤袤作《遂初堂书目》，创立‘谱录’一门，于是别类殊名，咸归统摄。此亦变而能通矣。”[①]尤袤所设“谱录”一门，象征此一类知识体系在书目中的定型。

（2）特征性描写

在“异物志”著作中，除对于南方诸区域进行物产有无的存在型描述外，更涉及其不同于中原物产的特异之处，强调其“异”的特征。这是“异物志”区别于早期地理书的显著文体特征。

① ［清］姚振宗. 隋书经籍志考证［M］. 民国师石山房丛书本.

形态之异。描写芭蕉“芭蕉，叶大如筵席”，北方树叶均为小叶，在当时未见过南方风物的北人看来，不可想象，实属异物。描写水母，为鱼而呈圆形，对比北方物产，实为怪异。沈莹《临海水土异物志》载“鹿鱼……腹下有脚如人足。鲼鱼……口在腹下”[①]，均是匪夷所思，至如椰树、槟榔、橄榄等，形体大异于中原所见。此是当时称为“异物志”的主要原因。即便今天，所描述之物中，也有今人不可理解，或古人也许记载不实的，如“鳢鱼，仲夏始从海中泝流而上，腹下如刀长丈余，有细骨如鸟毛在肉中，又有鸟肾在腹。立夏有白鸟似鹭，群飞谓之鳢鸟，至仲夏鸟藏鱼出，变化所生也。”“冬天此鱼数千万头，共处大窟中藏，上有白气，或在鼍穴中，皮黑如漆。能潜知数里中空木所在，因风而入空木，化为蝙蝠。其肉甚美。”自庄子多有记载鱼鸟之化，异物志中也有此类记载，今本植物学著作中斥其不实，但并没有具体的研究，也不得不称其为“异”。

形态之异外，“异物志”更多的是描述物体本身习性之异。和后来的状、谱、录文体相比，异物志在于特性介绍，而不是对物产本身的全面描述。杨孚的《南裔异物志》：

> 豻，猿属，头型正方，发长尺余，皆苍色。犬类似人，欲有所视，辄摇头，两手披发；不尔，则覆障其两目。衣毛皤皤，若披狐裘。木居深藏，密伺乃得见尔。
>
> 猵，鼠之属，捷勇于猿狖。面皮鼻微倒向上，尾端分为两条，天雨便以插鼻孔中，水不入。”
>
> 橄榄生南海浦屿间，……以盐擦木身，则其实自落。
>
> 鲛之为鱼，其子既育，惊必归母，还入其腹。小则如之，大则不复。

异物志主要描述物产之习俗、特性。如描述一种植物橄榄，“以盐擦木身，则其实自落”，描述一种动物猵，因其鼻为仰天鼻，而“尾端分为两条，天雨便以插鼻孔中”……这样的描述举不胜举，是“异物志”的典型文体特征。

这种特征性描写，其文学色彩就比较浓重了。因为，文学所关注的，

① 刘纬毅. 汉唐方志辑佚［M］. 北京：北京图书馆出版社，1997：60.

同样不在于知识本身，而在于知识之特性，因其具有特性方能延展出丰富的人文意义。关于橄榄者，东坡有诗“纷纷青子落红盐”。关于芭蕉者，异物志记载芭蕉茎可以制丝，《吴都赋》：“蕉葛升越，弱于罗纨。”[1]又如杨孚的《南裔异物志》写豆蔻：“豆蔻，生交趾，其根似姜而大，从根中生，形似益智，皮壳小厚，核如石榴，辛且香。”[2]后苏颂的《图经本草》在异物志的基础上，进行了更为详细的描述，“岭南皆有之。苗如芦，似山姜杜若。根似高良姜。二月间花作穗，房生于茎下，嫩叶卷之而生。初如芙蓉花微红，穗头深红色。”[3]之后，杜牧有“娉娉袅袅十三余，豆蔻梢头二月初”的诗句。其他诗文赋中用到异物志中物产特性的，如用槟榔者，东坡诗“红潮登颊醉槟榔”，用孔雀者，“屏开金孔雀”，均是以特性而成文学。但是在博物知识体系中，习性、特征是辨析物产的一个重要概念。关注习性的角度越多，对物产认知越清晰，如果从对这种知识的运用来说，则文学可资利用之素材就越丰富。

在学人的论文中常见有谈异物志和小说关系的，并列举几条例证，如记载懒妇鱼：“懒妇鱼。昔有懒妇，织于机中常睡。其姑以杼打之，恚死。今背上犹有杼文疮痕。”这种故事的记载，只是物产命名的一种形式，并非有意作小说。晋嵇含《南方草木状》：“椰树……俗谓之越王头。云昔林邑王与越王有故怨，遣侠客刺得其首，悬之于树，俄化为椰子。林邑王愤之，命剖以为饮器，南人至今效之。”[4]这些只是介绍此物产命名的方式之一，和小说实无联系。有些文章在写小说发展史时，将异物志作为一个阶段，并搜罗屈指可数的几条引文，便欲证明异物志有小说的题材，这种提法也很奇异。

（3）人文性描写

“异物志”另一具有开创意义的描述，是写出因物产而引起的各种文化现象，包括民众饮食、社会习俗、民生经济等。

合浦民，善游采珠，儿年十余岁，使教入水。官禁民采珠，巧盗

①［南北朝］萧通. 文选：卷五［M］.［唐］李善，注. 胡刻本.
②［南北朝］萧通. 文选：卷五［M］.［唐］李善，注. 胡刻本.
③［清］汪灏，等. 广群芳谱：卷九十五［M］. 清康熙刻本.
④［晋］嵇含：《南方草木状》卷下，宋百川学海本.

者蹲水底，刮蚌得好珠，吞而出。

因当地物产而有当地之社会习俗。这条讲合浦产蚌珠，更言当地官、民在蚌珠经济上互相争利的社会现象。

《南州异物志》：广州俚贼，若乡里负其家债不时还者，子弟便取冶葛，一名钩吻，数寸许，到债家门食钩吻而死。其家称怨，诬债家杀之。债家慚惧，以财物辞谢多数十倍。死家便收尸去，不以为恨。

因物产之特性，而有当地人运用这一物产特性所形成的社会风气。这条记钩吻之特性"有毒"可立死，而时人则食钩吻而避债。

杨孚的《南裔异物志》："猵，鼠之属，捷勇于猿狖。……性畏人，见人则颠倒投掷，或堕地奔走，无所回避，触树冲石，或至破头折胫。俗人骂恃力人云：'痴如猵'。"

"古贵灰，牡蛎灰也。与扶留、槟榔三物合食，然后善也。扶留藤，似木防己，扶留、槟榔所生相去远，为物甚异而相成。俗曰：槟榔扶留，可以忘忧。"

因物产特性而有当地的歌谣俗语。第一条记载一物"猵"，因其平时矫捷，而见人后却鲁莽冲撞，遂有俗语的产生。第二条记载牡蛎灰与扶留、槟榔合食，因其美味，故有"忘忧"之俗语。

《临海异物志》："鯸鱼如指，长七八寸，但有脊骨，好作羹，滑美似饼。"

《交州异物志》："香菅，似茅而叶长大于茅，不生污下之地，生丘陵山岗。凡所蒸享，必得此菅包裹，助调五味，益其芬菲。"

《交州异物志》："甘薯，似芋，亦有巨魁，剥去皮，肌肉正白如脂肪，南人专食，以当米谷。"

《交州异物志》："木有摩厨，生于斯调。厥汁肥润，其泽如膏。馨香馥郁，可以熬膏。彼州之民，仰为佳肴。”

因物产的不同特性而产生了与中原相异的饮食结构、饮食习惯、烹调方法。

“篔箹，生水边，长数丈，围一尺五六寸，一节相去六七尺，或相去一丈，庐陵界有之。始兴以南，又多小桂。夷人绩以为布帛。”

“芭蕉，叶大如筵席。其茎如芋，取鑊煮之，为丝，可纺织。女功以为絺绤，今交趾葛也。”

“木蜜，名曰香树，生千岁，根木甚大。先伐僵之，四五岁乃往看，岁月久，树材恶者腐败，惟中节坚直芬香者独在耳。”

“康州悦城北百余里，山中出焦石穴，每岁，乡人采之，琢为烧食器。”

《异物志》：“甘蔗，……生取汁为饴饧，益珍。煎而曝之，凝如冰。”

《临海异物志》：“鳁鱼如……大者如竹，曝作烛，极有光明。”

《临海水土异物志》：“民皆好啖猴头羹，虽五肉臛不能及之。其俗言：‘宁负千石之粟，不愿负猴头之羹。’”

因物产之应用而有一地之经济活动。起初，对物产的应用，实为民众所赖以为生，而后发展为手工业、制造业、饮食风俗。以上几条，涉及布帛、丝绸纺织、甘蔗制糖，瓷器制作、香料制作等人文现象。

异物志这种“人文性描写”从其本质上说，是人们对物产应用认知的发展，“异物志”首次记载这种现象，并形成一种文体体例和话语规范。延伸这种“人文性描写”的是后来的农书和科技类著作，最早的是《齐民要术》中各种酿制的手工业。后来，宋王灼撰《糖霜谱》等也沿袭了这种体例。而今天对“异物志”的辑佚，很大一部分也是来自这些农书、科技类著作的注文。

（4）知识认知与异物志的语言形式

异物志的语言形式，从本质上说，是知识认知的一种表现。知识认知，在于由已知而进于未知。异物志的语言，全面继承了早期经典中的描述体式，其行文沿用早期经典中对中原物产记载时所开创的文体要素，并采用《山海经》以来的散体语言的形式。但是，后因受汉赋的影响，有些条目以韵文的形式写作，主要有杨孚的《南裔异物志》、万震的《南州异物志》和《凉州异物志》。"《凉州异物志》录于隋唐志，隋一卷，唐二卷，《博物志》《水经注》均引作《凉土异物志》。惜不传作者姓字。观其写致敷词，颇谐声律，采藻精华，方诸万氏。又未尝不叹其散佚耳。"[①]但韵语的写作终不成气候。《御览》卷八百九十："窃意此书体例，每物各为一赞语，而别以散文详说其形状，如戴凯之《竹谱》之例。诸书或引散文则无韵，或引赞语则有韵，扶南海隅一条，有小注，盖即取其散文，附注各韵之下也。"[②]这种说法并无证据，只是一种揣测，异物志的语言应主要是以散语为主，偶有采用韵散结合的表达形式。

异物志写作适应知识的细化，采取以物为纲，分条列叙的描述形式，改变了《山海经》以地域带起物产的叙述结构，直叙物产本身。以条记为纲，每条之间并不相联属。在修辞上多采用比较、比喻手法，如"杨梅，其子大如弹丸，正赤，五月中熟，熟时似梅，其味甜酸"这样的语言形式，读起来非常具有文学色彩。本质上，它是感观认知在修辞上的一种反映。

异物志的描述方法，潜存着与中原物产风俗进行比较的叙述逻辑，时时将中原物产作为描写的比照对象。《临海水土异物志》："游鸟，如鹅大，其色黑。以青丝头系竹竿，呼之即来入手。俗言是东海神所养，不可食也。"[③]"石鸡，形似家鸡，在海中山上，每潮水将至，辄群鸣相应，若家鸡之向晨也。"[④]"父母死亡，杀犬祭之，作四方函以盛尸。饮酒歌舞毕，仍悬着高山岩石之间，不埋土中作冢也。"[⑤]这是人类的认知从已知走向未知，在语言上的一种反映。

综上所述，异物志的创作是汉魏人针对新的地学知识上所创造的新文体。其内在的导引是一种知识学科的发展。汉魏之后，古人对于生物学的知识发展表现在物产视野的扩展、知识架构的形成、物产应用知识的扩展，这些知识的延展表现在文体上是存在性描写、特征性描写、人文性描写，

① 季羡林. 季羡林学术精粹·中外文化交流卷［M］. 济南：山东友谊出版社，2006：256.
② 王庸. 中国地理学史［M］. 上海：上海书店，1984：135.
③［宋］李昉. 太平御览：卷九百二十八［M］. 四部丛刊三编景宋本.
④［宋］李昉. 太平御览：卷六十八［M］. 四部丛刊三编景宋本.
⑤［宋］李昉. 太平御览：卷七百八十四［M］. 四部丛刊三编景宋本.

这些描述性话语共同构成了最早的生物描述话语规范。很多文章谈“异物志”一体的意义，多言其与志怪小说的关系，并不涉及异物志本身的文体特征。本节是在博物知识体系的传承中，从知识与文体共生的角度，对“异物志”文体进行的考察。

四、地理博物与《博物志》学术价值和文体性质的再认识

关于《博物志》一书的研究，学人长期将其和小说研究融合在一起，不注重它作为知识性杂记的文体特性。如《唐前志怪小说史》：“《博物志》自然也有自己的特点，它虽多记地理博物，但并不限于山川动植、远国异名。一是记载了许多全无故事性的杂考杂说杂物，二是记载了故事性很强的非地理博物性传说。本来地理博物体志怪的小说特征就不及杂记体来得鲜明，再加上这第一点，博则博矣，但却大大削弱了它的小说性，丛脞芜杂，鸡零狗碎，几乎成了一盘大杂烩。”[①]主要从小说的文体角度来批评《博物志》的艺术性不强。即使在《历代笔记概论》中也将其归为“魏晋志怪笔记”。而考察《博物志》一书，实非志怪。

《博物志》的文体价值，在于它确立了一种综合性知识札记的模式和思考方式。这种文献的直接文体功能即博物认知，改变了早期经、史、子类著作在观念宣扬目的下所展露的知识修养，也不同于汉代以经书的注疏阐释为主的学术模式，代表着魏晋新型知识整理的一种学术方式。

（一）关于《博物志》的成书、篇卷、结构

关于《博物志》的成书时间，今不可考知。但一般以书中言“武库火”事件为判断依据，结合正史《晋书·惠帝纪》中记载有武库火一事，以其在“晋惠帝元康五年之后”。但是，张华在《博物志》中明言为“武帝泰始中武库火”，同时期，王嘉的《拾遗记》中亦言其成书后奏武帝，武帝令其

① 李剑国. 唐前志怪小说史［M］. 北京：人民文学出版社，2011：322.

删削。这条“积油满万石，则自然生火。武帝泰始中武库火，积油所致”虽不见载于史书，亦不能判断此书出于惠帝之后，而张华卒于惠帝永康年间。因此《博物志》主要书写时间应是在武帝时期。

关于《博物志》的篇卷之数，共有十篇、十卷和四百卷删至十卷三说。《晋书》本传，言其撰有十篇。王嘉的《拾遗记》记载张华初作《博物志》四百卷，武帝以其记事采言多浮妄，并训以仲尼不及怪力乱神，使之删为十卷。这两则材料中，记载的数量一致，但是一称篇，一称卷，后世书目如《隋书》《旧唐书》《新唐书》《宋史》《补晋书艺文志》等，多称“十卷”。

目前，所存的《博物志》版本，一为士礼居刻本，一为以《秘书二十一种》为底本的通行本，均为十卷。两个版本各条目内容相同，不同之处，在于士礼居刻本只有分卷，并无条目名称，而范宁所校证的通行本每卷均有条目名称：

卷一：地理，略自魏氏已前夏禹治四方而制之。地、山、水、山水总论、五方人民、物产

卷二：外国、异人、异俗、异产

卷三：异兽、异鸟、异虫、异鱼、异草木

卷四：物性、物理、物类、药物、药论、食忌、药术、戏术

卷五：方士、服食、辨方士

卷六：人名考、文籍考、地理考、典籍考、乐考、服饰考、器名考、物名考

卷七：异闻

卷八：史补

卷九：杂说上

卷十：杂说下

黄丕烈认为通行本的篇目名称为后人强加分类而成，这一看法，最早见于黄丕烈刻印连江氏《博物志》序：“予家有汲古阁影钞宋本《博物志》，末题云连江叶氏，与今世所行本夐然不同。尝取而读之，乃知茂先此书大略撮取载籍所为，故自来目录皆入之杂家，其体例之独创者，则随所取之书，分别部居，不相杂厕，如卷首《括地象》毕，方继以《考灵耀》是也。

以下虽不能条举所出，然《列子》《山海经》《逸周书》等皆显然可验。今本强立门类，割裂迁就，遂使荡析离居，失其指趣，致为巨谬矣。”①是首倡北宋士礼居刻本，比通行的明刻本可能更接近张华原文。

王媛根据士礼居本中每卷在引用相同文献时，有列为前后的情况，认为没有条目名称的士礼居刻本应是最早的本子。“把分散的未注明出处的材料整合在一起是一件很困难的事。所以，贺刻底本重新编排连江叶氏本材料的可能性远大于连江叶氏本重新整合贺刻底本材料的可能性。”②

然而，《博物志》的写作并非全部引用其他文献的原话，有一些是张华自己根据书籍融合而写，如“漠北广远，中国少有至北海者，汉使骠骑将军霍去病北伐单于，至瀚海而还，有北海明矣”。在《汉书·霍去病传》中记载“骠骑将军去病率师躬将所获荤允之士，约轻赍，绝大幕，涉获单于……封狼居胥山，禅于姑衍，登临瀚海”③。这应是张华的文本来源。有一些则是张华自己的见闻，如：“余友下邳陈德龙谓余言曰：《灵光殿赋》，南郡宜城王子山所作。子山尝之泰山，从鲍子真学算，过鲁国都殿而赋之。还归本州，溺死湘水，时年二十余也。”④这些文献势必不能和有先后次序的征用文献排在一起。因此张华在编纂《博物志》时，应有一个大致的归类。

《博物志》一书，自张华创作之后，在流传中，曾有后人的删正。在《魏书》卷八十二和《北史》卷四十二中记载，北魏的常景曾“删正晋司空张华《博物志》”，现在流行的《博物志》本子在分类和条理上可能不完全是张华所作。范宁在《博物志校证》后记中言：“宋时张华旧本及常景删本尚并存。”⑤

（二）《博物志》的文体意义与文体体例

关于《博物志》的性质，有小说和杂家之争。在历代书目中，将其归为杂家的有《隋书·经籍志》《宋史·艺文志》《通志·艺文略》《补晋书·艺

① [晋] 张华. 博物志校证 [M]. 范宁，校证. 北京：中华书局，1980：152.
② 王媛. 博物志的成书、体例与流传 [J]. 中国典籍与文化，2006（4）.
③ [汉] 班固. 汉书 [M]. [唐] 颜师古，注. 北京：中华书局，2011：2486.
④ [晋] 张华. 博物志校证 [M]. 范宁，校证. 北京：中华书局，1980：72.
⑤ [晋] 张华. 博物志校证 [M]. 范宁，校证. 北京：中华书局，1980：157.

文志》；将其归为小说家的有《旧唐书·经籍志》《新唐书·艺文志》《文献通考·经籍考》《崇文总目》《郡斋读书志》《遂初唐书目》《汲古阁珍藏秘本书目》《绛云楼书目》。在《直斋书录解题中》则“杂家类”“小说家类”两见。

历代书目将其归为“杂家类”者，多着眼于《博物志》对于不同材料的广泛搜集。将其归为“小说家类”者，多着眼于《博物志》中的志异内容。然而《博物志》的异闻内容又极少，故文界定论：“《博物志》这部书，不过能在志怪小说中聊备一格，并没有多大的价值。”[①]在众多的研究中，却很少涉及将《博物志》作为格物文献，对其知识博物体的体例进行研究。

周心如在《重刻博物志序》：“人则物之灵也，故不惟不物于物，而且足就见闻所及之物并穷其见闻所不及之物，是所谓格致之学也。茂先建策伐吴，运筹决胜，虽当暗主虐后之朝，而能弥缝补缺，使海内晏然，亦足征其格致之得力矣。后之人以成败论，不能窥其格致之学，并其格致之绪余而亦束而不观，何异画地以自限欤！若徒以辨龙鲊，识剑气，竟诩为博物君子，亦浅之乎窥茂先矣。”[②]言其不当将其看为区分异物之作，而将其作为格致之学。在私家目录学著作中只有《百川书志》将其列入“格物家”。清《刻快阁本博物志序》“定有一段不经人见之学问附于书以传”，只有这三家之见，标举《博物志》的格物内涵。

关于它的文体形式，胡应麟《少室山房笔丛·九流绪论下》：“《博物》，《杜阳》之祖也”[③]，《越缦堂读书记》归入“文学杂记类”只有这两家，以《博物志》为博物杂记体。张华采集众多材料中各项知识，是如何归纳前人在各种文献中已有的知识，形成“博物观”下的新知识著作的？整理众书时的思考方式、札记方式如何？是一个值得探究的问题。

1. 知识取得了独立的存在价值

司马迁曾在《史记·太史公自序》中推崇五经中的知识含量，以五经中包含天地阴阳、四时五行、经济人伦、山川溪谷乃至草木虫鱼等自然知

① 刘叶秋. 历代笔记概述［M］. 北京：北京出版社，2003：15.

②［晋］张华. 博物志校证［M］. 范宁，校证. 北京：中华书局，1980：153.

③［明］胡应麟. 少室山房笔丛［M］. 明万历刻本：112.

识。自汉至于魏晋的正统教育，亦是以儒家经典为典范教材。而经过汉魏两代的发展，自然科学知识已经超过了在经学书籍中的知识形态，包括纬书中的自然科学知识，后期诸子对于各种自然现象、社会现象的把握，有些涉及物理、化学、数学知识；而诸子如王充、桓谭等人在文集中均涉及对各种知识的掌握，可谓九流之学中均有知识的更新与发展。张华《博物志》的意义在于，将经学主流之外的这些知识从各种文献中钩稽出来。唐久宠在《张华博物志之编成及其内容》①中总结：

张华标明的所引书目有：《河图括地象》《考灵耀》《援神契》《史记·封禅书》《东方朔传》《神仙传》《桓谭新论》《河图玉版》《周官书》《诗含神雾》《周书》《春秋经》《春秋公羊传》《左氏传》《礼记》《南荆赋》《墨子》《列子》《曾子》《荆州图语》《神农经》《孔子家语》《典论》《辩道论》《左元放荒年法》《列传》《徐偃王志》。

未引书名，而实自其出者，有《尔雅》《援神契》《贾谊新书》《搜神记》《淮南子》《国语》《汉书》《魏志东夷传》《后汉书·华佗传》《魏略》《皇览冢墓记》《越绝书》《吴越春秋》《燕丹子》《十洲记》《归藏易》《山海经》《养生经》《抱朴子》《竹书纪年》《西京杂记》《晏子春秋》《论衡》《韩诗外传》《徐州地理志》《交州记》《括地图》《关中记》《大戴礼记》《战国策》《春秋繁露》《风俗通义》。

从其所征引的书目来看，偏重于纬书中的自然科学知识。这些知识往往带有神秘色彩。小说研究者，认为《博物志》“陈山川位象，吉凶有征，多有图谶方伎之说，也是同样性质，不过是增加了汉以来的新迷信内容，而它虽多奇闻异事，而简略不成大观”②。这种从小说角度的评价似乎有点过激，而小说家的批评“记载了许多全无故事性的杂考杂说杂物”，却正是《博物志》本身格物的价值。

张华《博物志》自序言：“余视《山海经》及《禹贡》、《尔雅》、《说文》、地志，虽曰悉备，各有所不载者，作略说。”张华提到的《尔雅》《说文》

① 唐久宠. 张华博物志之编成及其内容［M］//静宜文理学院，中国古典小说研究专集 2. 台北：联经出版事业公司，1980：35.

② 唐琳. 博物志序［M］//博物志. 增订汉魏丛书本.

均是字书，这几部书和具有博物性质的地志排列在一起，其共同的特点，在于对天地万物的考察。《博物志》的成书，正是这些知识要素从当时各种文献中脱离出来整理的过程，可以说它是各种知识的大搜罗。《博物志》是后来博物考据性笔记的开端。

2. 《博物志》处理古文献的几种形式

《博物志》的成书，主要是辑采、提炼其他书籍中的知识，包括直接引用和间接引用。范宁校注的《博物志》，是目前最完善的本子，但是在注中亦未标明每条见诸其他文献中的内容和形式，今考论可查材料，总结张华运用古文献的方式。

① 发现古文献中一些知识在魏晋时所发生的变化。

> 《周官》云："'不渡汶水，不渡济水'，鲁国无鸜鹆，来巢，记异也。"[①]

此条言，在《周书》中记载鸜鹆不会渡过济水，而现在却有鸜鹆来巢，因此将其作为异事记录。

> 《徐偃王志》云："徐君宫人娠而生卵……后遂名其山为徐山。山上立石室，有神灵，民人祈祷。今皆见存。"[②]

将古文献记载的知识和今天的实物相对照，考论古事和今天的遗迹。

> 《礼记》曰："孔子少孤，不知其父墓。母亡，问于郰曼父之母，乃合葬于防。防墓又崩，门人后至，孔子问来何迟，门人实对，孔子不应，如是者三，乃潸然流涕而止曰：'古不修墓。'蒋济、何晏、夏侯玄、王肃皆云无此事，注记者谬，时贤咸从之。"[③]

---

① ［晋］张华. 博物志校证［M］. 范宁，校证. 北京：中华书局，1980：46.
② ［晋］张华. 博物志校证［M］. 范宁，校证. 北京：中华书局，1980：84.
③ ［晋］张华. 博物志校证［M］. 范宁，校证. 北京：中华书局，1980：94.

这条是记载时人对古文献的评价，并汇合蒋、何、夏、王四家的看法。

② 排比古代不同文献，以增进对一种现象的认知。

> 思士不妻而感，思女不夫而孕。后稷生乎巨迹，伊尹生乎空桑。[①]

考察诸子各本中所征引的关于思士、思女的出处，均源于《大荒经》。《大荒经》曰："有思幽之国，思士不妻，思女不夫，精气潜感，不假交接而生子也。"[②]张华应是对这一类材料有所掌握。而后稷和伊尹的故事，则常见于当时经学传记之言。张华将不同文献中具有同一类主题的知识整合在一起。

> 《孔子家语》曰："食水者乃耐寒而善浮，食土者无心而不息，食木者多力而不治，食石者肥泽而不老，食草者善走而愚，食桑者有绪而蛾，食肉者勇毅而悍，食气者神明而寿，食谷者智惠而巧，不食者不死而神。"《仙传》曰："虽食者，百病妖邪之所钟焉。"[③]

同是在讲饮食和人的关系，则将《孔子家语》和《仙传》排列在一起。

> 《春秋》哀公十四年："春，西狩获麟。"《公羊传》曰："有以告者，孔子曰：孰为来哉！孰为来哉！"《左传》曰："叔孙氏之车子鉏商获麟，以为不祥。"[④]

这是将某一专题的各文献汇总记录的书写方式。

③ 作者从古文献中推论，变化字句而考证一些现象。

> 《汉书·霍去病传》："骠骑将军去病率师躬将所获荤允之士，约轻

① [晋] 张华. 博物志校证 [M]. 范宁，校证. 北京：中华书局，1980：105.

② [春秋战国] 列御寇. 列子 [M]. [晋] 张湛，注. 四部丛刊景北宋本：4.

③ [晋] 张华. 博物志校证 [M]. 范宁，校证. 北京：中华书局，1980：64.

④ [晋] 张华. 博物志校证 [M]. 范宁，校证. 北京：中华书局，1980：95.

赍，绝大幕，涉获单于……封狼居胥山，禅于姑衍，登临瀚海。”①

《博物志》：“漠北广远，中国少有至北海者，汉使骠骑将军霍去病北伐单于，至瀚海而还，有北海明矣。”②

④ 概括叙述，只取文献中的知识，并不取其原文。

《庄子·达生篇》：“委蛇，其大如毂，其长如辕，紫衣而朱冠。其为物也恶，闻雷车之声则捧其首而立。见之者殆乎霸。”③

张华将其归纳为“泽有委蛇，状如毂，长如辕，见之者霸”。

《庄子》：“马血之为磷也，人血之为野火也。”④《淮南子》：“久血为磷。”许慎注：“兵死之血为鬼火。”⑤

《博物志》则言：“战斗死亡之处，其人马血，积年化为磷。磷著地及草木如露，略不可见。行人或有触者，著人体便有光，拂拭便分散无数。”⑥

《博物志》文中常有这种概括叙述性语气，如“魏文帝所记诸物相似乱真者，武夫怪石似美玉，蛇床乱靡芜，荠苨乱人参，杜衡乱细辛，雄黄似石流黄，鳊鱼相乱，以有大小相异，敌木乱门冬，百部似门冬，房葵似狼毒，钩吻草与荇华相似”⑦。这种叙述的口气，说明《博物志》并非直接袭录其原文。

3. 考证学术模式的建立

在今本的分目中，有人名考、文籍考、地理考、典礼考、乐考、服饰

① [汉] 班固. 汉书 [M]. [唐] 颜师古，注. 北京：中华书局，2011：2486.
② [晋] 张华. 博物志校证 [M]. 范宁，校证. 北京：中华书局，1980：10.
③ [春秋战国] 庄周. 庄子：卷七 [M]. 四部丛刊景明世德堂刊本：140.
④ [宋] 李昉. 太平御览：卷八百八十八 [M]. 四部丛刊三编景宋本：5249.
⑤ [汉] 许慎. 淮南鸿烈闲诂：卷下 [M]. 郎园先生全书本：25.
⑥ [晋] 张华. 博物志校证 [M]. 范宁，校证. 北京：中华书局，1980：106.
⑦ [晋] 张华. 博物志校证 [M]. 范宁，校证. 北京：中华书局，1980：47.

考、器名考、物名考几类。即使确如黄丕烈言，这种分类乃强为分裂，但是条目下的内容，均有考证的意识，从单独条目看，代表着对知识的一种整理方法。

① 归类的专题意识。将关于一个主题的多家之说汇总，以全面考证。

魏王所集方士名：上党王真、陇西封君达、甘陵甘始、鲁女生、谯国华佗字元化、东郭延年、唐雹、冷寿光、河南卜式、张貂、蓟子训、汝南费长房、鲜奴辜、魏国军吏河南赵圣卿、阳城郄俭字孟节、庐江左慈字元放，右十六人魏文帝、东阿王、仲长统所说，……《周礼》所谓怪民，《王制》称挟左道者也。[1]

所言的十六人，是归并魏文帝、东阿王和仲长统三人的说法，最后又征引《周礼》《王制》中将方士称为“怪民”和“挟左道者”之语，可知虽为“杂家”色彩的《博物志》成文，并非照录原文，而是对各种书籍中所涉及的知识，进行笔记性的提炼。在《博物志》中记载方士的共有八条，其中有直接记录，也有征引其他书籍，如“桓谭《新论》说……，文帝《典论》曰……”等标志性话语。

② 记录当时学人的学术观点，并存多家评论与辨析之语。

司马迁云：“无尧以天下让许由事。”扬雄亦云：“夸大者为之。”扬雄又云：“无仙道，桓谭亦同。”[2]

汉淮南王谋反被诛，亦云得道轻举。[3]

《博物志》能将知识要素提炼出来，以众家评说以考证。这项学术工作，得益于张华本身博学多览的知识素养。同时对一些传说进行辨析推理，又如“黄帝治天下百年而死。民畏其神百年，以其数百年，故曰黄帝三百年”[4]。这类叙述还有很多。

① [晋] 张华. 博物志校证 [M]. 范宁，校证. 北京：中华书局，1980：61.
② [晋] 张华. 博物志校证 [M]. 范宁，校证. 北京：中华书局，1980：65.
③ [晋] 张华. 博物志校证 [M]. 范宁，校证. 北京：中华书局，1980：64.
④ [晋] 张华. 博物志校证 [M]. 范宁，校证. 北京：中华书局，1980：104.

③ 训字析语。

旧洛阳字作“水边各”，汉火行也，忌水，故去水而加“隹”。又魏于行次为土，水得土而流，土得水而柔，故复去“隹”加“水”，变雒为洛焉。[①]

王孙公子皆古人相推敬之辞。[②]

圣人制作曰经，贤者著述曰传，郑玄注《毛诗》曰笺，不解此意。或云毛公尝为北海郡守，玄是此郡人，故以为敬。[③]

何休注《公羊传》，云“何氏学”。又不能解者，或答云：“休谦词，受学于师，乃宣此义不出于己。”此言为允。[④]

第一条是考证字体的演变。第二条是对同一经典之不同注解体式的考证。第三条是对“何氏学”这一用语的考察。

④ 释物之名。

果下马，高三尺，乘之可于果树下行，故谓果下。[⑤]

肥泉谓之澳水。[⑥]

昭华玉者，律琯也，又曰昭华管，秦府库中玉笛也。[⑦]

⑤ 考古今之地名。

濮阳古昆吾国，桑中在其中。西海乃太公望所出，今有东吕乡。《左传》桓公十一年会于阚，即平陆县之阚亭。[⑧]

① [晋] 张华. 博物志校证 [M]. 范宁，校证. 北京：中华书局，1980：73.
② [晋] 张华. 博物志校证 [M]. 范宁，校证. 北京：中华书局，1980：120.
③ [晋] 张华. 博物志校证 [M]. 范宁，校证. 北京：中华书局，1980：72.
④ [晋] 张华. 博物志校证 [M]. 范宁，校证. 北京：中华书局，1980：72.
⑤ [晋] 张华. 博物志校证 [M]. 范宁，校证. 北京：中华书局，1980：115.
⑥ [晋] 张华. 博物志校证 [M]. 范宁，校证. 北京：中华书局，1980：116.
⑦ [晋] 张华. 博物志校证 [M]. 范宁，校证. 北京：中华书局，1980：139.
⑧ [晋] 张华. 博物志校证 [M]. 范宁，校证. 北京：中华书局，1980：118.

⑥ 验证。亲自试验以证传闻。其未验未试者，或直接标明，或指出矛盾之处，以证其说之谬。

积艾草，三年后烧，津液下流成铅锡，已试，有验。

煎麻油，水气尽，无烟，不复沸则还冷，可内手搅之。得水则焰起，散卒而灭。此亦试之有验。[①]

取火法，如用珠取火，多有说者，此未试。[②]

对于未见、未验的说法，存录但必标明。如“兔舐毫望月而孕，口中吐子，旧有此说，余目所未见也。”[③]如自己无法验证者，必记亲见之人。如：“徐公曰：西域使王畅说石流黄出足弥山，去高昌八百里，有石流黄数十丈，从广五六十亩。有取流黄昼视孔中，上状如烟而高数尺。夜视皆如灯光明，高尺余，畅所亲见之也。言时气不和，皆往保此山。”[④]

这种验证的方法，还表现在通过推论辨析，指出一些文献之间的矛盾之处。“《神仙传》云：松柏脂入地千年化为茯苓，茯苓化为琥珀。琥珀一名江珠。今泰山出茯苓而无琥珀，益州永昌出琥珀而无茯苓。或云烧蜂巢所作。未详此二说。”[⑤]对于《神仙传》中的说法进行验证，并提出疑问。可知张华写《博物志》并非一概录异闻而不加考证。

⑦ 自记见闻。《博物志》中所载的各种见闻认知，有引自他书者，也有自记者，非常明显为自记的条目有：“余友下邳陈德龙谓余言曰：《灵光殿赋》，南郡宜城王子山所作。子山尝之泰山，从鲍子真学算，过鲁国都殿而赋之。还归本州，溺死湘水，时年二十余也。”[⑥]此条设在“文籍考”下，是对《灵光殿赋》这篇文章写作背景的认知。

⑧《博物志》的记录体式和当时其他杂记类著作有相似之处。如《博物志》曰：“蜀中有树曰桄榔，皮里出屑，如面，用作饼食之，谓之桄榔面。”此类知识见于其他文献记载的，如《南方草木状》：“桄榔树似栟榈……皮

① [晋] 张华. 博物志校证 [M]. 范宁，校证. 北京：中华书局，1980：46.
② [晋] 张华. 博物志校证 [M]. 范宁，校证. 北京：中华书局，1980：50.
③ [晋] 张华. 博物志校证 [M]. 范宁，校证. 北京：中华书局，1980：45.
④ [晋] 张华. 博物志校证 [M]. 范宁，校证. 北京：中华书局，1980：26.
⑤ [晋] 张华. 博物志校证 [M]. 范宁，校证. 北京：中华书局，1980：48.
⑥ [晋] 张华. 博物志校证 [M]. 范宁，校证. 北京：中华书局，1980：72.

中有屑如面，多者至数斛，食之与常面无异。”还有《蜀志》《临海异物志》《广志》《魏王花木志》等对此也有记载。可知，《南方草木状》等是单一类知识的记载，而《博物志》是综汇型的知识记载。

（三）博物杂记体与杂俎体式

《博物志》一直被归于志怪的研究范围，学界多将其和《搜神记》合在一起，归为“志怪笔记”。而考察《博物志》，实与志怪无关，却多有辟异之说。

“汉兴多瑞应，至武帝之世特甚，麟凤数见。王莽时，郡国多称瑞应，岁岁相寻，皆由顺时之欲，承旨求媚，多无实应，乃使人猜疑。”《博物志》甚至对于貌似神异之事，找到其科学真实的原因。“天门郡有幽山峻谷，而其上人有从下经过者，忽然踊出林表，状如飞仙，遂绝迹。年中如此甚数，遂名此处为仙谷。有乐道好事者，入此谷中洗沐，以求飞仙，往往得去。有长生意思人，疑必以妖怪，乃以大石自坠，牵一犬入谷中，犬复飞去。其人还告乡里，募数十人，执杖揭山草伐木，至山顶观之，遥见一物长数十丈，其高隐人，耳如簸箕。格射刺杀之。所吞人骨积此左右，已成封。蟒开口广丈余，前后失人，皆此蟒气所噏上。于是此地遂安稳无患。”①

可知将《博物志》归为“志怪笔记”是不应再坚持的错误。《博物志》之记异，不在于搜异，而在于认知异物、辨析异闻。如《博物志》“异闻”条：“汉末发范明友冢，奴犹活。明友，霍光女婿。说光家事废立之际，多与《汉书》相似。此奴常游走于民间，无止住处，今不知所在。或云尚在，余闻之于人，可信而目不可见也。”②对于异闻多有自我衡量评价，如《搜神记》《述异记》者则不具备这种认知的品格，这是《博物志》志异和专门志异笔记的区别。

“博物杂记体”的文体功能即博物认知。这一类杂记的共同特征为广收博引，并不偏重于史实，也不偏重于神异，凡可广见闻的知识、事件均可入记。以博为主，旨在包罗万象。博物志的内容，包括土地、风物、饮食

① ［晋］张华. 博物志校证［M］. 范宁，校证. 北京：中华书局，1980：105.
② ［晋］张华. 博物志校证［M］. 范宁，校证. 北京：中华书局，1980：86.

法、各种物象、人名、文籍、人物故事，从形式上说，有知识、传说、描述、琐事等，有些条目几乎无法明言其属于哪一类，如关于襁褓的描写，“襁褓，织缕为之，广八寸，长丈二尺”①。对于人物的记载，则偏重于博学多才，如“刘洪笃信好学，观乎六艺群书，意以为天文数术，探赜索隐，钩深致远，遂专心锐思。为曲城侯相，政教清均，吏民畏而爱之，为州郡之所礼异”②。这一类的记载，并皆包罗天地，无物无事不谈。因此在内容上，以“杂”见称。杂录，是六朝诸记的共同特点，但《西京杂记》偏重史实的杂录，《搜神》《洞冥》一类的笔记，其中虽然杂有野史、神话、地理之异，均多从志异这一角度来统摄各类内容，因此，我们将其归为“志怪笔记”。这两者都是有一定选择范围的笔记，而博物类的杂收更为广泛。中国最早的杂俎笔记，是从博物发展而来。胡应麟：“《洞冥》，杂俎之源也。”③中国笔记的杂俎之源应为《博物志》，而《洞冥》为道教范围内的杂录笔记。

“博物杂记”体，虽包罗众多，因其博物认知的宗旨，故其选择材料在于有裨益于认知，真实性较强，奠定了早期杂记体的考据之风。《博物志》中有“人名考”“文籍考”“地理考”等条目，这些条目虽未必是张华所拟，但其中已经流露出博物考据的倾向。从其选材，虽多取自纬书，但不言怪异，只取其中关于事物认知的材料。因此在六朝诸记体中，以《博物志》的知识认知度和真实性最强。在记述形式上以条录为纲，以每一物为叙述中心。从其叙事特征言，叙事简洁，不在渲染和趣味性，唯在物体本身、事情本身之异。

《博物志》形成了六朝笔记的一种形态，即博物杂记体。这一文体具有四个鲜明的特征：第一，强调知识的认知性；第二，无所不包、没有偏重的杂俎形式。第三，鲜明的考据色彩。第四，篇幅简短，均为短章小语。张华的《博物志》是文人所做的第一部博物知识性札记。魏晋时，引用《博物志》者有刘昭注司马彪的《续汉志》《五行志》《律历志》《服舆志》，共引《博物志》四十八条。唐宋之后从名物训释角度征引的，有徐锴的《说文通释系传》，蔡元度的《毛诗名物解》，陆佃的《埤雅》《一切经音义》《尔雅正义》，周祈的《名义考》。用在史注地理补正、名物训诂方面的，有宋

① [晋] 张华. 博物志校证 [M]. 范宁，校证. 北京：中华书局，1980：119.

② [晋] 张华. 博物志校证 [M]. 范宁，校证. 北京：中华书局，1980：117.

③ [明] 胡应麟. 少室山房笔丛 [M]. 明万历刻本：112.

洪兴祖补注的《楚辞》，宋绍熙刻本的《后汉书》，清乾隆武英殿刻本的《史记》，等等。从后人对《博物志》的使用看，主要发挥的也是它的知识性功能。至南宋李石曾作《续博物志》，明董斯张作《广博物志》，将博物体发挥为文人进行广泛认知的一种文献形式。

虽诸多目录著作将六朝笔记归为“杂家”“小说”，而实应以“杂学”称。从杂家到杂学，六朝诸记之成书，不仅儒、释、老相通，而且兼涉名、墨、法、兵、医、数术、小说，以及各种不可归类的文献，采择和选录的不是思想，而是知识要素，六朝诸记以文献整理、重新组合的形式打开了文人新的认知层面。

第四章 山水认知和山水记文体的生成

六朝时期，伴随由北而南的政治大迁移，中国的文化中心转移到了荆扬以南。全新的地域空间、独特的地貌地形，唤醒了文人的地理感知能力。在地记写作中，逐渐衍生出山水记的写作。如在《湘中记》已经看到大量的山水文，至盛弘之有专体的《宜都山川记》，又有庾仲容的《江记》，无论是地记中的山水片段，还是专题的山水记，魏晋人逐渐建立了认知山水的基本概念、描述山水的语言体式。山水开始成为一种独立的认知对象进入知识的传承中，并形成了山水记这一文体，山水记并非唐宋后的山水游记，它有着自己独特的文体特征。

一、前人的研究成果与突破

文学界对于山水记的溯源和研究，犹如地理学界对于方志的溯源和研究一样，极为混乱。有将山水记等同于山水游记者，从而忽略了唐代大量山水记的存在。也有将山水游记的源头，追溯到序、赞、书信中，则凡是有关山水描写的文字，则均可视为源头。在具体内容的研究上，则主要研究其中的审美意识和文学要素与唐宋山水游记的关系。

研究山水记中审美意识的文章，常征引的如："自黄牛滩东入西陵界，至峡口百许里，山水纡曲，而两岸高山重嶂，非日中夜半，不见日月。绝壁或千许丈，其石彩色，形容多所象类，林木高茂，略尽冬春。……峡中猿鸣至清，诸山谷传其响，泠泠不绝。行者歌之曰：'巴东三峡猿鸣悲，猿鸣三声泪沾衣。'……大江清浊分流，其水十丈见底，视鱼游如乘空，浅处多五色石。”[①]这些语句本为山水记中局部的文字表述，而对于山水记本身的文体，关注者甚少。

对于《宜都山川记》和《湘中山水记》的考察，在常所引用的文学性语句之外，更应注意其地理书的本质，如《宜都山川记》：“郡城，即陆抗攻步阐，拒晋于此垒。秭归，盖楚子熊绎之始国，而屈原之乡里也。渡流头滩十里，便得宜昌县。”《湘中山水记》：“有营水、有洮水、有灌水，有祁水，有宜水，有舂水，有烝水，有耒水，有米水，有渌水，有连水，有浏水，有沩水，有汨水，有资水，皆注湘。”“楂渚对岸古城，孙权遣程普所立。”[②]《宜都山川记》《湘中山水记》，是描述一郡范围内的山水。因此这里的山水，还有山脉、河流的影子，写一郡所有水流名称，以及山水流脉和郡县的关系。

从山水记著作和佚文的收录来看，在历代的正史艺文志和经籍志中，只是偶有收录几部山水记，《四库全书》“地理类”所载山志也只有七项。今人的辑佚之作，如刘纬毅《汉唐方志辑佚》中只录有《宜都山川记》，王谟的《汉唐地理书钞》、张国淦的《中国古方志考》，其意并不在于收录山水记。这些情况都导致学界在运用山水记论证魏晋山水意识时文献资料征引的极端不足和认识上的偏差，同时也造成山水记本身文体生成与发展脉络的不清晰。

山水记之著作存目与佚文，存于私家书目、正史艺文或经籍志补注、类书这三种文献资料中。私家书目者，有《直斋书录解题》《郡斋读书志》等；正史补注者，如丁国钧、文廷式、秦荣光、吴士鉴、黄逢元五家的《补晋书艺文志》以及《宋史艺文志补》《宋史艺文志史部佚籍考》等。其中对地理书各有存录范围，并详写了山水记曾被哪些类书征引。类书者，如《太平御览》《太平寰宇记》《北堂书钞》《初学记》等文献。

在地理学界，尚无专门整理山志脉络者，明清之后的山川志和魏晋的山水记的关系如何，这两者是否形成了不同的知识流脉和文献体系，这些问题并没有集中的研究，比较相关的文献如《明清浙江山志述论》，其中追溯山志起源：“早在东晋时期，有关浙江山林名胜的记载已经有很多。著名的有孙绰的《游天台山赋》、郭璞的《会稽山赞》……隋唐

---

① 刘纬毅. 汉唐方志辑佚［M］. 北京：北京图书馆出版社，1997：117.

② 刘纬毅. 汉唐方志辑佚［M］. 北京：北京图书馆出版社，1997：125.

时期，由于佛教广泛传播及文人涉足山林的活动日益增加，浙江山志得到更大的发展，著名的有陆羽的《顾渚山记》《武林山记》……这一时期，山志从名称上看，大部分都以‘记’命名，由此，自六朝的记、赋、铭、赞、序等多样化的命名方式，发展到隋唐以‘记’命名的一致化。山志作为志书的一类已开始向定型的山志过渡。”这种追述，忽略了魏晋时期大量以记命名的山记，魏晋山记在知识结构和语言表达上已经和唐宋时的山志非常相似，可见关于“山水记”这一文体还有待进一步廓清和整理研究。

山水记是山水认知下的一种文体形态。山水记文体的成熟，在知识的储备上，首先取决于对山水认知体系的成熟与完善。魏晋至于唐代，对于山水的认知，经历了三个阶段：第一，六朝地记中最早关注山水的自然地理形态，山、水在整体的地理认知中，作为“山川、河流”的内涵进行认知和描述；第二，东晋开始出现独立的山川记，摆脱了整体地理认知对记述的限制，形成了自己的文体特征；第三，唐代开始出现山水记文类。自魏晋而至唐代，时人对于山水认知经历了以上三层内涵的发展，同时伴随着记述、记体、记文类的转变，本节对“山水记”的研究，依然从知识与文体互构的角度，考察关于山水认知的文体演变与文体特征。

二、作为“山脉、河流”内涵的山水认知

认知和描述的区别在于，认知是基于对事物知识要素的描述之上，而描述可以仅仅是对事物某一项知识要素的详细刻画。那么如何去掌握一山、一水？魏晋时，在大量州郡地记作品中开始集中展现对山脉、河流的认知和语言把握。考察六朝地记中对于山脉河流认知的要素，往往能够看出魏晋时期对山水认知的一般知识。

（1）地学视野下的山脉认知和记述

魏晋地记中的山水，确切地说是山脉、河流。作为地理书，此时之记，为记山脉、河流之象，本不为专门描摹形态以传达美感和情趣。六朝众多

地记作品中观察山脉、河流的视角、语言体式的一致性，展现了当时对山水认知的知识架构和语言体式的基本定型。

关于一山之认知，须记述山脉处于郡县的位置。如李膺《益州记》：“玉垒山，在沉黎郡，去蜀城南八百里，在县西北二十九里。”①又须明了山脉与不同郡县的交界处。如山谦之的《吴兴记》：“于潜县北有天目山，极高险，县长远，与宣城、怀安，并分山为界。”②

记述山与水的源头关系、空间方位关系。如《上党记》：“（谷远）有羊头山，沁水所出”；“（屯留）有鹿谷山，浊漳所出”③。《吴记》：“谷水出吴小湖，迳由卷县故城下。”④

记述山体特征。在记述方法上，以里数为量度，从山高与周回两个角度描述。如盛弘之的《荆州记》：“（章山）山高三十丈，周回百余里”；《秦州记》：“仇池山，……上广百顷，下周数十里，高二十余里”⑤；《京邦记》：“覆舟山，周回二十许里”⑥；李膺的《益州记》：“县西南有铜官山。阔八丈，高出众峰”⑦；杨佺期的《洛阳记》：“北山连岭，修亘四百余里”⑧；等等。

记述山上物象之种种形态，然后才能随物赋形进行描述。山体的相关形貌有岩、洞、穴、涧、石室、嶂等。如南朝佚名的《长沙志》，其中写：“衡山，轩翔耸拔，九千余丈，尊卑差次七十二峰。岩洞、溪涧、泉石之胜，交错于中，又有数十洞、十五岩、三十八泉、二十五溪、九池、九潭、六源、八洞、九井、三穿、三漏。此最著者七十二峰，最大者五：芙蓉、紫盖、石禀、天柱、祝融，而祝融最高。”⑨记载一山之物产。佚名的《永世记》：“县南百余里铁山，广轮二百余里，山出铁。”⑩山谦之的《吴兴记》：

① 刘纬毅. 汉唐方志辑佚［M］. 北京：北京图书馆出版社，1997：308.

② 刘纬毅. 汉唐方志辑佚［M］. 北京：北京图书馆出版社，1997：189.

③ 刘纬毅. 汉唐方志辑佚［M］. 北京：北京图书馆出版社，1997：36.

④ 刘纬毅. 汉唐方志辑佚［M］. 北京：北京图书馆出版社，1997：98.

⑤ 刘纬毅. 汉唐方志辑佚［M］. 北京：北京图书馆出版社，1997：265.

⑥ 刘纬毅. 汉唐方志辑佚［M］. 北京：北京图书馆出版社，1997：297.

⑦ 刘纬毅. 汉唐方志辑佚［M］. 北京：北京图书馆出版社，1997：309.

⑧ 刘纬毅. 汉唐方志辑佚［M］. 北京：北京图书馆出版社，1997：72.

⑨ 刘纬毅. 汉唐方志辑佚［M］. 北京：北京图书馆出版社，1997：333.

⑩ 刘纬毅. 汉唐方志辑佚［M］. 北京：北京图书馆出版社，1997：100.

"乌程县北垄山，有紫石英，甚光明，但小黑。"[①]在于介绍一山之所有。

写山，须有山体形貌描写。第一，山体因其形貌而得名，故有形貌描述。如李膺的《益州记》："犁刃山，长八里，高出众峰，形如铧刃"，"（龙盘）山，土色黄，盘回有龙形，故曰龙盘山"[②]；《会稽地志》："新妇岩，山北临溪水，其石五色。望之颇似新妇首饰，故曰新妇岩"[③]；第二，具体的山貌描写。因南方山脉典型的地域特征，在描写中更多传达其高峻之势和岩石色彩。如郭仲产的《南雍州记》："武当山，广三四百里。山高陇峻，若博山香炉，苕亭峻极，干霄出雾"[④]；盛弘之的《荆州记》："九疑山盘基数郡之界，连峰接岫，竞远争高，含霞卷雾，分天隔日"[⑤]；荀伯子的《临川记》："山北有五老峰，于庐山最为峻极，横隐苍穹，积石岩巉，迥压彭蠡"[⑥]；等等。描写岩石之色的，如王韶之的《南康记》："归美山，山石红丹，赫若彩绘，峨峨秀上，切霄邻景，名曰女娲石。大风雨后，天澄气清，闻弦管声"[⑦]；萧子开的《建安记》："武夷山，……岩石悉红紫二色。望之若朝霞"；邓德明的《南康记》："赤石山，大石连耸，粲若舒霞"[⑧]；等等。

关于山貌的描写，还涉及地理特征，比如在大量地记中，都提到溶洞、石钟乳等地貌特征。王韶之的《始兴记》记华南中宿县（今广东清远县北）"有双峡，横峦交枕，绝崖岿崿"，"梁、险二水口下游，有浈阳峡，长二十余里，山巅纡郁，丛流曲勃"[⑨]。地理学者揭示这些描述涉及"岩溶地貌区的山高、谷深、壁立、流急曲折等大地貌特征，以及岩洞洞穴、钟乳等微地貌特征"[⑩]，但是在记中并不直接用专业术语，而只是形貌描述，这是由记体以象为主的文体特征所决定的。

---

① 刘纬毅. 汉唐方志辑佚［M］. 北京：北京图书馆出版社，1997：187.
② 刘纬毅. 汉唐方志辑佚［M］. 北京：北京图书馆出版社，1997：307.
③ 刘纬毅. 汉唐方志辑佚［M］. 北京：北京图书馆出版社，1997：321.
④ 刘纬毅. 汉唐方志辑佚［M］. 北京：北京图书馆出版社，1997：206.
⑤ 刘纬毅. 汉唐方志辑佚［M］. 北京：北京图书馆出版社，1997：219.
⑥ 刘纬毅. 汉唐方志辑佚［M］. 北京：北京图书馆出版社，1997：252.
⑦ 刘纬毅. 汉唐方志辑佚［M］. 北京：北京图书馆出版社，1997：242.
⑧ 刘纬毅. 汉唐方志辑佚［M］. 北京：北京图书馆出版社，1997：240.
⑨ 刘纬毅. 汉唐方志辑佚［M］. 北京：北京图书馆出版社，1997：271.
⑩ 赵荣. 魏晋南北朝时期的中国地理学研究［J］. 自然科学史研究，1994（1）.

写山，又须记述围绕一山所发生的人文事迹。如《吴兴记》："于潜县西二里有岝㟧山，有绝壁高三十许丈，谢安尝登之临壁垂足曰：伯昏无人，何以过是。当时称以为难。"[①]《齐记》："蹲狗山，山极灵，刘宠微时途由此，石犬吠之，后为太尉。"[②]《吴会分地记》："六出山者，勾践于此山铸铜，铜不铄，则埋之。上生马棰，勾践遣使取徙于南社种之，饰治以为棰，献之于吴王。"[③]山不足以成名，而由人彰，则必然是山川认知和记述的内容之一。

（2）地学视野下的水体认知和记述

总记一州之水。《关中记》："关中有泾、渭、灞、浐、酆、鄗、潦、沮之水"；《齐记》："（益都县尧山）南有二水，名东西丹水也"[④]；《吴郡记》："五湖者，菱湖、游湖、莫湖、贡湖、胥湖，皆太湖东岸五湾，为五湖"[⑤]；《三吴郡国志》同样也有记载："太湖边有游湖、草湖、胥湖、贡湖，就太湖为五湖"[⑥]；庾仲雍的《荆州记》："巴楚有明月峡、广德峡、东突峡，今谓之巫峡、秭归峡、归乡峡"[⑦]；《浔阳记》："九江，一曰乌白江，二曰蚌江，三曰乌江，四曰嘉靡江，曰五畎江，六曰源江，七曰廪江，八曰提江，九曰菌江"[⑧]；等等。

记述水脉的源流变化、与郡县各城之关系、山水之合流之势。谯周的《三巴记》："阆、白二水合流，自汉中至始宁城下入武陵，曲折三回，有如巴字，亦曰巴江。经峻峡中，谓之巴峡，即此水也"[⑨]；《荆州记》："江出岷山，其源若瓮口，可以滥觞，在益州建宁漏江县。潜行地底数里，至楚都遂广十里"[⑩]；佚名的《吴都记》："松江东泻海口，名曰扈渎"[⑪]；山谦之的《吴兴记》："邑有文山，水东南流为紫溪"[⑫]；郑辑

① 刘纬毅．汉唐方志辑佚［M］．北京：北京图书馆出版社，1997：189.
② 刘纬毅．汉唐方志辑佚［M］．北京：北京图书馆出版社，1997：93.
③ 刘纬毅．汉唐方志辑佚［M］．北京：北京图书馆出版社，1997：98.
④ 刘纬毅．汉唐方志辑佚［M］．北京：北京图书馆出版社，1997：93.
⑤ 刘纬毅．汉唐方志辑佚［M］．北京：北京图书馆出版社，1997：99.
⑥ 刘纬毅．汉唐方志辑佚［M］．北京：北京图书馆出版社，1997：54.
⑦ 刘纬毅．汉唐方志辑佚［M］．北京：北京图书馆出版社，1997：112.
⑧ 刘纬毅．汉唐方志辑佚［M］．北京：北京图书馆出版社，1997：255.
⑨ 刘纬毅．汉唐方志辑佚［M］．北京：北京图书馆出版社，1997：39.
⑩ 刘纬毅．汉唐方志辑佚［M］．北京：北京图书馆出版社，1997：228.
⑪ 刘纬毅．汉唐方志辑佚［M］．北京：北京图书馆出版社，1997：52.
⑫ 刘纬毅．汉唐方志辑佚［M］．北京：北京图书馆出版社，1997：191.

之的《永嘉记》:“瓯水出永宁山，行三十余里，去郡城五里入江”[①]；宋段国的《沙州记》:“洮水与垫江水，俱出强台山。山南即垫江源，山东则洮水源”[②]；《湘州记》:“靳江在新东县西八里，水出衡山县界紫嘉山，东流入湘江二百八十里”[③]；等等。

记述各种水貌特征。首先须认知河、泉、堰、河、溪、池、盐池、涧、温泉等不同体貌，然后才能有不同的记述内容和方法。如泉水，则关心其水质之清浊、甘美，而堰、池则需特别记述其功用。《三秦记》:“泾渭合流，三百里清浊不杂。”[④]《上党记》:“有石泉二所，一清一白，俱甘美，呼为神农井。”[⑤]阮升之的《南兖州记》:“舆浦，朝夕恒于浊，一朝清澈，太守范邈表以为瑞。”[⑥]写池，则言其周回、形状。《巴蜀异物志》:“有大泽，水周二百余里。水乍深广，乍浅狭，似如倒池，故俗云滇池。”[⑦]《洛阳记》:“河东盐池长七十里，广七里。水气紫色，有别御盐。”[⑧]堰、塘为人工所造，故多记何人修筑和修葺之事。如《吴兴山墟名》“蠡塘，昔越相范蠡所筑”“荆塘，汉荆王贾所筑”[⑨]等。

对水貌特征的记述，往往涉及水的物理现象，如潮泉相通、水泉相通这一现象。《浔阳记》:“水常深尺余，朝夕辄有涌泉溢出，如潮水，时刻不差，朔望尤大，号为潮泉，常如沸汤”,“鸡笼山下有水涌出如潮，晷刻不差，朔望尤大”;“龙窟有深潭，有人于此水边洗铜碗，忽浪起水长，便失碗。此人后见此碗置城里井边”[⑩]；等等。

记述围绕一水所发生的人文事迹。《齐地记》:“（巨洋水）西去齐城九十七里，耿弇破张布于临淄，追至巨洋水上，僵尸相属，即是水也”[⑪];《三齐略记》:“康浪水在齐城西南。宁戚饭牛而歌曰：康浪之水白石粲，中有

---

① 刘纬毅. 汉唐方志辑佚［M］. 北京：北京图书馆出版社，1997：192.
② 刘纬毅. 汉唐方志辑佚［M］. 北京：北京图书馆出版社，1997：263.
③ 刘纬毅. 汉唐方志辑佚［M］. 北京：北京图书馆出版社，1997：331.
④ 刘纬毅. 汉唐方志辑佚［M］. 北京：北京图书馆出版社，1997：4.
⑤ 刘纬毅. 汉唐方志辑佚［M］. 北京：北京图书馆出版社，1997：36.
⑥ 刘纬毅. 汉唐方志辑佚［M］. 北京：北京图书馆出版社，1997：334.
⑦ 刘纬毅. 汉唐方志辑佚［M］. 北京：北京图书馆出版社，1997：40.
⑧ 刘纬毅. 汉唐方志辑佚［M］. 北京：北京图书馆出版社，1997：73.
⑨ 刘纬毅. 汉唐方志辑佚［M］. 北京：北京图书馆出版社，1997：106.
⑩ 刘纬毅. 汉唐方志辑佚［M］. 北京：北京图书馆出版社，1997：255.
⑪ 刘纬毅. 汉唐方志辑佚［M］. 北京：北京图书馆出版社，1997：91.

鲤鱼长尺半。谷布单衣裁至骭，清朝饭牛至夜半。黄犊上坡且休息，吾将舍汝相齐国”[①]；等等。

记述水中物产。《娄地记》：“娄门东南有华墩，陂中生千叶莲花。其荷与众莲荷无异，菡萏色白，岂佛经所载者也”[②]；《宜都山川记》：“佷山县东有温泉，注大溪，夏才暖，冬则大热。上常有雾云气。百病久疾，入水多愈”[③]；等等。

记述水利，诸如灌田、酿酒、制盐等水体功能。《齐地记》：“昔者堰浯水南入荆水，灌田数万顷”[④]；《武昌记》：“武昌长湖通江，夏有水，冬则涸，于时靡所产植。陶太尉立塘，以遏水于此，常自不竭。因取琅邪郡隔湖鱼菱，以着湖内”[⑤]；《南兖州记》：“南兖州，地有盐亭百二十三所。县人以渔盐为业，略不耕种，擅利巨，海用致饶沃。公私商运，充实四远，舳舻千计。吴王所以富国强兵而抗汉室也”[⑥]；《湘州记》：“湘州临水县有酃湖。取水为酒，名曰酃酒”[⑦]；等等。

地记中也略有关于水的形象描写。《南越志》：“海安县南有小水，南注乎海。极目沧屿，渺望溟波”[⑧]；萧世诚的《荆南志》：“高沙湖，在枚回洲上。翠泽平皛，水陆弥旷，芰荷殷生，鳞羽滋阜”[⑨]；等等。

地记中关于山、水、云、雨、风、雾，以及具有光影声色的山水本身，其在地记中，是作为自然物象而存在，而正因其为存在本身，这一内容为后来的山水文学描写提供了无尽的可能。没有细致的地记，就没有丰富的文学话语。关于这方面的研究，可以参看第二章第三节“以记述为核心的文体表达”。

① 刘纬毅. 汉唐方志辑佚［M］. 北京：北京图书馆出版社，1997：96.
② 刘纬毅. 汉唐方志辑佚［M］. 北京：北京图书馆出版社，1997：42.
③ 刘纬毅. 汉唐方志辑佚［M］. 北京：北京图书馆出版社，1997：118.
④ 刘纬毅. 汉唐方志辑佚［M］. 北京：北京图书馆出版社，1997：91.
⑤ 刘纬毅. 汉唐方志辑佚［M］. 北京：北京图书馆出版社，1997：116.
⑥ 刘纬毅. 汉唐方志辑佚［M］. 北京：北京图书馆出版社，1997：292.
⑦ 刘纬毅. 汉唐方志辑佚［M］. 北京：北京图书馆出版社，1997：331.
⑧ 刘纬毅. 汉唐方志辑佚［M］. 北京：北京图书馆出版社，1997：278.
⑨ 刘纬毅. 汉唐方志辑佚［M］. 北京：北京图书馆出版社，1997：305.

山水记中的认识要素

山的认知要素	和郡县关系	和水的关系	山体山貌	山上物象、物产	山与风雨云雾的关系	山与历史传说、人文遗迹
水的认知要素	和郡县关系	和山的关系	水体水貌	水中物象、物产	水与山风云日的关系	水与历史传说、人文遗迹

州郡地记创作，从汉代辛氏的《三秦记》开始，至于南朝时期的繁盛，在长时段的历史进程中，对于山水的记述都遵循着共同的文体内容和文体形式，标志着汉魏六朝时期对山水认知范型的成熟。此时山水的内涵为山川、河流，虽略有形态描写，但其关注的核心并非山水本身的形态。

三、独立的山川与魏晋山川记的产生

“山川”一词的运用，在早期地记创作中，有《永初山川古今记》《司州古今山川记》等，这里“山川”代指“地理”，唐韦宗卿言“天作南北，星斗辨之，地分方夏，山川间之。”[①]意为上天分为南北，以星斗来辨认；华夏大地分方，以山川来划分。古今山川记则为古今地理记也。然而，在州郡地记的创作中，山川作为主要的地理物象在地记中占有很大的比例。《会稽记》:“会稽境特多名山，峰崿隆峻，吐纳云雾，松栝枫柏，擢干竦条，潭壑镜澈，清流写注。王子敬见之，曰：‘山水之美，使人应接不暇。’[②]魏晋开始出现偏重记载山水的作品，如袁山松的《宜都山川记》、罗含的《湘中山水记》，其中关于山水本身的形态描述逐渐细致化，这就标志着山川记开始具备自己的认知领域和独特的文体特征。

对山水认知在文献中的重大变化表现在，专题的山川记开始大量出现。主要有：张野、周景式、王彪之、惠远的《庐山记》，袁宏的《罗浮山记》，徐灵期的《南岳记》《太山记》《邹山记》，葛洪的《幕阜山记》，王恂的《虎

① [清] 董诰. 全唐文：卷六百九十五 [M]. 清嘉庆内府刻本.

② 刘纬毅. 汉唐方志辑佚 [M]. 北京：北京图书馆出版社，1997：182.

丘记》，卢元期的《嵩山记》，宗测的《衡山记》，王彪之的《庐山记》，袁山松的《句将山记》，贺循的《石箕山记》，卢元明的《嵩高山记》，周景式的《羊头山记》，殷武的《名山记》，袁山松的《宜都山川记》，释慧远的《庐山略记》，宋居士的《衡山记》，佚名的《三晋山险记》，虞翻的《川渎记》，谢灵运的《水经》，庾仲容的《江记》，庾仲雍的《汉水记》，释道安的《四海百川水源记》，等等。

魏晋山川记这一文体的形成，是从地记中分衍而来，脱离了和郡县的关系，开始对一地之山川本身进行更为细致的描述，如晋潘岳在《关中记》中曾描绘有："嵩高山，石室十余孔，有石床、池水、食饮之具。道士多游之，可以避世。"[①]至于北朝魏卢元明有《嵩高山记》，则非常具体地描写石床、石室。"嵩高山下，岩中有石室，中有自然经画，自然饮食。""嵩高山上有石室，前有石柱，柱上有石脂滴下，人服一合得仙。""嵩山东北有牛山，其山多杏，至五月烂然黄茂。自中国丧乱，百姓饥馑，皆资此为命，人人充饱而杏不尽。"[②]这和州郡地记中对山水的描写相比，专题山川记对于一山的描写，更为具体、局部，并出现了描写性话语。

大量山川记的创作和文体的定型，标志着山川记本身开始拥有自己的表现范围和文体特征，或者言其为雏形阶段的山志。

1. 山川记的表现范围

山川记，在于对山水之物象进行记载。《长沙志》，据刘纬毅考证，撰人不详，约为南朝时作。其中写"衡山，轩翔耸拔，九千余丈，尊卑差次七十二峰。岩洞、溪涧、泉石之胜，交错于中，又有数十洞、十五岩、三十八泉、二十五溪、九池、九潭、六源、八洞、九井、三穿、三漏。此最著者七十二峰，最大者五：芙蓉、紫盖、石禀、天柱、祝融，而祝融最高"[③]，主要介绍和描述山上各种物象以及形态特征。

在今可见佚文中，描写涧者，如卢元明《嵩山记》："半马涧，人或云百马涧，亦曰拜马涧，故老传王子得仙，而马还国，人思之不见，乃拜其

① 刘纬毅. 汉唐方志辑佚［M］. 北京：北京图书馆出版社，1997：81.
② 刘纬毅. 汉唐方志辑佚［M］. 北京：北京图书馆出版社，1997：81.
③ 刘纬毅. 汉唐方志辑佚［M］. 北京：北京图书馆出版社，1997：333.

马于此也。”[①]描写庙及神像者，如：“岳庙尽为神像，有玉人高五寸，五色甚光润，制作亦佳，莫知早晚所造，盖岳神之像，相传谓明公。山中人悉云，屡常失之，或经旬乃见。”[②]描写山峰者，如《太山记》：“东南峰名曰观鸡，一鸣见曰出。”[③]此外还涉及有坞、坛、岗、石、精舍等。

山川记致力于描述山川形势和山水源流关系。王珣《虎丘记》：“山大势四面周岭，南则是山径，两面壁立，交林上合，豁路下通，升降窈窕，亦不卒至。”[④]袁山松《勾将山记》：“县去山四十里，别从狼尾滩，下南崖以上峡州黄龙。”[⑤]

山川记也在于保存一山之人文痕迹。如袁宏《罗浮山记》：“葛洪，字稚川，句容人也。谯国人。嵇含尝为广州（刺史），乃请洪参广州军事。洪允，先行到广州，而含于此遇害。洪还留广州，乃憩于此山。咸和初，司徒王导补州主簿，转司徒椽，迁咨议参军。干宝荐洪，才器宜掌国史，当选大著作。洪因固辞不就。以年老，欲炼丹自卫。闻交趾出丹砂，乃求勾漏县，于是选焉。遂将子侄俱行。至广州，刺史邓岱以丹砂可至，请留之。洪遂复入此山炼神丹。于此山积年，忽于岱书云：当远行寻师药，克期当去。岱疑其异，便狼狈往别。既至，而洪已亡。时年六十一。视其颜色如平生，体亦柔软，举尸入棺，其轻如空衣然也。”孔令宏认为“袁宏的《罗浮记》是他在东晋哀帝兴宁元年（公元 363 年）亲自到罗浮山时所写，距葛洪卒年不远”[⑥]。

2. 山川记的文体功能

从其文体功能上言，魏晋的山川记不是后来的山水游记，魏晋人对于山水的审美与感情，主要是寄托在诗序、书札之上。而对于地理山川的认知，首先是采用条录记载的形式来保存关于山水的地理知识。如袁宏《罗浮山记》：

① [宋] 李昉《太平御览》第六十九，四部丛刊三编景宋本。
② [唐] 徐坚.《初学记》卷五，清光绪孔氏三十三万卷堂本。
③ [明] 章潢. 图书编：卷六十一 [M]. 清文渊阁四库全书本.
④ [唐] 欧阳询. 艺文类聚. 卷八 [M]. 上海：上海古籍出版社，1999：141.
⑤ [清] 张英. 渊鉴类函：卷三百三十五 [M]. 清文渊阁四库全书本.
⑥ 孔令宏. 从葛洪在岭南的史实论其道术结合的思想 [J]. 广州大学学报，2006 (2).

罗浮山,高三千六百丈。浮山东石楼下有两石鼓，叩之清越，所谓神钲者也。(《水经注》卷二十九)

增城县有牛潭。潭侧有圆石，金牛出时，盘此石上。有周灵潜往掩击，得金镲三尺许。(唐瞿昙悉达《唐开元占经》卷一百十七)

木槿，一名赤槿花，甚丹，四时敷荣，啼笑两难分。(《李义山诗集注》卷一上)

木棉，正月开花，大如芙蓉，花落结子。(《李义山诗集注》卷二下)

罗浮山中菖蒲，一寸十二节。(《艺文类聚》卷八十一)

魏晋的山川记依然是采用地记的条录形式，对山脉、河流进行实录性记录，这个认知可以使我们避免将山川记和后来文学性山水记的关系看得过为紧密，而实际上大量的论文都给人这种误导。魏晋时的山川记在后世共有两个流脉：其一，演变为方志体系中的山志；其二，演变为文学中的山水记（非山水游记)。而山水记在创作之时，往往要参看关于一山之志和图谱。山志和山水记存在着共同的知识架构，而演绎为不同的文体形式。

3. 山川记的佛教特征和山志的溯源

山川记，之所以能从地记中分衍出来而大量涌现，和佛道人士的关注有密切关系。魏晋山川记的作者多为道士、僧侣、隐者，如具有仙道身份的葛洪、徐灵期、宋居士等。在今天可见的 17 部著作中，徐灵期撰有 3 部，葛洪撰有 2 部，宋居士撰有 1 部，释慧远撰有 1 部。而有些作者与佛道人士交往密切，如释慧远写有《庐山略记》，其诗社成员张野、周景式也撰有《庐山记》。而殷武的《名山记》为总记诸山，亦多记神仙事。其山亦多为仙道名山，如衡山、罗浮山、庐山、虎丘山。可知在魏晋时最早有记的山，多为佛道名山。这是山川记在产生初期的鲜明特征。

这个特征，使山川记在内容上，于佛教事迹有所偏重。如徐灵期记载衡山的《南岳记》,“仙岭数百步得桂英岩，昔人于此采桂英”(隋杜公瞻《编珠》卷一)，“仙人坛，青石而有白石文，可容人坐。东望湘水如白带，水声如琴，鸟鸣如歌”[①]。其中多写一山之佛道故事。

至唐宋时期，其山记著作，依然大量为道教人士所撰写。《四库全书总目》史部地理类“南岳小录”提要中直接称为名山洞府之书：“唐世名山洞府之书，如卢鸿一《嵩山记》、张密《庐山杂记》、令狐见尧《玉笥山记》、杜光庭《武夷山记》。”[②]《直斋书录解题》中所收集佛道人士所撰写的山记，有“《五岳诸山记》一卷，无名氏撰，多鄙诞不经；《王屋山记》一卷，唐乾符三年道士李归一撰；《青城山记》一卷，蜀道士杜光庭撰；《玉笥山记》一卷，唐道士令狐见尧撰；《天台山记》一卷，唐道士徐灵府撰。”宋代现存本则有倪守约的《赤松山志》，《四库全书总目》云：“其书首序皇初起、皇初平兄弟仙迹，以著是山灵异，为全书纲领。次丹类，次洞穴类，次山类，次水类，次宫宇类，次制诰类，次碑籍类。”[③]对于同一山，并存两种记的，如宋郑樵《通志》中：“《南岳衡山记》一卷，又一卷宋居士撰。”[④]

同时，还有一部分山记为郡县长官所撰。《直斋书录解题》：“《庐山记》五卷，屯田员外郎嘉禾陈舜俞令举撰，刘涣凝之、李常公择皆为之序；《茅山记》一卷，嘉祐六年句容令陈倩修；《霍山记》一卷，知循州林须撰。郡县长官之外，也有一些地方职官所撰，如《罗浮山记》一卷，庐陵郭之美撰，皇祐辛卯序；《豫章西山记》一卷，赞皇李上文撰。”[⑤]这些山记，有些所写并非佛道名山，也非国家必撰之行政文献，而大多是州郡地方官员的一种知识兴趣。

从总体上看，佛道名山有志者，产生时间较早。后来的山志著作多在僧道基础上修改。如五岳中，华、衡在六朝、唐宋时均有大量山记，而很多非佛道之名山，如泰山之志，至明中叶，在志山写水风气大为繁盛时，才开始有山志之作。即明代嘉靖年间汪子卿《泰山志》，为现存最早的泰山志。而同属五岳的华、衡诸山却先行一步。（汉代《封禅仪记》中对泰山的描写，并不是山志的文体形态。）更晚的山志，如雁荡山，潘潢《雁山志》

① 清陈廷敬. 御选唐诗：卷十三［M］. 清文渊阁四库全书本.

②［清］永瑢. 四库全书总目［M］. 清乾隆武英殿刻本：1201.

③［清］永瑢. 四库全书总目［M］. 清乾隆武英殿刻本：1202.

④［宋］郑樵. 通志：卷六十六［M］. 清文渊阁四库全书本：1565.

⑤［宋］陈振孙. 直斋书录解题：卷八［M］. 清武英殿聚珍版丛书本：143.

序："《雁山集》一卷，国初僧永昇编次，详略无法，猥杂伪作，不足征。至是大夫荡南朱公自吉安归老山中，搜落选幽，凡得残碑缺简，贤儒父老之所传述，合如干简，勒成四卷，号《雁山志》。"①直到民国，方有所作。

从山川记的作者身份来看，自魏晋至于明清、民国，共有两种力量参与山志的创作。一为郡守等地方官员，一为僧道等方内人士。郡守之山记和僧道之山记，因作者身份不同，记载的侧重点不同，至于后世，则各有不同的传承体系。

佛道人士所撰的山志，实在志佛、志神仙。如杜光庭《青城山记》序："神州之内有名山，五岳列于五方。《山海经》所谓五岳各领名山三百六十，凡一千八百。有神仙洞室，福地灵墟，显于仙经，载于山志。其山皆上应列宿，傍系星官，上帝俾正神所居，以司善恶。"②可知其山记重志神仙。即使到民国期间，在二十三年，印光法师作《重修峨眉山志序》："良以三山志，皆属不通佛学之儒士所修，故致买椟还珠，敬卒隶而慢主人，只在山之形势变幻处致力，不在菩萨兴慈运悲，拔苦与乐处形容，志山而不志佛，颠倒行事，虽有其事，不能令见者闻者增长善根，种菩提因。此今志之所深致意也。故为略示其意。"言志山必在志佛。

而儒士文人所作的山记，多在一山之实录。宋代陈舜俞，时任江西南康郡监税，作《庐山记》一卷。《四库全书总目》记载他"每恨慧远、周景式辈作山记疏略"，"取《九州图经》前人杂录，稽之本史，或亲至其处考验铭志，参订耆老，作《庐山记》"③。吴宗慈《宋陈舜俞庐山记合校本》李常序，言其记庐山之"高下广狭、山石水泉，与夫浮屠老子之宫庙，逸人达士之居舍，废兴衰盛、碑刻诗什，莫不毕载。而又作俯仰之图，记寻山先后之次，泓泉块石，无使遗者"。学界一般在山志溯源上认可官修或儒士所修。

魏晋的山川记，作为对于山川认知的典范，在后来地理学范围内，有两条流变途径，第一种是流变为方志中的山志，其形式，依然是条目形式，依托于地方志中，以图、志的形式展开。第二种是延续六朝时期的山川记的形式，以专书的形式出现。唐代的山水记，在《宋史・艺文志》史部存

① 蒋叔南. 雁荡山志［M］. 卢礼明，詹王美. 校注. 北京：线装书局，2009：443.

② ［清］董诰. 全唐文：卷九百三十二［M］. 清嘉庆内府刻本：9698.

③ ［清］永瑢. 四库全书总目［M］. 清乾隆武英殿刻本：1202.

录有《诸山记》《嵩岳记》《华山记》《衡山记》《峨眉山记》《庐山记》《顾渚山记》《玉笥山记》《九华山记》《九华山旧录》《成都记》《南蛮记》《王屋山记》《武夷山记》《罗浮山记》《湘中新记》《茅山记》《豫章西山记》《雁山行记》《句曲山记》《九华山新录》《续庐山记》《四明山记》《南岳衡山记》《清溪山记》《水山记》《茅山新记》《续庐山记》①，以记为名，以条目为书写形式，在内容和体制上与六朝山川记是同一文体类型。但是这种文献并不在方志体系中，其主要文体功能在于保存传承关于一山之知识总体。之后宋元明清一直有所延续，这是在地理学科中的发展。

4. 观、行、游、居不同形态下的山川认知

在文学发展一脉中，魏晋山川记中所建立的知识要素，开始流变为文学中的单篇地学山水记。个人地学山水记文类的生成与变革，主要有两种重要的因素：第一，专题记体中奠定的认知要素，形成了地学山水记文类的主要记述内容。形成记这一文类的核心特征。第二，人与山水关系的确立。以前，学界仅仅从游踪这一个角度来考察，其实，魏晋时人主要有观、行、游、居四种行为特征，这四种主观行为，更新了山水新的认知角度，并相应地形成了不同的文体特征。

（1）观：单篇地学山水记体

单独的地学山川记的“游”是一种“观”与“游目”，而非“游踪”。地学山水记中这种“观”望视角的根本在于对地理空间分布的把握。演变为单篇记文类时，还是以“游观”的形式来记述。所谓游观“不是抬头望见一眼那种看，而是看得高、看得远、看得广的那种看。所以《释名》：“观，观也，于上观望也。……”《说文》：“台、观，四方而高者也。……”称高楼为观，正因为它便于远眺广览，所以才称之为观②。它是一种全知视角。其中“观”这种行为，在独立的山川记中，已经成熟。如《宜都山川记》：“对西陵南岸有山，其峰孤秀。人自山南上至顶，俯临大江如萦带，视舟船如凫雁。”③《勾将山记》：“登勾将山，南望见宜都江陵，近在目前。沮漳沔汉诸山，嵎嵎时见。远眺云梦之泽，皛然于天际。四顾总视众山数千仞

① [元] 脱脱. 宋史：卷二百四 [M]. 清乾隆武英殿刻本：2348.

② 龚鹏程. 游的精神文化史论 [M]. 石家庄：河北教育出版社，2001：214.

③ 刘纬毅. 汉唐方志辑佚 [M]. 北京：北京图书馆出版社，1997：119.

者，森然罗列于足下。千仞以还者，崔巍如丘浪势焉。今在上洛县西北。”[①]游观特色是地理对象的空间分布特征，也是空间认知的一种方式和结果。

继承这种“游观”来记述山水的，目前见到最早的是慧远的《庐山略记》，文本共四段。第一段，写山与郡县的地理位置。此一段如单独成文，完全同于地记的话语表达。第二段，先写其山形、山势与风云雨气的变化。第三段，记述庐山其地的历史和人文遗迹。第四段，写一山之物，“略举其异以记之”。从知识流脉言，慧远的《庐山略记》，它的观照角度、记述方法一同于州郡地记，是将六朝认知山川的诸多知识要素融为一体，从条录走向篇章，展示了对山川在认知话语上的文学实践。这一表现背后是山水认知架构和知识修养的普及。

从知识流脉言，《四库全书》本慧远的《庐山略记》，是将认知山川的诸多知识要素融为一体，从片段走向了篇章，展示了对山川在认知话语上的文学实践。其中虽有风景的描写，也止步于云雨本身，是以客观的态度对于一山进行描写，它的认知结构来自地记所奠定的地理知识。

> 山在江州浔阳南，南滨宫亭，北对九江。九江之南为小江，山去小山三十余里，左挟彭泽，右傍通川，引三江之流，西据其会。《山海经》云：“庐江出三天子都，彭泽西入江。一曰天子障。”彭泽也，山在其西，故旧以所滨为彭蠡。有匡裕先生者出自殷周之际，遁世隐时，潜居其下。或云裕受道于仙人，共游此山，遂托室岩岫，即岩成馆，故时人谓其所止为神仙之庐，因以名山焉。

第一段，写山的地理位置、山之得名。这是认知一山的基本要素。此一段如单独成文，一同于地记的话语表达。

> 其山大岭，凡有七重，圆基周回，垂五百里，风云之所摅，江湖之所带，高崖仄宇，峭壁万寻，幽岫穿崖，人兽两绝。天将雨，则有白气先抟，而缨络于山岭下。及至触石吐云，则倏忽而集。或大风振岩，逸响动谷，群籁竞奏，奇声骇人，此其变化不可测者矣。

① [宋] 李昉. 太平御览. 卷四十九 [M]. 四部丛刊三编景宋本.

首先写其山形、山势，其次言风、气、云、雨、声，在于自然之本身。它的观照角度一同于地记的认知架构。

众岭中，第三岭极高峻，人迹之所罕经也。昔太史公东游，登其峰而遐观，南眺三湖，北望九江，东西肆目，若陟天庭焉。其岭下半里许有重巘，上有悬崖，傍有石室，即古仙之所居也。其后有岩，汉董奉馆于岩下，常为人治病，法多神验，绝于俗医。病愈者，令栽杏五株，数年之间，蔚然成林。计奉在民间近二百年，容状常如三十时，俄而升仙，遂绝迹于杏林。其北岭西崖之间，常有悬流遥注，激势相趣。百余仞中，云气映天，望之若山在霄雾焉。其南岭临宫亭，湖下有神庙，即以宫亭为号。

此段讲述庐山其地的历史和人文遗迹，记述方法一同于地记。

七岭同会于东，共成峰崿，其崖穷绝，莫有升之者，有野夫见人著沙门服，凌云直上，既至则迴身踞其鞍，良久乃与云气俱灭，此似得道者。当时能文之士，咸为之异。又所止多奇，触象有异。北背重阜，前带双流，所背之山，左有龙形，而石塔基焉，下有甘泉涌出，冷暖与寒暑相变，盈减经水旱而不异。寻其源，仍出于龙首也。南对高岑，上有奇木，独绝于林表数十丈。其下似一层浮图，白鹤之所翔，玄云之所入也。东南有香炉山，孤峰秀起，游气笼其上，则氛氲若香烟。白云映其外，则炳然与众山殊别。天将雨，其下水气涌起，如马车盖，此即龙井之所吐。其左有翠林，青雀白猿之所憩，玄鸟之所蛰。西有石门，其前似双阙，壁立千余仞，而瀑布流焉，其中鸟兽草木之美，灵药万物之奇观，焉可得声名哉，略举其异而已耳。

这一段落中虽讲述此山中的佛教之事和佛教物象，却并不以佛意观山川，而是根据地记的文体特征，写一地之事、一地之物。《庐山略记》本为针对一山所做的客观描写。

《庐山略记》的文体意义在于，它所关注的知识要素和语言表现手法，均本于山川记，而能将“山川记”中观照一山知识角度进行综合，由片段而走向篇章。魏晋时，这样的文章应该还有很多，只是大多淹没无闻，存录佚文的如顾恺之《天台山记》：“天台山去天不远，路经楢溪，溪水清冷，前有石桥，路径不盈尺，长数十丈，下临绝冥之涧。惟忘其身，然后能跻。跻者梯岩壁，援萝葛之茎，度得平路，见天台上蔚然绮秀，列双岭于青霄之上，有琼台、玉阙、天堂、碧林、醴泉，仙物毕具。晋隐士白道猷得过之，获醴泉紫芝灵药。”[①]也是以篇章的形式对于山川的认知描绘。这是记体的重大转折，这种篇章形式的“记”正是后来唐代山水记的发轫[②]。

“东晋以后，单篇山水记创作连绵不绝。如宗测《衡山记》、竺法真《罗浮山记》、刘孝标《东阳金华山栖志》、陶弘景《寻山志》、刘荟《邹山记》、佚名《泰山记》、佚名《武当山记》等”[③]。这一观点的产生，在于将独立的山川著作看成是单篇的山水记。如果将著作称为“山水记体”，文章称为“山水记文类”的话，目前存录佚文的如前文所引顾恺之《天台山记》，是以篇章的形式对于山川的认知描绘。在魏晋时，这样的单篇记文已经成形，但是在形式上多以刻碑的形式存在。文献中能够确定的《庐山略记》是后来山水记而不是山水游记的开端。

（2）行：《游庐山记》

四库全书存录《庐山略记》之后，紧接着是《游庐山记并诗》[④]，同是慧远所写，文体区别意识已经比较明显。《游庐山记》文体价值在于：第一，以游踪步数的变化来存录物象，不再只是骋目游观。出现了“践、登涉、出、过、力进”等词，这样，由全知的视角存录一山物象，转变为个人行踪所能见闻到的物象记述。因此，它不同于山志中以条目的形式保留一山的知识要素，而是主体意识下自我的山水游志。第二，“每因暇时，追述所经”，依然在于记载地理。行、游在于扩展见闻，就其语言体式而言，多用“有”字来记述。在记述内容上不枝不蔓，因行踪的转化，而用一两句对物象进行记述。闻有物象，必以“践之”为幸。唐代的地学山水记结尾，往

---

① 袁有根. 顾恺之研究［M］. 北京：民族出版社，2005：340.

②《庐山略记》是后来山水记而不是山水游记的开端。魏晋时期对山水的审美情怀，主要体现在诗序和书信中。刘师培：“赵至入关之作，鲍照大雷之篇，叔庠擢秀于桐庐，士龙吐奇于鄮县，游记之正宗也。”

③ 张帆帆. 东晋南朝山水记的文学转向及其地位和影响［J］. 云南师范大学学报，2017（4）：151.

④ 李勤合，滑红彬.《四库全书》残本《庐山记》的文献价值［J］. 图书馆杂志，2014（3）：109.

往有“归而记之”等套语。第三，在主观情感的抒发上，“每因暇时，追述所经，觉情无定位，以所遇为通塞”。文章写山水所引起的感觉、感慨而非抒情。“四瞻辽朗，寓目长怀，用兹畅而悟曰：小大之相出，量不可穷，高下之相倾，岂孤显于气象也哉。”没有像文学性山水游记一样借以抒发自己的情感，主要写了山水的气势变化对人感觉上的触动。第四，对一山的认知更为详细。孤松、弱条、峭径、盘石，展开对于一山的具体而微的记述，这比州郡地记和独立山川记中的物象更为细致。这一文献，学界留意较少，录于下：

此二十三载，凡再诣石门，四游南岭。始入林，渡双阙，谓则践其基，登涉十余里，乃林表。回步少许，便得重崿。东望香炉，秀绝众形。北眺九江，目流神览。过此转觉道隘而狭，力进复数百步，方造颓岭。积石连阜，霜崿相乘。及鉴斯观，三倍于前矣。然后攀弱条，涉峭径，足怠体疲，仅达孤松。其下有盘石，可坐十人。四瞻辽朗，寓目长怀，用兹畅而悟曰：“小大之相出，量不可穷，高下之相倾，岂孤显于气象也哉。”

于时日将禺而未中，讯诸行人，去松林尚有三四五里。既至，乃傍林际，憩龟岭，视四岭之内，犹观掌焉。未至松林，又有石泉悬溜，其下儵然，使人目眩。斯瀑布之源，三流之始。水霪天池，已备叙于别记。其上有双石临虚，若将坠而未落，傍有盘屋迂回，壁立千仞，翠林被崖，万籁齐响，遗音在岫，若绝而有闻。请寻所由，似境穷其邃，器深其量故也。传闻有石井、方湖，是所未践，乍睹之者，疑为神渊。中有赤鳞涌出，状若龙鱼，野人不能取，直叹其奇而已耳。

每因暇时，追述所经，觉情无定位，以所遇为通塞。或抚常事而牵于近，感至言而达远。更以俯圆池之内，思不出局，乘高眺物，乃发深怀。嗟咏不足，聊复寄以兴云。

《游庐山记》是目前见到的最早的地学山水游记。唐时，柳宗元在永州八记之外的《游黄溪记》，就是这一文体的延续。另外，还有李逊的《游妙喜寺记》、达奚珣的《游济渎记》、窦群的《重游惠山寺记》等，均以游踪带起地学描述，是地学山水游记。

（3）游与居：魏晋的地学山水游志

晋时，“记”作为知识保存的文体功能和形式已经被人们普遍接受。虽以游、居为线索，但是内容和文体表达皆为地志的认知体系。山水游居，目的不在于游赏，而是借此博古、证闻、广其阅历，对新世界进行探索。代表作是王羲之的《游四郡志》和谢灵运的《游名山志》，游的内涵为“游历”。依然以专著的形式呈现，以条录的方式结撰，并没有形成单篇的记文类。

谢灵运的《游名山志》和王羲之的《游四郡志》，“观”与“行”的两种视角并存。一方面，是以地理空间方位保留了山川记中的“游观”视野，如写枫林岭、石潭溪、桂林岭，是一种全知视角，“近山之远，远山之近，有若罗縠，映于岩间，俯观木末，仰视星罗”（隋杜公瞻《编珠》卷一）是一种纵目骋望。另一方面，是以自己行多少步有何物象来记述，以绵密的实地自然空间为视角，“从临江楼步路，南上二里余，左望湖中，右傍长江也”。“始宁,又北转一汀七里直指舍下园南门楼，自南楼百许步对衡山”，并且是在自己的庄园一个私人范围内的游居。它和行政文献彻底脱离，完全成为一种私人撰著。《宋书·谢灵运传》：“灵运既东还，与族弟惠连、东海何长瑜、颍川荀雍、泰山羊璿之，以文章赏会，共为山泽之游。”谢灵运的游览，虽有“托兴”之意，观其文体，一本于地记的客观认知下的存在性描写，使士人对于一山之本身形态有了更为细致的观察和记述。

游山记的另一种形式，北齐摩崖石刻存有郑述祖《重登云峰山记》：“入境叹曰：吾自幼游此，至今五十二年。昔同至者，今尽零落，唯吾一人，重得来耳。于是凄感，殆不自胜。因南眺诸岭，指云峰山曰：‘此山是先君所名，其中大有旧迹。’未几，遂率僚佐，同往游焉。对碣观文，发声哽塞，临碑省字，兴言泪下。次至两处石诗之所，对之号仰，弥深弥恸，哀缠左右，悲感傍人，虽曾闵之诚，讵能过也。”其中之记，记录自己登山的始末过程，如果说地学山水记，是为存“物之本末”，而这类记文，在于陈述“事之始终”。是对游、重登这种行为的记录，并且将其录在山崖石壁之上。

四、晋唐山水认知体系下唐代山水记文类的生成

唐代的山水记，被遮蔽在柳宗元的山水游记的盛名之下，并没有得到真正的研究。在柳宗元之外，还存在大量其他文人的作品。《全唐文》中现存地学山水记文献共有 16 篇，但一直未得到关注与重视。只有综合分析各家所创作山水记、山水游记的整体状况，才能对记文类的特征有更明晰的认识。

《全唐文》所见唐代山水记整理表

《全唐文》卷数	著者	作品	文本内容
371	苏师道	《司空山记》	描写一山所有
382	元结	《右溪记》	描写溪之位置、形态，略有议论
389	独孤及	《慧山寺新泉记》	描写泉之流向、声音、功能等
408	窦公衡	《石门山瀑布记》	描写瀑布位置、形态及瀑布高度、宽度
429	于邵	《剑门山记》	描写剑门山得名，主要写渔阳公剑门一役
437	李勉	《厨院新池记》	写人力经营厨院新池始末
519	梁肃	《通爱敬陂水门记》 《盐池记》	记人工水利工程 记盐池，多有议论，用字极为艰涩
618	李季贞	《石门山记》	写位置、山脉走向、因景而感
622	陆庶	《烂柯山碑记》	因形胜和山名引发情怀
695	韦宗卿	《隐山六峒记》	描写一山之所有
718	吴武陵	《新开隐山记》	新发一山，写一山之所有
721	元晦	《叠彩山记》 《四望山记》	写一山之所有 山小，故写得名、石门、石像、山亭
783	穆员	《新安谷记》	新发一谷，写其胜景和游赏之乐
794	孙樵	《龙多山记》	写位置、山脉、形态

汉魏

1. 山水记正名

山水记，是直接以山水为描写对象的文体形式。从六朝山川记到唐代的山水记，其联系和转变为：第一，六朝山川记中山水知识架构的储备是唐代山水记得以产生的内在原因和直接原因。第二，唐代士人掌握了山水认知的知识要素，以篇章形式的记来作为自己认知地理的一种文体。其所运用的语言体系和描写方法是建立在魏晋山川记的认知体系之上的。

唐朝的山水记，大率作于地方官员之手。如李季贞："余因守此藩，行县至……"[①]而后有作《石门山记》。又如颜真卿于大历三年，做抚州刺史，"大历三年，真卿刺抚州，按《图经》，南城县有麻姑山……"，故作《抚州南城县麻姑山仙坛记》。谢灵运曾以条录方式做《游名山志》记浙江诸山，而唐元晦作《叠彩山记》《四望山记》，两山相连，也以游踪为转换。柳宗元先到石渠而后至石涧，作《石渠记》《石涧记》。由六朝山川记而唐代山水记体的发展，"记"依然是士人进行地理认知的一种文体。

唐朝的山水记是文人展开广泛地理认知的一种文体。依据《全唐文》中所存留的山水记作品，除青城山为道教名胜外，其他所记山川在唐前不曾有所描述。有些未曾载于图经、地志，有些虽有记载而语焉不详。虽偏僻之地，因文人掌握知识要素后，遂能以记体传天下之地理。苏师道的《司空山记》中云"湖南攸邑，为地最僻"，遂为之作记曰"有司空山，去县四十五里"[②]云云。韦宗卿《隐山六峒记》："石不能言，人未称焉。……且谥为隐，若夫地因人传，山自人显。"[③]还有吴武陵的《新开隐山记》："夫兹山之始，与天地并，而无能知者"，遂"伐棘导泉，目山曰'隐山'，泉曰'蒙泉'，溪曰'蒙溪'，潭曰'金龟'，洞曰'北牖'，曰'朝阳'……嘉莲生曰嘉莲，白雀来曰白雀，石渠寒深，若蟠蛟蜃，特曰'蛟渠'。或取其方，或因其端，几焯乎一图牒也"[④]。图经、图记之文体功能在于存一地之物象，而作者能为无名山之洞、泉、溪、潭命名而记之，此山之所有，则因记文而得以彰显。

① [清] 董诰，等. 全唐文 [M]. 孙映逵，等点校. 太原：山西教育出版社，2002：3687.
② [清] 董诰，等. 全唐文 [M]. 孙映逵，等点校. 太原：山西教育出版社，2002：2233.
③ [清] 董诰，等. 全唐文 [M]. 孙映逵，等点校. 太原：山西教育出版社，2002：4209.
④ [清] 董诰，等. 全唐文 [M]. 孙映逵，等点校. 太原：山西教育出版社，2002：4356.

唐人对于山水，极力搜访，展开广泛而具体的认知。描写山洞、石室者有李渤的《南溪白龙洞》、韦宗卿的《隐山六洞记》；描写新开石室者，有郑叔齐的《独秀山新开石室记》、莫休符的《栖霞洞》；描写石渠、石涧者，如柳宗元的《石渠记》《石涧记》；描写仙坛者，有颜真卿的《抚州南城县麻姑山仙坛记》；描写山谷者有穆员的《新安谷记》；描写陵墓者有乔潭的《女娲陵记》；描写山上之亭者，有唐冯宿的《东峰亭记》、白居易的《白蘋州五亭记》、李直方的《白蘋亭记》；等等。

这些文章虽以篇章形式存在，但记录简短，行文宗旨在于存录物象，并不涵容主观情感。杜光庭的《鱼龙洞记》："歧府西，陇州路七十里余，有鱼龙洞，中有石，或大或小，随水流出。破而看之，水中皆有鱼龙形，人过洞前，并不敢语，语者便闻风雷之声，立致惊惧奔走，但诸人不闻耳。"

至其行文，则是综合六朝山记中所建立的知识要素进行描写。如徐灵府的《天台山记》："天台山高一万八千丈，周回八百里。山有八重，四面如一。当牛斗之分，以其上应台宿，光辅紫宸，故名天台。"此言山体。"天台山在会稽郡五县界中，去人境不远，路经瀑布，次经犹溪，至于浙山。犹溪在唐兴县东二十里发源，自花顶从凤凰山东南流，合县大溪，入于临海郡溪江也。"此言山、水、县之界分。依次介绍山上各种物象，"洞门在乐安县界，即十六洞天第六洞也，即茆司命所治也。群峰峥嵘，碧障合沓，磨霄凌汉，日蒸云起……"。又以景物带起曾经的人文之迹，"昔褚先生修道之所也"。或以诗文进行考证，"天台观在唐兴县北十八里，桐柏山西南瀑布岩下。旧《图经》云：吴主孙权为葛仙公所创，最居形胜，北沿王真君坛，东北连丹霞洞，西北抛翠屏岩。故孙兴公《天台山赋》云：'搏壁立之翠屏'即此岩也"。这些行文，如拆为条目，则为魏晋时期的山川记。

在文人山川记繁盛的同时，国家层面记载山川内容的图经、方志亦存，但是对于一地之山川物象多仅存物名，记载过为简单。士人则常参看图、志而有进一步的记录。独孤及《慧山寺新泉记》："山下是灵池异花，载在方志。山上有真僧隐客遗事故迹，而披胜录异者，贱近不书。"[①] 唐元晦的《叠彩山记》："按图经，山以石文横布，彩翠相间，若叠叠然，故以为名。

① [清] 董诰，等. 全唐文 [M]. 孙映逵，等点校. 太原：山西教育出版社，2002：2341.

东至二里许，枕压桂水……”[①]文人依志按图所进行的记，更在于山川之形态[②]。

同时，唐宋文人也图画山脉，为山川作图记。如元结《九疑山图记》：“图画九峰，略载山谷。传于好事，以旌异之。如山中之往迹，峰洞之名称，为人所传说者，并随方题记，庶几者易知。”[③]唐戴科的《玲珑岩记》：“始兴令谢君成贤来款曲，居数日，遍搜岩之奇，复按邑志证之，盖有志所未及载者，谢君属为记。”按照县志对验其地之景，大多都有记载，没有记载的，谢君嘱咐记下来。又言自己为此岩作记的原因：“科不敏，窃以张曲江公产此地，凿山通道，古今人颂之，而于此岩未尝为之表。”唐代士人在创作记体时，有非常清晰的补志之意。

唐人山水记，逐渐成为地方官员私人进行地理认知的一种文体。它在文体形式上一方面承继六朝山川记中“某县有某山”的形式，另一方面以自我游览的方式，扩大地学知识见闻，具体记载各种地理物象。唐代王化清《游石室新记》：“高要郡北十五里有石室，诡怪万状，崆峒其中，发挥灵踪，盘薄厚地，皆神仙之窟宅，为区奥之胜概。或有巨石，皆似蹲兽反顾。叠化仰空，的砾琼脂，色如截肪矣，旁引危窍……西通于上武林，东抵于零羊峡。”最后交代此次之游，为“博陵崔公，领僚属及将吏，游于兹室，探讨奇迹……化清时官守司马，得倍盛游，辄叙鄙词，纪于前事”。虽有游，然并未有“游兴”和“情意”，而主要以游作为行程转折对于一山进行更为细致的描述。唐朝记体的兴盛，实为对山川知识的拓展和具体化。

唐人的山川记，虽为私人所作，其目的依然在于能补公共认知，遂将记文随物刻于碑石之上，或题诸岩侧，以使后之登览者，了解一山之知识。窦公衡令僮仆亲量瀑布之准度，作《石门山瀑布记》：“命僮携絙准度：自

① [清] 董诰，等. 全唐文 [M]. 孙映逵，等点校. 太原：山西教育出版社，2002：4377.

② 宋代欧阳修《菱溪石记》：“菱溪，按图与经皆不载。”秦观《游龙井记》：“龙井旧名龙泓，距钱塘十里，吴赤乌中，方士葛洪尝炼丹于此，事见《图记》。其地当西湖之西，浙江之北，风篁岭之山，实深山乱石之中泉也。每岁旱，祷雨于他祠不获，则祷于此，其祷辄应，故旧传以为有龙居之。”秦观为国史院编修官，其坚实的史学修养和其遍览图记，使其《游龙井记》充满学人风采。至沈括则补充前代图、经未备之山水胜景，如其《雁荡山记》：“温州雁荡山，天下奇秀，然自古图牒，未尝有言者。”这展现的就是山水游记的写法对地记写作的影响了。唐宋之后这类山水游记多引图记、图谱，更重视对山、水、地名、古迹及有关历史人物、事件的确凿记录和考订，呈现的是由地记发展而来的一种地学山水游记的文体风格。

③ [清] 董诰，等. 全唐文 [M]. 孙映逵，等点校. 太原：山西教育出版社，2002：2297.

上潭直泻至天壁三百五十尺，自天壁飞洒至下潭四百五十尺，凡八百尺。庶登览者不昧于高深，追想者每凭于文字，题诸岩侧，永窻区中云。”[①]独孤及为慧山作志，“乃稽厥创始之所以而志之，谈者然后知此山之方广”[②]，李季贞《石门山记》“聊勒石纪事，以贻诸来者”[③]，在于借石以传文，保存关于一山之知识。因此，我们要正确认识姚鼐所言“杂记类者，亦碑文之属”的内涵，纠正将记体文和碑文混淆的认知。

因其刻碑，在语言上多以骈文为主，骈散相间。如苏师道作《司空山记》，先征引梁任彦昇的《述异记》交代山之得名，再交代自己刺史潭州，因遇干旱而得造此山。

> 时有道士钟仙芝从山下见迎，遂与同游。乃询灵迹，得其实，令左右以笔记之，以闻于田曹顾公，喜闻胜事，命予为记。予不敢让，谨按此事而记曰：
>
> 湖南攸宜，为地最僻。有司空山，去县四十五里。当南岳之东隅，连云阳之福地，振潇湘之胜境，作郡邑之崇丘。东西广一百二十里，南北一百八十里，高十千六百丈。下有温水源，故名温泉山焉，亦名紫麟峨眉山。及司空隐此得道，遂名司空山焉。中有大观一所，昔唐天宝七年，主上因搜郡国图籍，以司空全家轻举之异，五月十三日敕下，建造祠宇，标额为朱阳观，盖取南岳朱阳洞当此之南故也。……殿砌之前，有古坛三级，方广数丈，故老相传云，司空朝斗之坛也。……东南隅有秀峰十三，耸翠卓立，其峰有画屏、青牛、大莲花、小莲花、紫盖、瑞云……坛之西二里有真武冈，……凡所祈祷，无不感应。司空宅在山之西，去观一十里……宅左有光石山书院，故基尚存。北一里有惠光寺，前有洗药池，池水冬温夏凉，异香袭人，掬饮可以愈病。又十里有菩提寺，寺前有池，方广二十丈，其水亦如药池，岁旱不涸。传云：司空昔常于此水沐浴……又去三十五里，有隐真崖，是司空炼药时栖止之地，故崖之左右平石之上有石臼，仅二尺许，……傍有石池，方广一丈，水清如鉴，中有荷生，芳华甚异，每花开五色相间。……

① [清] 董诰，等. 全唐文 [M]. 孙映逵，等点校. 太原：山西教育出版社，2002：2478.

② [清] 董诰，等. 全唐文 [M]. 孙映逵，等点校. 太原：山西教育出版社，2002：2341.

③ [清] 董诰，等. 全唐文 [M]. 孙映逵，等点校. 太原：山西教育出版社，2002：3687.

今道士钟仙芝，年过九十，而颜貌益少，领徒数十，增修妙行……师道幸承余烈，敢刻金石而志之。时则十四年冬十月也。[①]

观其行文，在于对一山之认知，存一山之所有，均本于六朝山志的认知结构。唐代的山水记，是“山经地志”式描述山川所在、物产所有的知识体系的延展，这类创作并非偶然现象，在唐朝以“某山记”为题的作品以及涉及山洞、石室、石渠、山谷等描写的作品，有颜真卿、达奚珣、苏师道、元结、独孤及、窦公衡、于劭、陆羽、李勉、梁肃、李逊、柳宗元、欧阳詹、窦群、李季贞、陆庶、韦宗卿、李渤、吴武陵、元晦、穆员、孙樵、杜光庭、贾耽、康仲熊、张西岳、李讷、藏诸、徐灵符、王化清等人的作品，说明唐人对于地理观察开始成为一种自觉行为，形成了对于一地之山水名物的零星而具体的知识。

又《慧山寺新泉记》[②]：

寺居吴西神山之足，山小多泉，其高可凭而上。山下灵池异花，载在方志。山上有真僧隐居遗事故迹，而披胜录异者贱近不书。无锡令敬澄，字深源，为政之余，考古案图，葺而筑之，乃饰乃圬。有客竟陵陆羽，多识名山大川之名，与此峰白云相与为宾主，乃稽厥创始之所以而志之，谈者然后知此山之方广胜掩他境。其泉伏涌潜泄，……深源因地势以顺水性，始双垦袤丈之沼，疏为悬流，使瀑布下钟。甘溜湍激……濯其源，饮其泉，能使贪者让，躁者静，静者勤道，道者坚固，境净故也。夫物不自美，因人美之。泉出于山，发于自然，非夫人疏之凿之之功，则水之时用不广。亦犹无锡之政烦民贫，深源导之，则千室襦袴。仁智之所及，功用之所格，动若响答，其揆一也。予饮其泉而悦之，乃志美于石。

其中多记人工经略之始终。关于水利工程如水门、石桥等，在唐代记文类中也是主要的题材。

在这些山水记体文中，于山水描写，刻肖其物，亦不减于柳氏。如《石

① [清] 董诰，等. 全唐文 [M]. 孙映逵，等点校. 太原：山西教育出版社，2002：2233.

② [清] 董诰，等. 全唐文 [M]. 孙映逵，等点校. 太原：山西教育出版社，2002：2341.

门山瀑布记》："观其惊喷垂逶，匽滤淋漓，明灭芬敷，空濛霭昧"[①]，《石门山记》："观乎杰出氛霭，势凌霄汉，峭断穹壁，呀开石门。……瀑布千尺，奔厓照日，望为晴虹。触石乘风，散为绝境……层峦蓄翠，风木含韵"[②]，《龙多山记》："因山带川，青萦碧联，莽苍际云，杳杳不分。月上于天，日薄于泉，魄朗轮魂……千状万态，倏然收霁"[③]。明清文论家常以柳宗元的游记为最高代表，并将记体的这种写实倾向推溯到早期经典文献如《考工记》中，而这种物理写实的描写，在当时的山水记体文中已是常见的笔法。

而后，渐有作品，在山水记载中，因其意、因其形、因其名而有情感的描写。如陆庶的《烂柯山碑记》："观夫巨石横空，矫如惊龙……南走群峰，北控遐陆，不远人世，宛如蓬瀛。得非权舆之初，俾宅真仙，而幽赞人民，脱笼槛于兹地……则樵夫之遇二仙，其所以示化欤？……庶牧于是邦，追兹五祀。政惟自守，人亦安止。乘春多暇，爰契心期。冥搜信宿，机虑如洗……天地之万类，吾生之忧乐，将不介于胸中矣。心境相传，不知吾之遇灵境欤？灵境之遇吾欤？"[④]

唐代山水记创作，在描写形胜之外，开始生发情感，依然刻之于石。古文运动的前导元结的《右溪记》：

> 道州城西百余步有小溪，南流数十步，合营溪。水抵两岸，悉皆怪石，欹嵌盘曲，不可名状，清流触石，洄悬激注，佳木异竹，垂阴相荫。此溪若在山野之上，则宜逸民退士之所游处；在人间，则可为都邑之胜境，静者之林亭。而置州已来，无人赏爱，徘徊溪上，为之怅然。乃疏芜秽，俾为亭宇，植松与桂，兼之香草，以裨形胜。为溪在州右，遂命之曰右溪，刻铭石上，彰示来者。

前半部分描述位置、源流、形状，而后半部分则是自我和形胜间的交流，其文体和其中情感与后来柳宗元的记非常相似。

① [清] 董诰，等. 全唐文 [M]. 孙映逵，等点校. 太原：山西教育出版社，2002：2478.
② [清] 董诰，等. 全唐文 [M]. 孙映逵，等点校. 太原：山西教育出版社，2002：3687.
③ [清] 董诰，等. 全唐文 [M]. 孙映逵，等点校. 太原：山西教育出版社，2002：4905.
④ [清] 董诰，等. 全唐文 [M]. 孙映逵，等点校. 太原：山西教育出版社，2002：3707.

2. 再论柳宗元的山水游记

寻山问水而有所记，是唐人山水游记写作的直接原因，“考民风，披地图，得是祠”，于是写有《道州毁鼻亭神记》。唐人根据山水图记和方志，而掌握一地之名胜古迹，依然是山水记创作的出发点。又如“有二道，其一西出，寻之无所得，其一少北而东，不过四十丈”。每作记，而后必言“既归为记，以启后之好游者”，虽为个人游记，依然在于能有补于公共认知。如《游黄溪记》：

北之晋，西适豳，东极吴，南至楚、越之交，其间名山水而州者以百数，永最善。环永之治百里，北至于浯溪，西至于湘之源，南至于泷泉，东至于东屯，其间名山水而村者以百数，黄溪最善。

黄溪距州治七十里，由东屯南行六百步，至黄神祠。祠之上，两山墙立，丹碧之华叶骈植，与山升降。其缺者为崖峭岩窟。水之中皆小石平布。黄神之上，揭水八十步，至初潭，最奇丽，殆不可状。其略如剖大瓮，侧立千尺。溪水积焉，黛蓄膏渟。来若白虹，沉沉无声，有鱼数百尾，方来会石下。南去又行百步，至第二潭。石皆巍然，临峻流，若颏颔龂腭。其下大石杂列，可坐饮食。有鸟赤首乌翼，大如鹄，方东向立。自是又南数里，地皆一状，树益壮，石益瘦，水鸣皆锵然。又南一里，至大冥之川。山舒水缓，有土田。始，黄神为人时，居其地。

传者曰：黄神王姓，莽之世也。莽既死，神更号黄氏，逃来，择其深峭者潜焉。始，莽尝曰：“余，黄、虞之后也。”故号其女曰“黄皇室主”。“黄”与“王”声相迩而又有本，其所以传言者益验。神既居是，民咸安焉，以为有道。死乃俎豆之，为立祠。后稍徙近乎民，今祠在山阴溪水上。元和八年五月十六日，既归为记，以启后之好游者。[①]

柳宗元此记的文体脉络、语体特征、山水写作要素都源于早期地理知识形态，《柳州山水近治可游者记》开篇语曰：“古之州治，在浔水南山石

① [清] 董诰，等. 全唐文 [M]. 孙映逵，等点校. 太原：山西教育出版社，2002：3466.

间。今徙在水北，直平四十里，南北东西皆水汇。”王文濡评：“山水夹叙，方向一丝不乱，由于中有线索之故，非熟于龙门者不辨。”[①]茅坤评：“此篇全是叙事，不著一句议论。”何义门言：“此篇多拟《山海经》。”[②]对于山水游记中的写实倾向，不必远推至《山海经》，柳宗元山水散文的创作有赖于六朝地理书中实际知识形态的参与。

关于永州八记，其在地理知识的背景下，加入审美要素，记体文的功能从再现客观事件开始向表达主观情感转化。记体的发展，在于能深知物理之条理深密处，而能有所悟，在文中发为议论；能有所兴发，在文中加以抒情，使议论、抒情，有可依实之处。

清孙梅《四六丛话》：“天地间山水林麓，奇伟秀丽之致，赖文人之笔以陶写之，若陆云《答车茂安书》、鲍照《大雷岸与妹书》等篇，托兴涉笔，都成绝构，盖皆会景造语，不假雕琢者也。郦善长始以淹雅之才，发摅文笔，勒为《水经注》四十卷，订以志乘，纬以掌故，刻画标致，奇幽诡胜，搜剔无遗，后之作者，罕复能继，惟柳子‘永州八记’笔力高绝，万古云霄一羽毛，非诸家所敢望尔。”[③]以永州八记为地学记体的传承，对于记体形成的探讨，局限在论述老庄玄理、佛教名理对于山水审美观的形成，主要是进行记文类形成的探讨，但是从记体的本质属性来看，其正体，恰在于未加入主观审美要素之前的地学山水记。

依全唐文所存，唐代的山水记在数量上大大超过了柳宗元所代表的山水游记。唐代记之正体，依然为认知型文体。恽敬《与王广信书》：“记之体，始于《禹贡》，记地之名也；《考工记》，记工作之法也；《坊记》《表记》《乐记》《檀弓》，记言记事之法也。其体当辞简，而意之曲折能尽之。是故退之《画记》《汴州水门记》其正也。子厚八记，正而之变矣。其发也以兴，其行也以致，杂词赋家言，故其体卑。其余唐宋元明诸名家，作记如作序、如作论，而开其始者，亦退之《新修滕王阁记》是也。”[④]

魏晋地记著作奠定了对山水认知的知识架构，并以条录的形式保存各种知识要素。而唐代山水记，开始融合各种知识要素，并加以审美观照，

① 高海夫. 唐宋八大家文钞校注集评·柳州文钞［M］. 西安：三秦出版社，1998：1235.

② 何沛雄. 再论柳宗元的山水游记［J］. 明道中文学报，2009（2）：29.

③［清］孙梅. 四六丛话：卷三十一［M］. 清嘉庆三年吴兴旧言堂刻本：397.

④ 吴小林. 唐宋八大家［M］. 合肥：安徽人民出版社，1984：227.

以篇章的形式呈现。它主要表现为文人的一种地学修养和审美情感。唐宋之后，成篇章的记文类开始成为文人的认知性文体。这是从实学到文学的演变过程。

唐代古文运动中记体的兴盛，实质即文以载道的实践。“后人作记则以韩、柳为范，不知韩辅以经术，而柳之记体更得物理之实。追索唐前之记体，更得其本源。”唐前记体，实际上更多是以知识形态存在，即“物理之实”。长期以来，我们过多重视柳氏永州八记节选段落中的纯文学之美，而对完整的记体篇章和永州八记之外的诸记体关注太少。因此古文运动的精髓没有得到很好的呈现。

记未必要尊文章为源。尊文章为源，则是文人见识，若尊道为源，则为学者见识。韩柳古文运动的实质，所提倡之道者，即为物理、事理也。所谓物理、事理，即知识架构也。在文体表征上，即表现为“笔”的复兴。以地记为源流，梳理地记对中国唐代山水散文的影响，打通地理与文学的联系，才能使我们更切实理解韩、柳所倡导的古文运动的实质。

唐代古文运动主张散文应恢复“文以载道”的现实品格，由韩愈、柳宗元所倡导的古文运动在文体上首先表现为碑、序、记的勃兴。这是倡导古文运动的主要文章形式。记体文献从著作而至于文类的演变，是知识下移到文人的过程。如果没有认知事物的知识架构，则一定形不成记体。对于记体或记文类而言，最核心的要素，就是对于事物的认知，它体现着以记为名的这一类文体的共通性。

第五章 六朝文人的风土知识和中古文学的转变

六朝以前，文人的地理知识，多表现为对军事地理的掌握，文人在政权谋略之时，必兼舆地之学。谢承《后汉书》："汉末臧旻曾任匈奴中郎将，讨贼有功，征拜议朗，还京城。见太尉袁逢，逢问其西域诸国土地风俗，人物种数，旻具答言西域本三十六国，后分为五十五，稍散至百余国，其国大小，道路近远，人数多少，风俗燥湿，山川草木鸟兽异物名种不与中国同者，悉口陈其状，手画地形，逢奇其才，叹息曰：'虽班固作《西域传》，何以至此？'"①汉代士人的地学修养，主要在于军事地理和行政地理，而魏晋人的地学知识结构，则主要来自地记中的地学架构。

一、魏晋士人博物知识体系下的地学修养

1. 六朝的知识风气

后汉士人以"博学通儒"为高，而魏晋士人则以"博物识见"为最高的知识修养。依汉、魏史书本传，可以比较两朝文人关于"博学"的内涵：

> 贾逵，据《后汉书》："……弱冠能诵《左氏传》及五经本书，以《大夏侯尚书》教授，虽为古学，兼通五家《谷梁》之说……学者宗之，

① ［晋］陈寿.《三国志》［M］.［宋］裴松之，注. 北京：中华书局，2011：231.

后世称为通儒。”[①]

桓谭，据《后汉书》：“博学多通，遍习五经，皆训诂大义，不为章句，能文章，尤为好学。”[②]

荀爽，据《后汉书》：“幼而好学，年十二，能通《春秋》《论语》……后遭党锢，隐于海上，又南遁汉滨，积十余年，以著述为事，遂称为硕儒。……著《礼》《易传》《诗传》《尚书正经》《春秋条例》，又集汉事成败可为鉴戒者，谓之《汉语》。又作《公羊问》及《辩谶》，并它所论叙，题书《新书》。凡百余篇，今多所亡缺。”[③]

两汉的博学，更强调的是博习五经，改变西汉前期专守一经的文化风尚，后汉士人之博学，可用“通儒”称。而魏晋人的博学与两汉相比，讲究史、文、地之综合知识上的宏博。

顾野王，据《陈书》：“野王幼好学，七岁读五经，略知大旨，九岁能属文……年十二……撰《建安地记》二篇，长而遍观经史，精记嘿识，天文地理，蓍龟占候、虫篆奇字无所不通。”[④]

雷次宗，据《宋书》：“豫章郡治南昌人，从庐山释慧远学，尤明三礼、毛诗”[⑤]，同时又为地学大家。

潘岳，据《晋书》：“荥阳中牟人也”，“为长安令，作西征赋，述所经人物山水，文清旨诣”[⑥]，撰有《关中记》。

王韶之，据《南史》：“好史籍，博涉多闻。……宋武帝以韶之博学有文辞，补通直郎，领西省事，转中书侍郎”[⑦]，撰有《始兴记》《南康记》与《神境记》。

温子升，据《魏书》，自称太原人，其父为兖州左将军府长史，彼历任中书郎，大将军府咨议参军等职，以渊博闻名，与宋之谢灵运，

① [南朝宋] 范晔. 后汉书 [M]. [唐] 李贤，注. 北京：中华书局，2011：1235.
② [南朝宋] 范晔. 后汉书 [M]. [唐] 李贤，注. 北京：中华书局，2011：955.
③ [南朝宋] 范晔. 后汉书 [M]. [唐] 李贤，注. 北京：中华书局，2011：2050.
④ [唐] 姚思廉. 陈书 [M]. 北京：中华书局，2011：399.
⑤ [梁] 沈约. 宋书 [M]. 北京：中华书局，2011：2292.
⑥ [唐] 房玄龄，等. 晋书 [M]. 北京：中华书局，2011：1504.
⑦ [唐] 李延寿. 南史 [M]. 北京：中华书局，2011：661.

梁之沈约、任昉等并称于世。撰有《永安记》。

谢灵运，据《宋书》："灵运少好学，博览群书，文章之美，江左莫逮。"[①]负责撰写晋史，撰有《游名山志》，并有大量山水诗的创作。

郭璞，据《晋书》："璞好经术，博学有高才，而讷于言论。词赋为中兴之冠，好古文奇字，妙于阴阳算历。"[②]

葛洪，据《晋书·葛洪传》："自号抱朴子，因以名书。其余所著《碑诔诗赋》百卷，《移檄章表》三十卷，《神仙》《良史》《隐逸》《集异》各十卷，又《抄五经史汉百家之言方技杂事》三百一十卷，《金匮药方》一百卷，《肘后备急方》四卷"，"博闻深洽，江左绝伦。著述篇章富于班、马，又精辩玄赜，析理入微"[③]。

汉朝大一统的政治局面消失，地域政权的建立却使部分文人具备了大一统时期的史官修养。陶弘景《南史》本传称其"性好著述……尤明阴阳五行、风角星算、山川物理、方圆产物、医术本草，著《帝代年历》……云修道所须，非止史官是用。"[④]这些广博的知识，本应是史官所具备的，《隋书·经籍志》："夫史官者，必求博闻强识，疏通知远之士，使居其位，百官众职，咸所贰焉。是故前言往行，无不识也。天文地理，无不察也；人事之纪，无不达也。"[⑤]而如陶弘景并非史官，亦非自己职官范围内所需的行政文献，而是自己的知识修养，"非止史官是用，修道所须"也。陶弘景所著录的文献有《学苑》百卷、《古今州郡记》、《玉匮记》、《占候》、《图像集要》、《本草集注》等，著作丰富而知识涉及面极为广泛。又如葛洪，晋书本传言其"洪博闻深洽，江左绝伦，著述篇章，富于班、马"，展现了魏晋士人综合的知识修养，博学是六朝文人的一种知识构成形态。

同时，魏晋士人展现出史、地、文结合的一种文藻修养。如吴均是"吴均体"山水文创始者，同时撰有全国地理总志《十二州记》；杜预有儒学作品《春秋左传注》，同时撰有地理专著《汝南记》；陆机写有文论专著《文

① [梁] 沈约. 宋书 [M]. 北京：中华书局，2011：1743.

② [唐] 房玄龄，等. 晋书 [M]. 北京：中华书局，2011：1899.

③ [唐] 房玄龄，等. 晋书 [M]. 北京：中华书局，2011：1913.

④ [唐] 李延寿. 南史 [M]. 北京：中华书局，2011：1898.

⑤ [唐] 魏征等. 隋书 [M]. 北京：中华书局，2011：992.

赋》，同时也撰有《关中记》。而谢灵运领衔《晋书》撰写，而文有《游名山志》，赋有《山居赋》，诗则为山水诗之鼻祖。史学家谯周也撰有地记，而以地理学家知名的如裴秀、顾野王，同时进行关于地理题材的诗文赋创作。王韶之撰有史著《晋安帝阳秋》，同时写有《南康记》《始兴记》。《陈书·顾野王传》："年十二随父之建安，撰《建安地记》二篇。"可见，地记在体例和学科知识性质上受到史、地、文的三重影响。活跃在当时的人物如顾野王、雷次宗、谢灵运、王羲之、释慧远、张野、刘澄之、宗炳，几乎都参与了地学知识、佛学知识、文学赏会各种学术活动。而魏晋时期的史书对人物的评价，多用才藻、才学论。魏晋文人关注各种细致的知识本身，而将其汇录成书，不再像汉代的杂家能将其进行思想上的综合，即"材少而多学"。这实际上反映了魏晋时期，各种知识要素的独立，以及知识形态从杂家到杂学的转变。

同时，地学著作者往往有丰富的字书修养。如郭璞有关小学部分的著作有《尔雅注》五卷、《尔雅音义》一卷、《尔雅图》十卷、《尔雅图赞》二卷、《方言注》十三卷、《三苍注》三卷、《穆天子传注》六卷、《山海经图赞》二卷、《山海经注》二十三卷、《山海经音》二卷，同时他也有自己的地理著作《水经注》三卷。葛洪著有《字苑》，谢灵运撰有《要字苑》一卷，顾野王本传言其"虫篆奇字，无所不通"。在一个政权更迭频繁的时期，一统思想的无力，却换来士人对知识本身的兴趣。自汉而至魏晋的转变，士人的知识修养经过了从思想观念建构到知识关注的转折。

2. 地学认知

清钱大昕《廿二史考异》中言："予谓魏晋诸儒，地理之学极精。"[①]如两晋时代礼学鸿儒贺循，在《晋书》本传中记载他为"会稽山阴人，博览众书，曾撰《会稽记》"。又如雷次宗"尤明《三礼》《毛诗》"，同时也为地学大家。又如张华著有《博物志》，将"博物"的内涵主要应用在对地理风俗的介绍之上。张华撰《博物志》言："余视《山海经》及《禹贡》、《尔雅》、《说文》、地志，虽曰悉备，各有所不载者，作略说。出所不见，粗言远方。陈山川位象，吉凶有征，诸国境界，犬牙相入。春秋之后，并相侵伐，其

① [清] 钱大昕. 廿二史考异 [M]. 南京：凤凰出版社，2008：102.

土地不可具详，其山川地泽，略而言之，正国十二。博物之士，览而鉴焉。”张华又写有《地理赞》。从上述记载中可见当时文人对于地理的关注。而晋书中以博学著称的不在少数，如颇为张华赏识的王粲、束皙，均“博物多识，问无不对”。其中最主要的知识是和地理风俗有关。在魏晋的各种著作中，都流露了魏晋士人自觉的地理认知动机。

晋或宋初所作佚名的《武陵先贤传》：“潘京世长为郡主簿，太守赵伟甚器之。问京：‘贵郡何以名武陵？’京答曰：‘鄙郡本名义陵，在辰阳县界，与夷相接，数为所破。光武时，移治东山之上，遂尔易号。《传曰》‘止戈为武’，《诗》曰‘高平曰陵’，于是名焉。”①

潘京对于一地的认知结构颇同于地记的内容。可见，魏晋时人对地理的认知有一定的共识。又《三国志》中记载朱育作为当时会稽郡的门下书佐，对本乡本土的各类著名人物、建制沿革、名山大川等都了如指掌，面对濮阳府君的提问，对答如流，而朱育实际上撰有《会稽土地志》。可知，魏晋士人的地学修养和当时的地记创作密切相关。

考察地记创作者的身份，或为太守，或为书佐，或为主簿，均为一县首长或掌管文籍者，其虽与咨政密切相关，但并不是国家固定的行政文献，也不是任何地域都有的文献。显然地记之作，是士大夫自我的知识兴趣，是当时部分地方人士的一种地学修养。从东汉通儒的知识背景走到魏晋士人史地文皆通的实学修养，士人的地学知识取径大大拓展。

《宋书》刘粹附传刘损，“随父闲居京口，撰《京口记》。未尝应召，后官至吴郡太守”②。《南史》本传，顾野王十二岁作《建安地记》。

刘损的《京口记》是在其任官之前所作，顾野王作《建安地记》时，年仅十二，更无官职可言。可知“地记”这一文体，已开始成为具有地学修养的文人进行地理认知的一种文体。后来地记中的文学色彩，充分而详细的山水描绘，就得益于作者的这种文人身份。大批具有文人身份的士人，

① [南北朝] 郦道元. 水经注笺：卷三十六 [M]. 朱谋玮，注. 明万历四十三年李长庚刻本.

② [梁] 沈约. 宋书 [M]. 北京：中华书局，2011：1385.

进入地记创作中，并以博物见称于世，这种模范作用，改变了当时文人的知识追求。

3. 文人风土描述知识的构成

对于并未撰写过地记的魏晋文人而言，从当时的书札、日记中也可以看到他们对于风土描述的基本知识构成。其中，陆机的书信展示的即是一种地志的话语实践。

日本作家佐藤利行在《西晋文学研究》中提到车茂安和陆机往返的信札，这一信札正是车茂安向陆机询问鄮县这一地域的风土之况。“辄为足下具说鄮县土地之快，非徒浮言华艳而已，皆有实证也。”①陆机所言，皆为实证，并非实际的物产，而是关于一地的风俗。

在他的复信中具体展示了土地之宜应包括的内容：首段以东西南北为方位，言鄮县之地理位置、水陆交通；次段言农田耕种事宜，及土地海洋中的物类品种；最后，言此地的人文遗迹。

> “县去郡治，不出三日。直东而出，水陆并通。西有大湖，广纵千顷。北有名山，南有林泽，东临巨海，往往无涯。泛船长驱，一举千里。北接青徐，东洞交广。海物惟错，不可称名。”“遏长川以为陂，燔茂草以为田。火耕水种，不烦人力。决泄任意，高下在心。”

《车茂安又答书》：“永白……足下此书，足为《典》《诰》，虽《山海经》《异物志》《二京》《南都》殆不复过也！恐有其言，能无其事耳！”②陆机书信体中所言的“土地之宜”，车茂安以为其内容和知识架构颇同于《山海经》《异物志》《二京》《南都》，又以其同于《典》《诰》等官方文献。可见当时文人对于地理知识描述取材的几种著述内容和体系的清晰，其中“异物志”作为当时新兴的地理学著作，开始成为文人了解异域地理的主要知识来源。而陆机之述，不仅展现了一个拥有完善的地学知识架构的文人实学气质，也可表明魏晋士人的风

① [明] 梅鼎祚. 西晋文纪：卷十七 [M]. 清文渊阁四库全书本.

② [晋] 陆云. 陆士龙集：卷十 [M]. 四部丛刊景明正德翻宋本.

土描述在认知体系的形成和文体形态上的稳定。

二、魏晋地学知识与中古文学的转向

魏晋是中国地学知识发展的一个重要时期，经过大量地记创作和文人所进行的文体模拟，以地记为代表的知识架构，开始成为文人一种公共的知识体系。这种地理认知范型对于魏晋文学的发展有着深刻的影响。

记之为体，在于它所承担的知识记载的功能，能够转换为士人普遍的知识修养，并对于当时各体文学均形成一种建构。魏晋时期文人地理意识的建构从内涵和写法上都赋予了魏晋山水诗、赋新变。中国文人地理意识的构建，改变了此一阶段的文学史。

（一）六朝地理认知下的赋与记

魏晋时期大量地记的形成，扩充了人们认知地理的角度。和汉赋相比，魏晋人的博学高才，使魏晋赋在题材上开始出现时序天象、江海山原、动植物产等新的题材，展现了魏晋士人史地文综合的知识架构体系。其中比较突出的是，出现了地域赋、山赋和江河赋。尤其在东晋时期，这三类赋发展为赋体的主流。

地域赋，是东晋时期的新题材。如王彪之《闽中赋》，曹毗《湘中赋》，顾恺之《湘中赋》，庾阐《扬都赋》，曹毗《扬都赋》《冶城赋》。这种对地域的关怀和表现，作为创作的题材在汉赋中是没有的。如《闽中赋》："木则腾虹笼采于峻聚，流星丽光于高林"，"果则乌椑朱柿，扶余枇杷"[①]，是对闵中物产的描述。另外，东晋时期，开始产生专门描写山的赋，有王彪之《庐山赋》、孙放《庐山赋》、支昙谛《庐山赋》、孙绰《游天台山赋》。描写水的有郭璞《江赋》，袁乔《江赋》，庾阐《涉江赋》《海赋》，曹毗《涉江赋》，顾恺之《湘川赋》。山川开始成为赋体的一种新题材。

① ［宋］李昉. 太平御览：卷九百五十三［M］. 四部丛刊三编景宋本.

同时，魏晋地记对地理的认知架构也改变了赋文体的写作意识。晋左思《三都赋序》：“余既思慕《二京》而赋《三都》，其山川城邑则稽之地图，其鸟兽草木则验之方志……美物者贵依其书。”[①]皇甫谧评价《三都赋》：“其物土所出，可得披图而校；体图经制，可得案记而验，岂诬也哉。”[②]所用的正是山水图记、方志、异物志等地理书。袁枚《随园诗话》：“古无类书、无志书，也无字汇，故《三都》《两京》之赋，言木则若干，言鸟则若干，必待搜辑群书，广采风土，然后成文，果能才藻富艳，便倾动一时，洛阳所以纸贵者，直是家置一本，当类书、郡志读耳。”[③]言此时之赋，颇似类书、郡志。从汉赋到魏晋赋，其描写对象，从皇家宫殿、苑囿扩展到地域认知、山脉、河流、整个都城景观以及民俗风情，而这些内容本是地记的文体构成因素。谢灵运的《山居赋》交代自己写作宗旨时，已经标志着赋体在内容上的扩展，“文体宜兼，今所赋既非京都宫观游猎声色之盛，而叙山野草木水石谷稼之事”[④]。其中言“文体宜兼”，说明谢灵运在创作《山居赋》时，有非常清醒的文体互渗相兼的意识。所谓的文体宜兼，是地记中所承载的地学知识向赋体的渗透。

六朝地学知识发展的重要表现，还在于对地形地貌的关注和具体描述。这种地理意识的自觉在文赋中也有明显的表现。甚至地形地貌本身也开始具备了独立的美学价值。郭璞的《江赋》：“惟岷山之导江，初发源乎滥觞。聿经始于洛沫，拢万川乎巴梁。冲巫峡以迅激，跻江津而起涨。极泓量而海运，状滔天以淼茫。总括汉泗，兼包淮湘，并吞沅澧，汲引沮漳，源二分于崌崃，流九派乎浔阳。”[⑤]在关于河水赋的描写中，郭璞的《江赋》表现出与地记中对地理认知的同构性，即对于长江的源头、分支、所经区域和流向的描写。这种描写，是建立在真实地理形貌之上，显明了六朝赋体的革新。

郦道元作《水经注》在交代各地地理知识时，除征引地记作品之外，还常常征引时人的赋体著作，说明当时“赋”和“记”在关注地理知识要

① [南北朝] 萧统. 文选：卷四 [M]. [唐] 李善，注. 胡刻本.

② [清] 刘毓崧. 通义堂文集：卷十四 [M]. 民国求恕斋丛书本.

③ [清] 袁枚. 随园诗话：卷一 [M]. 清乾隆十四年刻本.

④ [梁] 沈约. 宋书 [M]. 北京：中华书局，2011：1754.

⑤ [南北朝] 萧统. 文选：卷十二 [M]. [唐] 李善，注. 胡刻本.

素上有一致的地方。如《水经注·江水注》记载荆门、虎牙两山的长江："江水东历荆门、虎牙之间。荆门在南……虎牙在北……楚之四塞也，水势急峻，故郭景纯《江赋》曰'虎牙桀竖以屹崒，荆门阙竦而盘礴；圆渊九回以悬腾，湓流雷呴而电激'者也。"郦道元之所以引用《江赋》，是因为在赋中也同样存在对地形地貌所造成的水势的关注。又如《水经注》"庐江水"，引用晋朝孙放的《庐山赋》："寻阳郡南有庐山，九江之镇也。临彭蠡之泽，接平敞之原。"[①]晋释慧远的《庐山纪略》："庐山'左挟彭蠡，右傍通川'"[②]，也是对山川地理位置的描述。文人在地理认知上的学术身份使关于山水城邑之诗文赋呈现一种相互影响的交融形态。

经过地学知识建构的赋体，其本身也开始成为文人进行山川认知的主要载体。东晋孙绰在其任章安令时作《游天台山赋》："天台山者，盖山岳之神秀者也。涉海则有方丈、蓬莱，登陆则有四明、天台。……所以不列于五岳、阙载于常典者，岂不以所立冥奥，其路幽迥。……不任吟想之至，聊奋藻以散怀。"[③]对于五岳之外的山川，开始以赋的形式传达一种山川认知。西晋杨泉作《五湖赋序》："名山大泽，必有记颂之章，故梁山有《奕奕》之诗，云梦有《子虚》之赋。夫具区者，扬州之泽薮也……而独阙然未有翰墨之美，余窃愤焉，敢忘不才，述而赋之。"[④]对于一地地理认知，亦多用这种经过改造后的赋体。

地理知识进入赋体创作后所带来的另外一种新的写作方法，是赋体创作者开始运用自注这种形式。因为赋的文体形式并不能清晰地表达地理知识，而对于新的地理区域的描述，创作者自己开始以注文的形式随文解释。

如谢灵运《山居赋》的自注，一为注解其中典故来源，一为注解山水之貌的地理成因。"近南则会以双流，萦以三洲，表里回游，离合山川。嶀崩飞于东峭，盘傍薄于西阡。拂青林而激波，挥白沙而生涟。"注中言："表里回游，是其貌状也。"又交代这里的双流指剡江及小江，此二水同会于山南，便合流注下。三洲在二水之口，排沙积岸，成此洲涨。又如"其居也，左湖右江，往渚还汀。面山背阜，东阻西倾，抱含吸吐"，其注曰："往渚

① [南北朝] 郦道元. 水经注笺 [M]. [明] 朱谋玮，注. 明万历四十三年李长庚刻本.

② [宋] 祝穆. 方舆胜览：卷二十二 [M]. 清文渊阁四库全书本.

③ [南北朝] 萧统. 文选：卷十一 [M]. [唐] 李善，注. 胡刻本.

④ [唐] 徐坚. 初学记：卷七 [M]. 清光绪孔氏三十三万卷堂本.

还汀，谓四面有水；面山背阜，亦谓东西有山，便是四水之里也。抱含吸吐，谓中央复有川。”在赋中排列地名，而在注中随文解释，这种注文的体式与地记语言非常相似。如赋文“昆涨缅旷，岛屿绸沓。山纵横以布护，水回沉而萦浥”，注文：“薄州有山，谓之岛屿，即洲也。涨者，沙始起将欲成屿，纵横无常，于一处回沉相萦扰也。”[①]是对地形地貌特征的解释。同时期，在赋中有自注形式的，还有庾阐的《扬都赋注》，曹毗的《魏都赋注》。关于自注的来源，“或以为始于王逸的《九思》，然洪兴祖《楚辞补注》卷十七补注：逸不应自为注解，恐其子延寿之徒为之耳”[②]。这是探讨自注的形式来源。然而从自注的功能来看，它是地学知识初次进入赋体的一种附属产物。

魏晋时期，地理知识在赋体创作中已经成为主要的知识素养和文体要素。“夫极貌写物，有赖于深思；穷力追新，亦资于博学。”[③]《四溟诗话》谈作赋，“必读万卷书，以养胸次。《离骚》为主，《山海经》《舆地志》《尔雅》诸书为辅”[④]。在赋体创作中强调文人的地学修养，强调赋体创作中对地理现象的描述，这应是自魏晋之后赋体创作所建立的新典范。

（二）山水诗的转化

关于山水诗的“形似、写实”这一风格形成的原因，学界多归源于受当时赋体的影响。清黄节在《读诗三劄记》中言：“汉魏以前，叙事写景之诗甚少，以有赋故也。至六朝，则渐以赋体施之于诗，故言情而外，叙事写景兼备，此其风，实自康乐开之。”[⑤]程章灿：“‘情必极貌以写物，辞必穷力而追新’成为‘近世之所竞’的风气，很可能即是从山水赋发起，而后波及山水诗的。”[⑥]均言山水诗的创作受到赋的影响，几成定论。如果一定追溯到赋，这个赋的内涵，也应是经过新的地学建构后的赋。

这种认知忽略了当时大量存在的地学山水诗作品。在谢灵运同时和前后，已有很多作家，受地学知识的建构，创作了大量“极貌以写物”的地

① [南北朝] 谢灵运. 谢康乐集：卷一 [M]. 明万历沈启原刻本.

② 陈庆元. 赋：时代投影与体制演变 [M]. 桂林：广西师范大学出版社，2000：284.

③ 黄侃. 文心雕龙札记 [M]. 上海：华东师范大学出版社，1996：29.

④ [明] 谢榛. 四溟诗话：卷二 [M]. 清海仙山馆丛书本：23.

⑤ [清] 黄节. 读诗三劄记 [M] //萧涤非. 乐府诗词论薮. 济南：齐鲁书社，1985：373.

⑥ 程章灿. 魏晋南北朝赋史 [M]. 南京：江苏古籍出版社：142.

学山水诗。

所谓地学山水诗，是指在诗中完全以山川本身为描写对象，不同于含有主观情感的山水诗。这样的山水诗，如苏彦、鲍照、湛方生、谢灵运等都有创作。苏彦的《西陵观涛诗》：“洪涛奔逸势，骇浪驾丘山。訇隐振宇宙，磞磕津云连。”①鲍照有描写庐山的组诗，均为摹写山川之形，而并无主观情意，如其中写庐山石门者，“高岑隔半天，长崖断千里。氛雾承星辰，潭壑洞江汜。嶄绝类虎牙，巑岏象熊耳。埋冰或百年，韬树必千祀。鸡鸣清涧中，猿啸白云里。瑶波逐穴开，霞石触峰起。”②我们普遍关注鲍照的《登大雷岸与妹书》，却常常忽略他纯以客观手法描写庐山形胜的诗作。谢灵运也有这样的创造，如《登庐山绝顶望诸峤》：“积峡忽复启，平途俄已开。峦陇有合沓，往来无踪辙。昼夜蔽日月，冬夏共霜雪。”③《遇铜山掘黄金》：“铜溪昼深沉，乳窦夜涓滴。既类风门磴，复像天井壁。蹀蹀寒叶离，灇灇秋水积。”④在地记中也有记载铜溪这些特征，只不过所用的是散文的语言体式。

谢灵运所创作的《游名山志》的实录性质与谢灵运诗歌创作的写实倾向有很大的关系。谢灵运的《游名山志》中有永嘉郡、东阳郡、会稽郡、临川郡等地的记载，其内容多写山上草木、矿产、山之得名、水之流脉、山水形貌。他的诗歌正是按照自己的游踪所写，《游名山志》有“临江楼”一条，写“从临江楼步路南上二里余，左望湖中，右傍长江也。”其诗《登临海峤初发强中作，与从弟惠连，见羊何共和之》有“日落当栖薄，系缆临江楼”。《石壁山》：“湖三面悉高山，枕水渚山。溪涧凡有五处，南第一谷，今在所谓石壁精舍。”⑤谢诗即有诗歌创作《石壁精舍还湖中》。后来唐朝的李善注《文选》时，就以《游名山志》为谢灵运的诗歌作注。

谢灵运在《游名山志》中记其地理方位，以诗写其不同地理所形成的山水之景。《游名山志》中写“石门涧六处，石门溯水上，入两山口。两边石壁，后边石岩，下临涧水”。在诗中表现这种地理景象，即《登石门最高顶》“疏峰抗高馆，对岭临回溪”⑥，正是以诗来表现一种地理方位所形成

① [唐] 欧阳询. 艺文类聚：卷九 [M]. 清文渊阁四库全书本.

② [南北朝] 鲍照. 鲍明远集：卷八 [M]. 四部丛刊景宋本.

③ 丁福保. 全汉三国晋南北朝诗 [M]. 北京：世界书局，1978：652.

④ [清] 张英. 渊鉴类函：卷三百九十六 [M]. 清文渊阁四库全书本.

⑤ [南北朝] 萧统. 文选：卷二十五 [M]. [唐] 李善，注. 胡刻本.

⑥ [南北朝] 萧统. 文选：卷三十 [M]. [唐] 李善，注. 胡刻本.

的错落之美。《游名山志》永嘉郡“楠溪入一百三十里有石室，北对清泉，高七丈，广十三丈，深六十步，可坐千人。状如龟背，石色黄白，扣之声如鼓。沿山石壁，高十二丈，古老传云是石室步廊”[①]，其中言“北对清泉”与本诗所云“飞泉发山椒”相合。

谢灵运的山水诗在结构上的新变，学界一般也将其归为赋体的影响，如“山水诗基本上抛弃了传统的比兴手法，而更多采用了辞赋的铺排方式，对景物的描写也从过去笼统宏观的粗陈梗概，一变而为细线条的雕凿修饰”。然而，铺排与记述不同，谢灵运诗中因游踪改变而形成山水诗丰富而新鲜的内涵，更接近地记《游名山志》的游踪，因此，可以说山水诗在结构上的变化，是采取了散文式的叙述，从而扩充了山水诗的容量。

谢诗中最常见的写景方法是以时间为线索，逐步拓展空间，移步换景，进行多方面多层次的描摹刻画。方东树《昭昧詹言》卷五称大谢诗“工于模范，与柳山水记同，亦似《水经注》”[②]，这种溯源最为精允。山水游记散文的结构一般都是以时间为线索展开空间，根据作者的行经路线，依次先后进行景物描写，完成空间的转换。《游名山志》：“神子溪，南山与七里山分流，去斤竹涧数里。”[③]谢诗便有《从斤竹涧越岭溪行》。《游名山志》：“永宁安固二县，中路东南，便是赤石。”[④]因此又有诗作《游赤石进帆海》，在其诗中，其视野徘徊的细致，同赋体的周览性视野不同。《南楼中望所迟客》诗注：“始宁，又北转一汀七里，直指舍下园南门楼。自南楼百许步，对横山。”[⑤]细致的游踪在诗歌中的表现，比用赋来解释更为确切。

谢诗中所出现的物产有些则直接来自当时新兴的异物志。“谢灵运《游赤石进帆海诗》云：‘扬帆采石华，挂席拾海月。’注云：《临海志》曰‘石华附石肉可啖’，又曰：‘海月大如镜，白色’。”[⑥]《文选·江赋》中所涉及的蛹、鲼、鱼牛、虎蛟、王珧海月、土肉石华、蚶蛎，其注多用《临海水土异物志》。在《南方草木状》中写有“鹿葱条”，嵇含则有创作《宜男花赋》，序中言：“宜

① [清] 许鸣盘. 方舆考证：卷七十七 [M]. 清济宁潘氏华鉴阁本.

② [晋] 谢灵运. 谢灵运集校注 [M]. 顾绍伯，校注. 台北：里仁书局，2004：535.

③ [南北朝] 萧统. 文选：卷三十 [M]. [唐] 李善，注. 胡刻本.

④ [南北朝] 萧统. 文选：卷三十 [M]. [唐] 李善，注. 胡刻本.

⑤ [南北朝] 萧统. 文选：卷三十 [M]. [唐] 李善，注. 胡刻本.

⑥ 张崇根. 临海水土异物志辑校 [M]. 北京：农业出版社，1981：35.

男花者，荆楚之俗，号曰‘鹿葱’，可以荐宗庙，称名则义过‘马舄’焉。”①新的物产进入了赋体和诗歌，与“异物志”这种地记作品有一定的关系。

六朝时期，文人开始广泛关注各种地理物象，诸如都邑、山水、地方人物、宫殿寺观等，并通过诗、文、赋等多种形式进行表达。如吴均，《梁书·文学传·吴均传》曾记载吴均“著《齐春秋》三十卷，《庙记》十卷，《十二州记》十六卷”②。又记载其撰有《钱塘先贤传》。明代徐献忠《吴兴掌故集·著述类》：“《吴兴入东记》，梁吴均作。均居长兴南六十里之青山，在吴兴之西，太守柳恽召补主簿，始入东境，始作《入东记》，以辨山川故实。”③今存其《与顾章书》《与朱元思书》《与施从事书》，均为据实而作，如《与顾章书》“梅溪之西，有石门山者，森壁争霞，孤峰限日”，《与朱元思书》记“自富阳至桐庐一百许里”，《与施从事书》“故鄣县东三十五里有青山，绝壁干天，孤峰入汉”。其山水描写细腻深透，而出之于骈文，被誉为“吴均体”。陆机有《赴洛诗》，又有《洛阳记》，王彪之有《庐山记》《庐山赋》，释慧远有《庐山记》、“庐山诗”。

魏晋以山水为题，以之为赋、为序、为书、为记，体式不相混而在知识结构上相互影响，引起文体的新变。这种“文体宜兼”的特性，文界多将诗与赋联系起来，如《抒情与描写：六朝诗歌概论》④：“刘勰开始宣称，诗、赋这两种文体都必须具有‘体物’的特质，而这种特质早先被认为是赋所独有的。” 但是仅仅“体物”本身，并没有对地理位置、地理形势的详细描写，山水诗的变革，更应归因于《游名山志》等记体创作中所获得的地理意识。写实的风格是从地志一脉中延伸而来。从地志发展到山水诗，是魏晋士人从地理的自然感知走向审美感知的过程，而审美感知必然建立在深刻的自然认知之上。地记，或魏晋时期的地学知识，打开了文人认知地理的角度。新的地理知识对于当时的各项文体都产生了积极影响。葛兆光认为“知识的储备是思想接受的前提，知识的变动是思想变动的前兆”⑤。自汉而至于魏晋，是从重视思想观念的建构到重视实学知识建构的转变。

地理知识对魏晋文学的广泛架构，使整个中古文学产生了一种新变。

① [南北朝] 贾思勰. 齐民要术：卷十 [M]. 四部丛刊景明钞本.

② [唐] 姚思廉. 梁书 [M]. 北京：中华书局，2011：699.

③ [清] 嵇曾筠.（雍正）浙江通志：卷二百五十三，清文渊阁四库全书本.

④ 张节末. 谢灵运山水诗的成因及其美学分析 [J]. 汉学研究，2010，28（4）：66.

⑤ 葛兆光. 中国思想史 [M]. 上海：复旦大学出版社，1998：29.

这种新变最终成为《文心雕龙》中的文学理论观。刘勰首次从理论的高度，提出文学与天地之象的联系。《文心雕龙》“日月叠璧，以垂丽天之象，山川焕绮，以铺地理之形，此盖道之文也”[①]，“流连万象之际，沉吟视听之区”[②]，“若乃山林皋壤，实文思之奥府……然屈平所以能洞鉴风骚之情者，抑亦江山之助乎！”[③]魏晋时期文学体系的确立，是“人法地”的话语实践，有地理万象的勃兴方有文学的春天，所谓“若乃山林皋壤，实文思之奥府”。又刘勰言：“自近代以来，文贵形似，窥情风景之上，钻貌草木之中……故巧言切状，如印之印泥，不加雕削，而曲写毫芥”[④]；陆机《文赋》中言“体有万殊，物无一量，纷纭挥霍，形难为状”[⑤]，表现的正是文学从地学话语实践中分离时在手法上的一种表现。

三、魏晋博物知识的转向与六朝记体的繁盛

关于六朝笔记的研究，长期附庸在志怪小说、民俗学的研究范围内[⑥]，

① [梁] 刘勰. 文心雕龙注 [M]. 范文澜，注. 北京：人民文学出版社，1958：1.

② [梁] 刘勰. 文心雕龙注 [M]. 范文澜，注. 北京：人民文学出版社，1958：693.

③ [梁] 刘勰. 文心雕龙注 [M]. 范文澜，注. 北京：人民文学出版社，1958：695.

④ [梁] 刘勰. 文心雕龙注 [M]. 范文澜，注. 北京：人民文学出版社，1958：694.

⑤ [晋] 陆机. 陆士衡文集：卷一 [M]. 清嘉庆宛委别藏本.

⑥ 关于六朝记体的分类，最早是在小说研究范围内进行的。鲁迅《中国小说史略》将志怪小说分为“文士之志怪”“释家之明因果”及“方士之行劝诱”，是从作家不同身份来划分的。陈文新《中国文言小说流派研究》中将志怪小说，分为“搜神体”“博物体”“拾遗体”，同时进一步强调“拾遗体”是杂传、博物体、搜神体三者在辞赋的藻饰之风濡染下结合而成的。胡应麟在《少室山方笔丛》中，将小说分为六类：一曰志怪，《搜神》《述异》《宣室》《酉阳》之类也；一曰传奇，《飞燕》《太真》《崔莺》《霍玉》之类是也；一曰杂录，《世说》《语林》《琐言》《因话》之类是也；一曰丛谈，《容斋》《梦溪》《东谷》《道山》之类是也；一曰辨订，《鼠璞》《鸡肋》《资暇》《辨异》之类是也。一曰箴规，《家训》《世范》《劝善》《省心》之类是也。现代学者基本将魏晋所出现的各种记体分为志怪、志人两类。后人将六朝记体多以小说称，导致了很多错误的印象。如“《西京杂记》，本书是一部介绍西汉一代帝王后妃、公侯将相、方士文人等的志人小说”。而考其内容，不仅志人，且志事物，如“太液池”、终南山华盖树，三云殿，记载歌谣者，如黄鹄歌，甚至记载“马饰之盛”“雪深五尺”。可知，对于《西京杂记》不应以小说视之，而遮蔽其作为“杂记”的本质特色。

从小说的角度研究六朝记体，弊端在于：第一，只关注笔记中的故事类内容，性质概括不全面。比如胡应麟将《酉阳》归为志怪，但志怪只是《酉阳》中的一部分而已，况其全称为《酉阳杂俎》，实际上是杂记体。第二，对六朝笔记的分类，在小说演变史中进行，就不免受到后来小说流派划分的影响。因此，对于六朝诸记的研究，应以笔记的文体来观照，才更符合其体制。

而忽略六朝笔记有自己独特的诞生背景、文体方式、存在形态。本节主要从文体的角度，考察魏晋以“博物”为核心的知识倾向作为记体诞生的文化背景、记体和六朝知识形态的关系，并进一步探讨六朝不同类型记体的文体特征。

（一）博物正名

何为“博物”？博物的内涵，在于对具体知识的掌握。《老子鬳斋口义》，“不以博物为能，博物为夸，非知道者也”[①]。相对于理性的道而言，博物是具体的知识形态。在学界中，因常将博物和博物小说联系在一起，强调神异，而减弱了博物的真正内涵：“知识的博闻”。博物一词，本是对文人知识修养的评价用词。如汉孔鲋撰的《孔丛子》中言孔子“洽闻强记，博物不穷”[②]，汉高诱的《淮南鸿烈》序言曰：“浅学寡见未能备悉，其所不达，注以未闻，唯博物君子，览而详之，以劝后学者云尔。”[③]《三国志·孟光传》言孟光“博物识古，无书不览”[④]，博物在于对知识认知的兴趣。

既言“博”，则偏重强调常人所不识的知识，如孔子可辨土缶之羊；子产曾辨黄熊，晋侯闻之称其为博物君子；楚国大夫观射父，对楚昭王以重黎、义和之古事；《后汉书》称郑兴“好古博物，见疑不惑，有公孙侨、观射父之德”[⑤]；墨子言节葬，则谈异国风俗如炎人国的剔骨葬、仪渠国的火葬、辄沐国的亡人之妻为鬼妻制；等等。“博物”认知本身所具有的超越常人知识范围的特性，影响了后来的《博物志》对于异闻神怪的采择。因此，“博物”体志异的特性，从其本质上说，是常士未有所闻或少有所闻的知识。

葛兆光言：“‘铸鼎象物，百物而为之备，使民知神奸。故民入川泽、山林，不逢不若，魑魅罔两，莫能逢之’，这就是古代传说中九鼎为什么这么重要的原因。这种‘博物’的传统，一方面支持了孔子关于‘多识于鸟

① ［宋］林希逸．老子鬳斋口义：卷下［M］．元初刻本．

② ［汉］孔鲋．孔丛子·嘉言第一［M］．四部丛刊景明翻宋本．

③ 刘文典．淮南鸿烈集解［M］．北京：中华书局，1989：3．

④ ［晋］陈寿．三国志［M］．［南朝宋］裴松之，注．北京：中华书局，2011：1203．

⑤ ［南北朝］范晔．后汉书：卷三十六［M］．百衲本景宋绍熙刻本．

兽草木之名’的教育方法，后来张华的《博物志》一类书就是继承这个知识主义传统。”[①]知识主义传统即人类对自然万物认知的永不停息。

关于对物的分类，至魏晋时，晋崔豹在《古今注》中言：“物有生而有识者，有生而无识者，有不生而有识者，有不生而无识者。夫生而有识者，虫类也；生而无识者，草木也；不生而无识者，水土也；不生而有识者，鬼神也。”[②]对于物的区分，为虫、草木、水土、鬼神。其中“鬼神”也是认知物的一个方面。

博物之异的特征，不应全部归为鬼神之事。而常被称为“志怪小说”者，如《搜神记》《异苑》等，考其内容，也并非全录志怪。南朝宋刘敬叔《异苑》中有“衡山三峰”条，“衡山有三峰极秀。其山一名华盖，又名紫盖，澄天明景，辄有一双白鹤回翔其上。一峰名石囷，下有石室，中常闻讽诵声，清响亮彻。一峰名芙蓉，最为竦桀，自非清霁素朝，不可望见。峰上有泉飞派，如一幅绢分映青林，直注山下。”[③]内容与《湘中记》完全一致，可见应有文本征引的痕迹。因三峰之秀丽异常，故录入《异苑》。可知其“异”的内涵，不仅仅是神怪之异。《搜神记》：“蔡邕尝至柯亭，以竹为椽。邕仰眄之，曰：‘良竹也。’取以为笛，发声辽亮。一云邕告吴人曰：‘吾昔尝经会稽高迁亭，见屋东间第十六竹椽可为笛，取用，果有异声。’”[④]所谓“神异”，在六朝人看来，只要是超出一般常识的知识，即可称为神、异。

魏晋之前，对于各种知识的记载，并没有独立的文献形式。汉代文人“多识博物，有可观采，蔚为辞宗”[⑤]，还只是作为文人的一种知识修养。既为修养，则文中的博物认知不是显明的，而是经过诗赋文等文学处理和题材处理的，这些知识可以从文人的著作中钩稽出来，但并没有像《博物志》这样可以参考的文本。至魏晋时，通过杂录、收集的方式，整理以前的文本形成各种杂记体，是六朝博物知识风气影响下文体的一种新变。

① 葛兆光. 宅兹中国：重建有关中国的历史论述［M］. 北京：中华书局，2011：96.

② ［晋］崔豹. 古今注［M］. 四部丛刊三编景宋本.

③ 刘纬毅. 汉唐方志辑佚［M］. 北京：北京图书馆出版社，1997：597.

④ ［晋］干宝. 搜神记［M］. 汪绍楹，校注. 北京：中华书局，1979：167.

⑤ ［汉］班固. 汉书：卷一百下［M］. 清乾隆武英殿刻本.

（二）博物认知观与六朝记体的生成

所谓认知观，即认知事物的角度，它影响着文人的知识结构、文体形态、文学观念。魏晋的学术核心即在于“博物认知观”，它不仅促成了六朝记体的繁生，而且形成了魏晋时期文字疏证学的变化、注解体的变化、史学的变化、文学的变化，产生一种覆盖作用。

1. 博物认知观在地理学中的诞生

魏晋知识的大开发，是在地理著作的推动下进行的。魏晋博物地理观，采用广大的空间观念，以万物并置的认知视角，改变了早期史书以时间为统筹的学术形态，也改变了汉代经学以观念延展、经书的注疏阐释为主的学术模式。

空间观念，最早见于《山海经》。它以方位引出无限扩大的空间，以南、西、北、东、中沿平面的形式向四方扩展。它的尽头是“极”，在四极之外还有四海，极边地区叫“海内”，海内之外还有更遥远的海外世界。《山海经》以一种极大的空间视野来涵容万物，这是认知事物的一种角度。研究小说者，多重视《山海经》的志怪。而从知识修养看，魏晋人对《山海经》的重视，更在于对于事物认知视角的一种转变。

《隋书·经籍志》地理类序：“汉初，萧何得秦图书，故知天下要害。后又得《山海经》，相传为夏禹所记。”[①]故郭璞序《山海经》，称其“显于汉”，刘歆上《上山海经表》，因其能辨贰负之臣，“朝士由是多奇《山海经》者，文学大儒皆读学以为奇，可以考祯祥变怪之物，见远国异人之谣俗”[②]。这时对《山海经》的认识，只是在于考祯祥变怪，并未取得一种知识视角。只有考古今之理的《淮南子》能体会到广大空间可以作为认知的视角。“坠形者，所以穷南北之休，极东西之广，经山陵之形，区山谷之居，明万物之主，知生类之众，列山渊之数，规远近之路，使人通回周备，不可动以物，不可惊以怪者也。”[③]具有南北东西的广大空间的认知，才能明万物之主，知生类之众，这时才能达到“通回周备”的知识修养。

---

①［唐］魏征，等. 隋书［M］. 北京：中华书局，2011：987.

②［宋］王应麟. 汉书艺文志考证. 卷十［M］. 清文渊阁四库全书本.

③［汉］刘安. 淮南鸿烈解［M］. 四部丛刊影钞北宋本.

这个极大的认知视角，开始在魏晋时被重视和实践下去。它的开端就是“博物地理学”的诞生，代表文献即六朝地记。六朝地记创作空前繁盛，它的知识形态不是地理学，而是地理博物学。《隋志》“地理类”序：“晋世，挚虞依《禹贡》《周官》，作《畿服经》。其州郡及县、分野、封略、事业、国邑、山陵、水泉、乡亭、城、道里、土田、民物、风俗、先贤、旧好，靡不具悉，凡一百七十卷。”①其不言山险、赋税，不是行政地理观，也未如诸子去探讨地理土壤之质，非为地理学，这种总一地之各种物象的文体的繁盛，代表着博物认知视角的确立。

表现在地记的著作形态上，这种认知视角有两种内涵：

第一，即凡是关于一地的各种物象，博收总揽，加以考察，这种广泛的地域博物认知，带来了广大的知识空间。这就形成了大量认知性的记体，如山川记、风俗记、耆旧传、宫殿记、城记、江记，又有矿藏物产的记载、动植物产的记载，遂又有《异物志》《南方草木状》等记体的问世。在这些记体著作中，关于宫殿的描写词汇和描写体式，关于山川、河流的描写词汇和描写体式，关于草木的描写词汇和描写体式已经定型，完成了中古描述各类事物的基本语言体式。在六朝各类记体形成了认知事物的基本知识要素之后，又逐渐出现了谱、录等文体，则是对草木等单一事物更为具体的认知，这是记体伴随知识的发展所引起的进一步分流。

第二，关于一物的认知，则搜罗古今众书、官私书籍、民间传闻以为笔记，我们将其称为博览的认知视角。如地记的创作，其地理方位的取得是根据官书、图经，其人文传说的记载是根据当时口头传闻或其他典籍记载，汇合而记。其中的地貌知识有个人考察所见，同时也有融汇众书所成。这一认知角度的确立，后来延展为对当时知识的整理，并形成了魏晋蔚为大观的博物杂记类著作。

2. 知识的汇总、梳理与六朝的知识形态

（1）整理典籍中的知识与记体补遗性质

魏晋时期，对于具体事物的认知和补充，往往备搜前代各种文献，表现为对稀有书籍中各种知识的分类搜辑。《晋书·张华传》：“华雅

① [唐] 魏征，等. 隋书 [M]. 北京：中华书局，2011：988.

爱书籍，身死之日，家无余财，惟有文史溢于机箧。尝徙居，载书三十乘。秘书监挚虞撰定官书，皆资华之本以取正焉。天下奇秘，世所罕有者，悉在华所。由是博物洽闻，世无与比。”[①]博物是建立在博览的基础之上的。

创作各种记体的作家大多藏书丰富。《梁书·任昉传》：“任昉坟籍无所不窥，家虽贫，聚书数万卷，率多异本。”[②]载于《崇文总目》的《述异记》序：“家藏书三万卷，故多异闻，采于秘书，撰新《述异记》上、下两卷，皆得所未闻。将以资后来刀笔之士，好奇之流，文词怪丽之端，抑亦博物之意也。”[③]任昉撰有“杂传二百四十七卷，地记二百五十二卷”[④]。《南齐书·陆澄传》：“澄好学，博览无所不知”，“家多藏书，人戏书橱”，“多世人罕见之本”，“撰地理书与杂传，死后乃出”[⑤]。《梁书·陶弘景传》言陶弘景“唯以披阅为务，读书万余卷”[⑥]。《梁书·王僧孺传》：“僧孺好坟籍，聚书至万余卷，率多异本，与沈约、任昉家书相埒。少笃志精力，于书无所不睹。”[⑦]甚至官家多借私人藏书以充实国家文库，《北齐书·文苑·樊逊传》：“太常卿邢子才、太子少傅魏收……并是多书之家，请牒借本参校得失”“凡得别本三千余卷，五经诸史，殆无遗阙”[⑧]。这些士人拥有超越普通士人且率多异本的藏书，是知识得以整理的前提。又如萧绎《金楼子·聚书篇》：“吾今年四十六岁，自聚书来四十年，得书八万卷，河间之侔汉室，可谓过之矣。”[⑨]博物，首先在于对古今大量书籍的掌握。魏晋记体的贡献，在于能从各种文献中将知识要素抽绎出来，使知识要素脱离原来的文献状态，取得独立的存在价值。

这时记体的创作意识，大多是对正史、传统经学教育、常见书籍进行知识上的补充，如《博物志》所采录的《河图括地象》：

① [唐] 房玄龄，等. 晋书 [M]. 北京：中华书局，2011：1074.
② [唐] 姚思廉. 梁书 [M]. 北京：中华书局，2011：254.
③ 所以言“新”的原因，是在任昉之前，南朝齐祖冲之撰有《述异记》上、下卷。
④ [唐] 姚思廉. 梁书 [M]. 北京：中华书局，2011：258.
⑤ [梁] 萧子显. 南齐书 [M]. 北京：中华书局，2011：681-687.
⑥ [唐] 姚思廉. 梁书 [M]. 北京：中华书局，2011：742.
⑦ [唐] 姚思廉. 梁书 [M]. 北京：中华书局，2011：474.
⑧ [唐] 李百药. 北齐书 [M]. 北京：中华书局，2011：614.
⑨ [梁] 萧绎. 金楼子校笺 [M]. 许逸民，校笺. 北京：中华书局，2011：517.

地南北三亿三万五千五百里。地祇之位起形高大者有昆仑山，广万里，高万一千里，神物所生，圣人仙人之所集也。出五色云气、五色流水，其白水南流入中国，名曰河也。其山中应于天，最居中，八十城布绕之，中国东南隅，居其一分也，是好城也。

自《尚书·禹贡》起，经典文献常将中国作为天下的核心，而在《河图括地象》中，提出“中国东南隅”的说法，张华将这些知识整理出来。又如《博物志》引《括地图》中所言诸国分界，比正史中记载更为详细：“周在中枢，西阻崤谷，东望荆山，南面少室，北有太岳，三河之分，雷风所起，四险之国也”，“魏，前枕黄河，背漳水，瞻王屋，望梁山，有蓝田之宝，浮池之渊”。甚至有些条目被后人用于史书作注。张华自序：“余视《山海经》及《禹贡》、《尔雅》、《说文》、地志，虽曰悉备，务有所不载者，作略说。出所不见，粗言远方，陈山川位象，吉凶有征。诸国境界，犬牙相入。春秋之后，并相侵伐。其土地不可具详，其山川地泽，略而言之，正国十二。博物之士，览而鉴焉。”《博物志》的成书，在于补充知识，绝不在有意为小说。

《博物志》文体的意义在于，通过搜集排比，突显了前期未曾注意的知识。如中国为东方一隅说、饮食与人的关系、物性物理特征、妇女妊娠男女之别、胎教之法、引蜂之法等，这些知识在今天都被验证为可信的方法。著述的目的，即增广知识见闻。所谓博物记，即了解大千世界的知识性文体。

这种搜遗补缺的意识，是当时记体的共性。如郭宪撰《汉武帝别国洞冥记》其自序：“宪家世述道书，推求先圣往贤之所撰集，不可穷尽，千室不能藏，万乘不能载，犹有漏逸。或言浮诞，非政教所同经文、史官记事，故略而不取。盖偏国殊方，并不在录。愚谓古曩余事，不可得而弃。”[①]郭宪的知识观，表现为普通士人对博学多识的自觉认知，对主流文献典籍外的知识扩充的注意。不过他所关注的核心是偏国殊方和道教盛事。“今籍旧史之所不载者，聊以闻见，撰《洞冥记》四卷，成一家之书，庶明博君子该而异焉。”表明书中的内容是作为一种知识闻见的搜集记载。

甚而有冠名以拾遗者，如《拾遗记》萧绮序文言：“宪章稽古之文，

① [清] 陆心源. 皕宋楼藏书志：卷六十四 [M]. 清光绪万卷楼藏本.

绮综编杂之部，《山海经》所不载，夏鼎未之或存，乃集而记矣。”[①]又如题为葛洪撰的《西京杂记》：“并固所不取，不过二万许言。今抄出为二卷，名曰《西京杂记》，以裨《汉书》之阙。”[②]作记者，往往均言补充“今籍旧史之所不载”，更是要对一些书所不传、经所未载的知识做补充。

在写作意识上则流露了将自己所搜集的材料和正史、正经、其他典籍进行互证的意识。如《拾遗记》：“冀州之西二万里，有孝养之国。其俗人年三百岁，而织茅为衣。即《尚书》‘岛夷卉服’之类也。”[③]“章帝永宁元年，条支国来贡异瑞。有鸟名鵽鹊，形高七尺，解人语。……昔汉武帝时，四夷宾服，有献驯鹊，若有喜乐事，则鼓翼翔鸣。按庄周云‘雕陵之鹊’，盖其类耶。《淮南子》：‘鹊知人喜’，今之所记，大小虽殊，远近为异，故略举焉。”[④]

但是这些知识并不拥有行政体系中主流的话语权力和知识形态的系统性。博物是建立在私人藏书的整理之上，对主流知识查遗补缺的一种知识补注。这是魏晋杂记体形成的根本原因。

地记详于郡史，博物可广见闻，六朝记体著作和主流知识有若即若离的关系，这些知识补注往往是正统常见书籍之外的私人书籍，是以儒家经学为主要教育内容的主流知识之外的汇总。[⑤]但它不是“百科全书”性的知识，这些材料也非自出胸臆，而是因作者本人的博览见闻而所条录，从而蔓延出记体的补遗、杂录性质。

以张华的《博物志》为转折，知识形态本身不再是原来文献的附属或文人隐藏的知识修养，而是可以参看的知识性文献，其博物的认知功能开始以记体文献的形式承担。这些记体有补于史注、大可佐证见闻，但是并不成系统，博、细但杂、碎，很多时候是从少见书籍中抄补出来，以比较简短的条目形式出现，具有这样特征的作品以记、杂记称之。

① [前秦] 王嘉，等. 拾遗记（外三种）[M]. 王根林，等校点. 上海：上海古籍出版社，2012：7.

② [晋] 葛洪. 西京杂记. 卷六 [M]. 四部丛刊影明嘉靖本.

③ [前秦] 王嘉，等. 拾遗记（外三种）[M]. 王根林，等校点. 上海：上海古籍出版社，2012：15.

④ [前秦] 王嘉，等. 拾遗记（外三种）[M]. 王根林，等校点. 上海：上海古籍出版社，2012：43.

⑤《晋书·文立传》：“蜀时游太学，专《毛诗》《三礼》，师事谯周。”在学校领域，儒家经学始终是主要的教育内容。见毛礼锐《中国教育通史》第二卷，1986 年版。

（2）杂录笔记与新知识形态的突显

六朝诸记，其外在文体形式呈现为一种杂记形态，实质上是对主流外新知识的一种关注、整理。这类记体文献的形成，拓宽了六朝士人的认知空间。

3. 杂史逸闻类笔记与历史知识的拓展

所谓杂史，是指历史上发生的史实，但不在正史范围内，或正史不载录的。所谓逸闻，是指经过民间价值理念融合的历史事件，有其事体，但细节夸饰虚构。魏晋开始整理这类知识的，代表作品有《西京杂记》。《西京杂记》原序：

> 洪家世有刘子骏《汉书》一百卷，无首尾题目，但以甲乙丙丁纪其卷数，先父传之。歆欲撰汉书，编录汉事，未得缔构而亡，故书无宗本，止杂记而已。失前后之次，无事类之辨。后好事者，以意次第之。始甲终癸为十秩，秩十卷，合为百卷。洪家具有其书，试以此记考校班固所作，殆是全取刘书，有小异同耳。并固所不取，不过二万许言。今抄出二卷，名曰《西京杂记》，以裨《汉书》之阙。尔后，洪家遭火，书籍都尽，此两卷在洪巾箱中，常以自随，故得犹在。刘歆所记，世人稀有。纵复有者，多不备足。见其首尾参错，前后倒乱，亦不知何书，罕能全录。恐年代稍久，歆所撰遂没，并洪家所出二卷不知出所，故序之云尔。[①]

清代王谟的《西京杂记题识》："使班固有所因述，亦不应全没不著，殆有可疑。"[②]否定刘歆撰、葛洪录的说法，然《汉书·武帝纪》："（元封）三年春，作角抵戏，三百里内皆来观。"[③]《西京杂记》卷三："余所知有鞠道龙善为幻术，向余说古时事：有东海人黄公，少时为术，能制龙御虎，

① 黄清泉. 中国历代小说序跋辑录·文言笔记小说序跋部分［M］. 武汉：华中师范大学出版社，1989：58.

② 黄清泉. 中国历代小说序跋辑录·文言笔记小说序跋部分［M］. 武汉：华中师范大学出版社，1989：63.

③［汉］班固. 汉书［M］.［唐］颜师古，注. 北京：中华书局，2011：194.

佩赤金刀，以绛缯束发，立兴云雾，坐成山河。及衰老，气力羸惫，饮酒过度，不能复行其术。秦末，有白虎见于东海，黄公乃以赤刀往厌之。术既不行，遂为虎所杀。三辅人俗用以为戏，汉帝亦取以为角抵之戏焉。”[①]可见亦有相互可佐证者。

今考《西京杂记》一书中，常出现“余”字，并记有“家父”一条，清卢文弨肯定它的真实性：“洪非不能自著书者，何必假名于歆，书中称‘成帝好蹴鞠，群臣以为非至尊所宜，家君作弹棋以献。’此歆为向家君也，洪乃何以一小书之故，至不惮父人之父求以取信于世也者？……洪以为本之刘歆，而语亦从刘歆之耳，又何疑焉？”以此书确为刘歆所撰，葛洪所录。

《西京杂记》所整理的文献，为取《汉书》修史之遗，葛洪抄录以成《西京杂记》，是作者有意整理正史之外的材料，“取《汉书》之不备”者，即正史之外的知识。这一整理的角度，使魏晋关注历史知识的领域大为拓宽。

《西京杂记》既为取《汉书》之遗，即不合正史择取标准的剩余材料，其所杂取者，为猥琐小事、宫闱秘史、闲漫无归、遥昧难凭之事。明黄省曾《西京杂记序》言其内容采择大约有四：“则猥琐可略，闲漫无归与夫遥昧难凭，触忌而须讳者也。其猥琐者，则霍妻遗衍之类是也；其闲漫者，则上林异植之类耳。其遥昧者，则宣狱佩镜、秦库玉灯之类是也。而其触忌者，则庆郎、赵后之类是也。凡若此者，披金置沙，法所删弃软。”[②]虽诸多论文言《西京杂记》可补正史之阙，如《西京杂记》校注言：“《西京杂记》是一部传为汉人所为的笔记小说，其书采摭颇为繁富……可补史书的遗漏。”[③]刘知几在《史通》中将《西京杂记》归为“逸事类”，言“国史之任，记事记言，视听不该，必有遗逸。于是好奇之士，补其所亡”，也是此意。

然其所记内容，并非可与正史相参错者。正史之记，在于昭往昔之盛衰，鉴君臣之善恶，载政事之得失。而《西京杂记》所采录的知识非关国运，相当于今天社会史的记载，是后人了解更多正史之外的历史知识的一种史事汇集，而颇多文学趣味，但是往往不见容于后来的史论家，这也是

① [晋] 葛洪. 西京杂记 [M]. 四部丛刊影明嘉靖本.

② 黄清泉. 中国历代小说序跋辑录·文言笔记小说序跋部分 [M]. 武汉：华中师范大学出版社，1989：60.

③ 向新阳，刘克任. 西京杂记校注 [M]. 上海：上海古籍出版社，1991：1.

吸收这种题材的《晋书》致谤、《三国志注》见讥的主要原因。

它与另一类被称为国史补的笔记不同。国史补笔记，在于内容上关涉政治、经济、军事等重大史实，这样的笔记，吴礼权曾作《清末民初笔记小说史》，列有《三十年闻见录》《异辞录》《清代野记》《国闻备乘》《春明梦录》《春冰室野乘》《焦窗夜话》等书。[①]这些笔记作者往往是朝中重臣，或在京为官有日的时人撰写，和《西京杂记》备载不合正史标准的杂录不同。唐人对《西京杂记》的看法，如颜师古注《汉书·匡衡传》以其为“浅俗妄说”[②]，是从正统史家的眼光来看的。

《西京杂记》关注正史之外的历史知识，拓宽了历史认知视角。《西京杂记》在形成之初，所用文献源自史材，“书无所宗，杂记而已”，当其以文体形式承传时，便以杂录型的记体存在。记载这类历史事件的话语权不在史官，但凡便于接近这些传闻的学人，都可以用笔记的形式记录。追溯这种杂记体的来源，其源头原本在于史家之史材杂记，之后发展为文人的杂史笔记，开始承担各种杂史逸闻的记载，形成了唐宋杂史逸闻类笔记的繁盛。

魏晋时期对历史遗闻的记录，《隋书·经籍志》史部杂史类：“自后汉已来，学者多钞撮旧史，自为一书，或起自人皇，或断之近代，亦各其志，而体制不经。”[③]如晋祠部郎王蔑作《史汉要集》一卷，抄撮史记材料，入《春秋》者不录。《拾遗记》亦是从庖牺氏开始写起，多是以条录形式。《金楼子》卷一“兴王篇第一”，以条录的形式，从“粤若稽古天皇氏、地皇氏、人皇氏”一直写到宋太祖义隆。南朝梁殷芸奉梁武帝敕命所撰的《殷芸小说》，记载自先秦至于东晋的轶事传闻，“这可能是梁武帝作《通史》时，凡是不经之言，而《通史》所不取的，令殷芸另外集为《小说》，所以殷芸的《小说》，因《通史》而作，亦《通史》之外剩”[④]。史部之中而有记体，是产生在这样的背景之下的。它突出的是一种新的历史知识观念在记体文献中的成熟。

① 吴礼权. 清末民初笔记小说史［M］. 台北：台湾商务印书馆，2011.

②“今有《西京杂记》者，其书浅俗，出于里巷，多有妄说。”［汉］班固. 汉书［M］.［唐］颜师古，注. 北京：中华书局，2011：3331.

③［唐］魏徵，等. 隋书［M］. 北京：中华书局，2001：962.

④ 逯耀东. 魏晋史学的思想与社会基础［M］. 北京：中华书局，2006：157.

《西京杂记》之杂，和《博物志》相比，不在天地之事物，而在史余之杂。和国史补笔记相比，杂录的均为历史细节，不杂记军国大政，而偏重于宫制、殿阁、玩好、佚闻。如记载太液池五舟："太液池中有鸣鹤舟、容与舟、清旷舟、采菱舟、越女舟。"记载当时的人物事迹，或符合传统价值理念，或有一技之长，倒未必如正史选材，均是治国之将。如写会稽人顾翔，少失父，事母至孝，而郡县表其闾舍之事。又写"齐人刘道强，善弹琴，能作《单鹄寡凫》之弄。听者皆悲，不能自摄"①。主要反映一些社会文化中的细节部分，这也是一种历史知识观。

这种历史知识观奠定了一种新的历史认知角度，即琐碎而细腻、不入正史反而更能详尽涉及历史各个角落，《西京杂记》："初修上林苑，群臣远方，各献名果异树，亦有制为美名，以标奇丽。梨十：紫梨、青梨、芳梨、大谷梨、细叶梨、缥叶梨、金叶梨、瀚海梨、东王梨、紫条梨。枣七：弱枝枣、玉门枣、棠枣、青华枣……棠四：赤棠、白棠、青棠、沙棠……蜀漆树十株……枫四株。余就上林令虞渊得朝臣所上草木名二千余种。邻人石琼就余求借，一皆遗弃。今以所记忆，列于篇右。"在"金叶梨"下有小行字注：出琅邪王野家，太守王唐所献。在"峄阳栗"下小行字注："峄阳都尉曹龙所献，大如拳。"②杂史类笔记的写作意识，在于务尽其详的细腻，以见闻记当时一事的细微末节。

章学诚认为："史所贵者，义也；而所具者，事也；所凭者，文也。"③正史之作，重在义的提炼。而偏录、逸事、杂记者，其中未必无义，但不必如正史之记，在于"昭往昔之盛衰，鉴君臣之善恶，载政事之得失，观人才之吉凶，知邦家之休戚"。偏录、逸事、杂记者，重在于事之补，而不在义。因此在著作命名上，则多以"记"称。这类记体文献，主要有三种情况，以一事为体的记，以一地之事的郡记，以及正史之外的杂记，如《西河记》《西凉记》《上党国记》等。

这类记体文献，可以补充主流正史中所涉及的历史知识，同时也会形成新的史学观念，影响正史的创作。唐代修史书，开始采杂记入文。正如张舜徽所言："唐人以纪传、编年为正史。知几于论述正史之余，复厘杂史

① ［晋］葛洪．西京杂记［M］．四部丛刊影明嘉靖本．

② ［晋］葛洪．西京杂记［M］．四部丛刊影明嘉靖本：3．

③ 章学诚．文史通义校注［M］．叶瑛，校注．北京：中华书局，1985：219．

为十科。有郡书、地理，则方志入史矣。有家史、别传，则谱牒入史矣。有琐言、杂记，则小说入史矣。于是治史取材，取途益广。”[①]这类记体文献的出现使历史叙事的范围更加宽泛，宏大的政治和道德事件不再是历史叙事的唯一对象。因此杂记逸闻类笔记，作为一种“社会史”的保存和整理，代表着六朝时期所建立的一种新知识形态。

4. 民间知识的整理和岁时风俗记、志异记

民间知识，是以逸事传闻、俗说、谬传、典制、神怪、人情风俗、行为方式等形态存在，这些知识带有鲜明的民间属性。它不成体系，口口相传，代代沿袭，突出民间价值理念和鬼神信仰。东汉时期，民间知识已开始兴起，最早开始注意这一知识领域，并加以考证的，是汉应劭的《风俗通义》。

应劭关心世俗事务，《风俗通义》每题下先列民间的知识认知，然后再以“谨按”的方式进行文献的支持或驳斥，如“俗言：东方朔太白星精，黄帝时为风后，尧时为务成子……谨按：《汉书》东方朔，平原人也，孝武皇帝时……”，这是对俗言的驳斥，也有对俗言的支持，如“桃梗、画虎”习俗下，录其神话来源。

《风俗通义》每多言“俗语，俗言，世间多传，世间共传，世间多有”，可知当时下层的通俗文化和俗说传闻知识繁荣的局面。

> 九江太守武陵陈子威，生不识母，常自悲感。游学京师，还于陵谷中，见一老母，年六十余，因就问：“母姓为何？”曰：“陈家女李氏。”“何故独行？”曰：“我孤独，欲依亲家。”子威再拜长跪自白曰：“子威少失慈母，姓陈，舅氏亦李，又母与亡亲同年，会遇于此，乃天意也。”因载归家，供养以为母。
>
> 谨按：《礼》：继母如母，慈母如母。谓继父之室，慈爱己者，皆有母道，故事之如母也。何有道路之人而定省？[②]

汉魏时期，民间的知识形态已经建立起来，它的主要特色在于：第一，

---

① 张舜徽. 史学三书评议［M］. 北京：中华书局，1983：96.

② ［汉］应劭. 风俗通义［M］. 王利器，校注. 北京：中华书局，2010：138-139.

改编历史中人物故事形象，加入民间的价值理念。如上所引陈子威的故事。第二，突出神异色彩。“世间多有狗作变怪”“世间多有精物妖怪百端”“世间多有伐木血出”正是后来神异记的一个内容。因民间知识本不具系统性，应劭辨风正俗的《风俗通义》在其文体形式方面没有严格的体系，也是以“杂记”式的条录形式成文。

魏晋口头传闻知识颇为丰富。《陈书·始兴王叔陵传》：“叔陵……夜常不卧，烧烛达晓，呼召宾客，说民间细事，欢虐无所不为。”[①]可见魏晋士人对于民间知识日益增长的兴趣。这时又出现了专门解释俗语的著作，如佚名《释俗语》，沈约也曾辑有《俗说》三卷，民间流传的这些故事和俗语既有源远流长的神话传说，也有近期、当世的文人清谈，民间历史故事，民间生活细事，等等。

民间知识的传承，有两种形式：一是通过仪式行为；二是通过口传风俗，以口传和仪式的形式，或清晰或模糊地传承着这一种人文知识。至魏晋时，文人对民间知识的整理记录，赋予了这种知识以清晰的文献形态。

民俗知识，作为普遍公共的知识和观念修养，是一个国家的公众知识。其中“岁时”这一知识，自汉以来，开始有岁忌的内涵，至魏晋时，已经成为民间的一种典型的公众行为。南朝宗懔《荆楚岁时记》首次将这些流传在民间的岁时行为以“记”体的形式固定，成为具有开创意义的文献形式。《荆楚岁时记》，从其内容上说，所记的各种岁时风俗并非自己的创见，而是在漫长的历史发展过程中，民族共同享有的一种文化形态。而宗懔对当时流传的各种风俗知识进行整理，其文体记叙的核心在于岁时和岁时下的行为，并没有将岁节下人们口传的风俗故事纳入，这种文体形态奠定了后来岁时风俗记的文体典范。

至唐朝的杜公瞻为《荆楚岁时记》作注时，则主要补充岁时行为的神话来源、风俗传说故事。如《荆楚岁时记》记载，正月一日，贴画鸡、造桃板等各种行为仪式，和《括地图》《风俗通》中桃都山金鸡神话，神荼、郁垒检阅百鬼的神话，可以相互参看。又如在《荆楚岁时记》中仅提及“八月槎”，在《玄中记》中则有整个故事。岁时行为和神话传说构成了相互补充的话语系统。

① [唐] 姚思廉. 陈书 [M]. 北京：中华书局，2011：494.

而六朝记体对于各种传说故事的保存整理，是以《搜神记》《异苑》《洞冥记》《玄中记》等著作承担。这些奇闻本是附录在民间传说、地理风俗和岁时风俗知识、佛道故事之中。魏晋人从知识分类的角度对这些流传的故事进行整理记录，逐渐去除其地理内涵和岁时内涵，突出传说异闻故事本身。

志异笔记，最易与小说混。《史通·杂述》："阴阳为炭，造化为工，流形赋象，于何不育，求其怪物，有广异闻，若祖台《志怪》、干宝《搜神》、刘义庆《幽明》、刘敬叔《异苑》，此之谓杂记也。"[①]明胡应麟："变异之谈，盛于六朝，然多是传录舛讹，未必尽设幻语，至唐人乃作意好奇，假小说以寄笔端。"[②]不在务夸，而在记录保存，就是笔记与小说之界。但是一直以来，笔记、小说常常两相混淆，如"唐封演的《封氏见闻记》是以考证为主，兼记故实的见闻杂录，而卢见曾称之'说部'之佳者；宋王应麟的《困学纪闻》，乃讲经史兼评诗文的读书笔记，而阎若璩亦指为'说部'"，实际上，笔记的范围远远超出小说的义界。笔记小说，往往是建立在民间传说、风俗异闻的基础上，首先表现为一种笔记形式，而文人的整理记录，使这些风俗传闻走向更高的文辞整理。实质上，它是知识的储备对文学的引导。

关于志异笔记之"杂"的特征，在于它以异为核心搜罗一切古今文献、传语琐闻、历史传闻、神话传说、佛道故事等。文献资料虽杂，但核心明确。杂的特点，是在单一题材下的博闻杂录，和《博物志》的博物杂组形式不同。取材的宗旨，均在于弘佛、道之不诬。《搜神记》"明言神道之不诬"。《搜神记》外，道士郭宪的《汉武帝别国洞冥记》也是类似的著作。郭宪家的藏书均为道书，他有自己的知识取材范围，《洞冥记》是关于道教的笔记。"洞冥"一词，本指通乎幽冥而言。例如，晋陆机《汉高祖功臣颂》云："'文成作师，通幽洞冥……'其洞心于道教，使冥迹之奥，昭然显著。"[③]编书之主旨在于获得"偏远国家风俗习惯、珍异奇物、道教之事"，察其书中内容，正是这三项，绝不枝蔓，可见六朝记体并非凡是神异便拉杂记录者。

① [唐] 刘知几. 史通 [M]. [清] 浦起龙，通释. 吕思勉，评. 上海：上海古籍出版社，2008：194.

② [明] 胡应麟. 少室山房笔丛 [M]. 明万历刻本.

③ 王永顺. 陆机文集　陆云文集 [M]. 上海：上海社会科学院出版社，2000：78.

六朝志异笔记的繁盛，转变了魏晋士人的认知观，即魏晋人开始承认可能存在的各种物产，并对其描述和记载。后来郭璞注《山海经》，举近代所见异物解释《山海经》的名物。六朝士人已经超越了早期司马迁将《山海经》视为神鬼虚妄之事的一种知识修养。

（三）博物的认知视角与魏晋其他文体特征

围绕一个主题，对各种文献知识和民间知识进行采择、分类和杂录，表现在记体的繁荣上，也代表着一种博物认知观的成熟。这种新的认知观引起魏晋诸多著作在文体形态上的变化，形成魏晋一种普遍的学术风气。

1. 博物认知和杂家文献的知识倾向

关于魏晋时期的学术风尚，学界多重视对“文学的自觉”中审美意识的钩稽。但是我们在关注文笔分流的同时，更应留意这种博物观赋予杂家类文献的一种知识主义倾向。首先，表现在文人的集子中开始出现很多知识性的汇录，如萧绎的《金楼子》。《四库全书总目》言：“其书于古今闻见事迹，治忽贞邪，咸为苞载，附以议论，劝戒兼资，盖亦杂家之流。而当时周、秦异书未尽亡佚，具有征引。如许由之父名，兄弟七人，十九而隐，成汤凡有七号之类，皆史外轶闻他书未见。”[①]《金楼子》的内容非常驳杂，被称为“杂家之流”，实因其对各种知识进行汇总杂记的特性。在其中还出现了对一些无法归类的知识，统归于“杂记”篇目之下。《金楼子》成书的突出特征，即博览与杂录。王通评其：“贪人也，其文繁。”[②]这种写作风格，正是不守常规，自由而广博的学术风气的初创。

萧绎在《立言》篇中言：“世有习干戈者贱乎俎豆，修儒行者忽行武功。范宁以王弼比桀纣，谢混以简文方赧献……余以为不然。余以孙吴为营垒，以周孔为冠带，以老庄为欢宴，以权实为稻粮，以卜筮为神明，以政治为手足。一围之木持千钧，五寸之键制开阖，总之者明也。”[③]他追求的是包罗万象的知识汇通，学术形态以杂为宗旨。

---

①［清］永瑢. 四库全书总目：卷一百十七［M］. 清乾隆武英殿刻本.

②［隋］王通・中说：卷三［M］. 四部丛刊景宋本.

③［梁］萧绎. 金楼子校笺［M］. 许逸民，校笺. 北京：中华书局，2011：854.

《金楼子》作为个人文集，“杂以传记、小说、杂史、故事、志怪、诗话”等多方面的内容，是一种带有类书性质的杂家著作。其中对历史逸闻的辑录，不按任何史例，而以条录记事，一直写到梁武帝萧衍，颇似《拾遗记》的写作体式。其中“志怪”一篇，体例与《搜神记》无异。“立言”“捷对”等条目多似《世说新语》。而杂录他书，或综合他书以考证一事，则颇似《博物志》。如《博物志》中一条言“扁鹊有二”，萧绎撰《同姓同名录》辨析三庞涓、十一王褒，并引有《博物志》之辨。另外《西京杂记》中也有“两秋胡、曾参、毛遂”条。可知当时各类记体中有着共同的知识关注角度，是博物君子所应有的知识修养，同时也显示了各类记体在知识延展上的功能。

萧绎在其《著书篇》中，提到自己的各种著作，有《怀旧志》一秩，一卷；《研神记》一秩，一卷；《晋仙传》一秩，五卷；《贡职图》一秩，一卷；《语对》三秩，三十卷；《同姓同名录》一秩，一卷；《荆南志》一秩，一卷，《江州记》一秩，三卷；《奇字》二秩，二十卷；《长州苑记》一秩，三卷；《食要》一秩，十卷；《辩林》二秩，二十卷；《药方》一秩，十卷；《谱》一秩，十卷；《杂记》上、下篇等。这些著作不见载于《隋书·经籍志》，但是它和隋志中著录的其他作家的作品在题材、文体上惊人的相似，涉及各种搜神记、地记、专题汇录、语录集锦、谱录整理，而在文体形式上均以札记、随感的形式成文。晋顾恺之和束皙撰写的《启蒙记》《发蒙记》作为当时的通行读物，其内容也包括物产之异、地理现象、风俗传说这三项[①]。这些共同的特征，在一定程度上，代表着当时文人的一种知识学术形态。

《直斋书录解题》：“《金楼子》十卷，梁元帝萧绎世诚为湘东王时所述也，杂记古今闻见。”[②]《群书治要序》评：“近古皇王，时有撰述。并皆包括天地，牢笼群有。竞采浮艳之词，争驰迂诞之说，骋末学之博闻，饰雕虫之小伎。流宕忘反，殊途同致。虽辩周万物，愈失司契之源。术总百端，弥乖得一之旨。”[③]将其归为杂家之流。而魏晋时期杂家的内涵已经由以往

① 具体考证见绪论。清姚振宗《隋书经籍志考证》：“年六十二卒，于官所著文集及《启蒙记》行于世。”

② [清] 陈振孙. 直斋书录解题：卷十 [M]. 清武英殿聚珍版丛书本.

③ [宋] 王钦若. 册府元龟：卷六百七 [M]. 明刻初印本.

的学术之杂转变为知识之杂，更应称其为“杂学”。

从杂家到杂学，其中考据性内容甚多。《杂记》篇记梁元帝频丧五男，衔悲恍惚，觉心气动，“累问通人：心气之名，当为何起？多无以对。余以为《庄子》云：‘无疾而呼，其笑若惊’，此心气也。曼倩有言：‘阴阳争则心气动，心气动则精神散。’华谭曰：‘肝气微则面青，心气动则面赤。’左氏云：‘周王心疾终。子重心疾卒。’曹志亦有心疾。殷师者，仲堪之父也，有此疾。近张思光居丧之后，感此病”[①]云云。《金楼子》和之前的“杂家类”著作相比，如《吕氏春秋》《淮南子》《抱朴子》者，是采儒墨而兼有庄老，取其思想之杂，而《金楼子》之杂，颇有类书编纂的特点。

史论家常评魏晋文人少材而多学，《隋书·经籍志》将《金楼子》归在杂家类，言：“杂者，兼儒、墨之道，通众家之意，以见王者之化，无所不冠者也。古者，司史历记前言往行，祸福存亡之道。然则杂者，盖出史官之职也。放者为之，不求其本，材少而多学，言非而博，是以杂错漫羡，而无所指归。”[②] 这实际上是从杂家到杂学的一种转变。我们要考察的是杂录式的记体在其中发挥的作用。

> 伯乐教其所憎者相千里之马，教其所爱者相驽马。千里马不时有，其利缓。驽马日售，其利急，此《周书》所谓“下言而上用”者也。

这些事语材料，在韩非的《说林》、荀子的《大成》，是将其作为一种知识储备，以融合为自己的法家、儒家之论。而《金楼子》对于这些事语并不进行理念上的融合，直接成篇成书，形成杂记条录性质的《立言》《杂记》。

> 成瓦者炭，而瓦不可以得炭；润竹者水，而竹不可以得水；蒿艾有火，不烧不燃；土中有水，不掘无泉；百梅能使百人酸，一梅不足成味也。

这种推论，颇似当年老子的哲学体系。老子关注物理，重在从中推出

① [梁] 萧绎. 金楼子校笺 [M]. 许逸民，校笺. 北京：中华书局，2011：1351.

② [唐] 魏征，等. 隋书 [M]. 北京：中华书局，2011：1010.

哲理，而《金楼子》更偏重于物理现象、知识学问本身，将其凝固为直接成篇的杂记形式。这是从杂家到杂学转变中记体的一种功能，这种记体形式象征着知识要素本身的独立。其他的文人大可以将这些记体作为一种知识储备，以成论成章。魏晋时期特有的知识学术形态的形成，与杂录类记体的文体功能息息相关。

在《隋书·经籍志》中这一类整理典籍知识的有：宋后军参军徐益寿撰《记闻》二卷，佚名《备遗记》三卷，张华的《张公杂记》十五卷，沈约所作有《迩言》十卷、《俗说》五卷、《袖中记》一卷，佚名《补文》六卷、《杂略》十三卷等。这种杂学类文献，是唐宋后的各种考据辩证琐闻记载类笔记的先声。

2. 知识认知兴趣与文注内涵的改变

魏晋记体的繁荣，尤其是六朝兴起的认知性记体，加强了人们对事物的认知能力。认知性记体的发展，改变了原有的名物训解系统，赋予注解体以新的内涵。

郭璞《晋书》本传言其“注释《尔雅》，别为《音义》《图谱》。又注《三苍》《方言》《穆天子传》《山海经》及《楚辞》《子虚》《上林赋》数十万言，皆传于世”[①]。注，是对文中所用文辞进行知识性的解释，郭璞能注这些字书和地理类书籍，和他对这种殊物产知识的掌握大有关系。

郭璞的《山海经注序》对《山海经》的看法，强调其博物认知的功能：“世之览《山海经》者，皆以闳诞虚夸，多奇怪俶傥之言，尝试论之曰：庄生有云，人之所知，莫若其所不知。……夫以宇宙之寥廓，群生之纷纭……夫玩所习见而奇所希闻，此人情之所常蔽也。”[②]对于常视之虚妄之事进行重新认知，并从博物知识的角度理解。郭璞的《尔雅疏》：“若乃可以博物不惑，多识于鸟兽草木之名者，莫近于尔雅。”注疏的目的，在于“俾之瞻涉者，可以广寤多闻耳”[③]。

《山海经·海内南经》：巴蛇食象，三岁而出其骨。君子服之，无

① [唐] 房玄龄，等. 晋书 [M]. 北京：中华书局，2010：1910.

② [明] 张溥. 汉魏六朝一百三家集：卷五十六 [M]. 清文渊阁四库全书本.

③ [晋] 郭璞. 尔雅注疏 [M]. [宋] 邢昺，疏. 黄侃，句读. 上海：上海古籍出版社，1990：6.

心腹之疾。其为蛇，青黄赤黑，一曰黑蛇，青首，在犀牛西。

郭璞注：今南方蚺蛇吞鹿，鹿已烂，自绞于树腹中，骨皆穿鳞甲间出，此其类也。《楚辞》曰：有蛇吞象，厥大何如？说者云长千寻。

这种描述型话语体系，代表古人对动植物学本身研究意识的增强。三国时期吴国的陆玑将《诗》中所涉及的动植物全部辑录出来，“缀集旧闻，荟萃旧说，考方国之语，采谣俗之志”，对其进行注疏，写成《毛诗草木鸟兽虫鱼疏》，他的话语体系和前期异物志的话语规范非常相似。之后东晋时期郭璞作《尔雅注》《尔雅音图》，也是“异物志”①式描述话语。

在陆玑之前，如《毛诗传》，也有对诗中的动植物象做传疏解释，但是，这种经学注疏主要在于别名释物。至《毛诗草木鸟兽虫鱼疏》中，却是具体地描述物体的性状，实际上它已经不是经的传疏。魏晋时的注体，深受当时异物志记述方法的影响。如陆玑解释“鹳鸣于垤”之“鹳”，解释包括：别名、形态、生活习性、生长规律、用途、功能。“鹳，鹳雀也。似鸿而大，长颈赤喙，白身黑尾翅。树上作巢，大如车轮。卵如三升杯。望见人，按其子令伏，……若杀其子则一村致旱灾”等。又如郭璞在注中，对于自己未有见闻的，则标明“未详”“未闻”。这和张华在《博物志》中言“未详”的内涵是一致的。注成为对知识认知的一种文体形式，而它的知识体系则源自认知性记体。

这种新的知识形态也规范了文人的知识修养。如《尔雅》成为当时士人掌握物产的重要途径。《晋书·蔡谟传》：“谟初渡江，见彭蜞，大喜曰：‘蟹有八足，加以二螯’，令烹之。既食，吐下委顿，方知非蟹。”谢尚讥其：“读《尔雅》不熟，几为《劝学》死。”②

《毛诗》《尔雅》《山海经》本是早期著作，早期在“名物认知和积累”阶段，并没有描述体系。而正是在“异物志”繁荣的魏晋时期，得到后人具有知识架构的整理注疏。这也充分说明当一种文体形成后，效仿这种文体，实际是取得一种知识的角度，还可以用来规范以前的知识，对以前知识进行新的观照，从而重新发现大量的知识。

---

① 所谓异物志，是对南方动植物产进行认知性描述。因六朝记体所涉及的知识体系有相互交错性，此处不宜展开对“异物志”的具体描述，详见第四章第三节“异物志文体体例研究”。

② ［唐］房玄龄，等. 晋书［M］. 北京：中华书局，2011：2041.

博物认知的新知识观不仅反映在注体内涵的转变上，同时使“注”本身也开始成为对知识认知的一种文体形式。晋崔豹《古今注》并不为某书之注解，而是对于古代和当时各类事物进行考证和说明，并单独成书。注文发挥认知的功能，最早出现在汉代周处的《阳羡风土记》，姚振宗言：“其正文协韵如古赋，而故实皆载于注。注即子隐自撰，征用者多取注而略正文。……惜其久亡，所得见者仅十之二三。然而亭邑、古迹、山川、节候、风俗、舟车、器服、物产、果实、草木、鸟兽、虫鱼，品类略备，原次不可考，即以此区分焉。”[①]赋的功能远不如散文语式的注文更能达到知识传播的功能。注文的价值开始超过了赋体正文。

3. 知识的汇录与地理注、史注

六朝时期，注重对各类知识的汇录杂记，这一知识形态对地理注和史注风格的转变也起到了一定的影响。郦道元的《水经注》征引繁博，甚至这种注体本身的价值已经超过《水经》。史注方面，裴松之的《三国志注》，在《三国志裴注引书索引》中罗列了裴注所引用的书目：《魏书》一百九十条，《魏略》一百七十条，《典略》四十九条，《吴书》一百一十九条，《三辅决录》九条，《后汉书》十二条，《英雄记》六十九条，《九州春秋》二十六条，《帝王世纪》一条，《高士传》六条。这些书目，在陈寿也应有见闻，而新的历史观的改变，使魏晋文人在阅读历史时开始关注史材。裴松之注《三国志》，代表新的历史知识观已经确立，魏晋时人对于历史认知要求更为细致。刘孝标则效仿裴松之《三国志注》的注法，注解《世说新语》，引书达四百多部。魏晋时的注解体，不在于训释名物，解释文义，而是汇录诸书，博闻采录，增广事实，这一转变，和当时的博物认知视角有关。

4. 博物知识对于当时文学创作的影响

伴随着大量记体创作中对广博知识的记载，魏晋文人常以博物多闻为夸，这种倾向在文坛率然成风。如《陈书・姚察列传》：“每有制述，多用新奇，人所未见，咸重富博。”[②]文人开始普遍阅读书籍，以博学为荣，如

① [清] 姚振宗. 隋书经籍志考证：卷二十一 [M]. 民国师石山房丛书本.

② [唐] 姚思廉. 陈书 [M]. 北京：中华书局，2011：353.

齐王僧孺，“其文丽逸，多用新事，人所未见者，世重其富”①。张戒《岁寒堂诗话》：“诗以用事为博，始于颜光禄。”②又《诗品序》：“颜延、谢庄，尤为繁密，于时化之。故大明、泰始中，文章殆同书钞。近任昉、王元长等，词不贵奇，竞须新事。尔来作者，浸以成俗。遂乃句无虚语，语无虚字。”③在文坛上，不仅仅是博闻，而且开始注重“句无虚语，语无虚字”的实际才学涵养。甚至《南史·任昉传》记载任昉欲以与沈约争名，晚年好著诗，但用事过多，属辞不得流便，然“都下士子慕之”④，形成了一种文学导向。

姚察在《梁书·江淹、任昉传赞》中言：“观夫二汉求贤，率先经术，近世取人，多由文史。”⑤《北齐书·刘昼传》：“儒者劳而少工，见于斯矣。我读儒书二十余年而答策不第，始学为文，便得如是。”⑥《南齐书·文学传论》：“今之文章，作者虽众，总而为论，略有三体：一则启心闲绎，托辞华旷……此体之源，出灵运而成也。次则辑事比类，非对不发，博物可嘉，职成拘制，或全借古语，用申今情，崎岖牵引，直为偶说。惟睹事例，顿失清采。此则傅咸五经、应璩举事，虽不全似，可以类从。”⑦六朝时期，儒学的衰落，不仅仅是玄学的影响，更在于六朝时期的儒学经术，已经没有足够的知识支撑，而这种知识储备却繁荣在当时的文史杂记系统中。

在文学创作中，藏书与博闻开始成为一种题材。《幽明录》：“董仲舒尝下帷独咏，忽有客来，风姿音气，殊为不凡，与论《五经》，究其微奥。仲舒素不闻有此人而疑其非常。客又曰：‘欲雨。’因此戏之曰：‘巢居知风，穴居知雨。卿非狐狸，即是鼷鼠！’客闻此言，色动形坏，化成老狸，蹶然而走。”⑧在《拾遗记》中也有关于刘向、贾逵、何休、任末、曹仓等人博学的神异传说⑨。这些均是一种文学性的折射。凡一种行为开始进入文学的殿堂，必定已经是蔚然成风的趋势。在史书和时人文集中对于士人的博闻

① [唐] 李延寿. 南史 [M]. 北京：中华书局，2011：1462.
② [宋] 张戒. 岁寒堂诗话：卷上 [M]. 清武英殿聚珍版丛书本.
③ [梁] 钟嵘. 诗品 [M]. 周振甫，译注. 北京：中华书局，1998：24-25.
④ [唐] 李延寿. 南史 [M]. 北京：中华书局，2011：1455.
⑤ [唐] 姚思廉. 梁书 [M]. 北京：中华书局，2011：258.
⑥ [唐] 李百药. 北齐书 [M]. 北京：中华书局，2011：589.
⑦ [梁] 萧子显. 南齐书 [M]. 北京：中华书局，2011：908.
⑧ [前秦] 王嘉，等. 拾遗记（外三种）[M]. 王根林，等校点. 上海：上海古籍出版社：182.
⑨ [前秦] 王嘉，等. 拾遗记（外三种）[M]. 王根林，等校点. 上海：上海古籍出版社：45-46.

亦多有记载，如《晋书》本传，记载张华："华强记默识，四海之内，若指诸掌。武帝尝问汉宫室制度，及建章千门万户，华应对如流，听者忘倦，画地成图，左右属目，帝甚异之，时人比之子产。"①其中多有记博物多识者的故事。《金楼子》："元嘉中，张永开玄武湖，值古冢，上有一铜斗，有柄，若酒梼。太祖访之朝士，莫有识者。何承天曰：'此亡新威斗。王莽三公亡，皆以赐之。一在冢内，一在冢外。'俄而又启冢内得一斗，有铭书称'大司徒甄邯之墓'。"②这样的例子举不胜举。对历代典故和经术常识的博闻强记成了衡量文人学识才华高低的一个标准。

综上所述，六朝文人以笔记的形式，开创了新的知识风气，包括对于博物知识的认知、对于轶史逸闻的关注、对于民众知识文化的集结，从而形成了不同的记体类型。六朝文人从文献整理、自我见闻两个途径建立了广泛而细致的知识层面，凡宇宙名物、经史文籍、草木虫鱼，至于传说奇闻，靡不究心，记体所展开的各种知识，促使了文人学识结构的转变。这些知识均以记体的形式呈现，打开了文人新的知识层面，影响了诸多文献的文体形态。

① [唐] 房玄龄，等. 晋书 [M]. 北京：中华书局，2010：1070.

② [梁] 萧绎. 金楼子校笺 [M]. 许逸民，校笺. 北京：中华书局，2011：1332.

结　语

中国地学知识的独立，直到魏晋时才伴随记体的发展而成熟起来。魏晋时期，以汉代古文经学中的博物倾向为发端，形成的博物认知观引起中古知识体系的转变。所谓博物认知观有两种内涵：第一，对广大事物认知的兴趣，形成了山川记、异物志、宫殿记等各种认知性记体。第二，在认知一个事物时，采集官私书籍、古今文献、个人见闻、民间传闻等多种文献或非文献资料进行杂收并录的认知视角。这一认知兴趣和认知视角形成了当时整理知识的风气，从而形成了大量的杂记体。这种杂记的内容，不再是经学传说，而是对经学主流知识之外新知识要素的一种关注、整理。同时，在各种杂记类文献中又分流出了认知型的记体文献。如果按时代来分，汉代的“异物志”开始最为繁盛，魏晋南北朝时期的州郡地记达到数量上的顶峰，最后在南朝地记中山水的描写因素加强，随后出现了专题的山水记。

本书主要从四个方面考察了地学知识的生成扩展与记体之间的关系，分别是地学知识的独立与记体的生成、地学的认知过程与记体类型的演变、地学的认知主体与记体的不同形态、文人的地学修养与各类文体的变革。

第一，关于地学知识的独立与记体的生成。在地记这一文体的形成过程中，主要是通过“见闻认知”和“汇集认知”这两种方法对地理进行把握，其中的“见闻认知”，通过对地理物象的命名、分类、空间上区分描述等方式，以一种理性的过程描述经验中的存在，体现了记录背后的理性控制，从而建立了地学的认知架构。其中的“汇集认知”，既指汇录关于一地的各种自然知识和历史人文知识，也指汇集早期经典中的名物认知术语和认知结构，从而形成观察地理的一种认知视角。因此地学认知架构和认知视角的确立是与记体的记录、汇集同步进行的。

第二，关于地学的认知过程与记体类型的演变。六朝对地理的认知，首先关注的是传入中原的南方物产，然后伴随政权的南移，开始对整个州郡的山水人文进行总体把握，而一地的地方官员以其文化精英的身份逐渐钟情对山水的独立认知，这种地学认知过程依次形成了异物志、州郡地记、山水记、营建记等不同的记体类型。

第三，认知主体与记体的不同形态。魏晋时期，进行地理认知的主体有：国家、地方官员和一般文人，分别使用的文献是舆地图、州郡地记、单篇记体文。州郡地记以著述的文献形态存在，重视全方位地存录物象。而士大夫单篇的记，对于一山一水进行更为详细的认知，填充着舆地图的每一个细节。在文体形态上，逐渐从著述中的条录形式走向篇章。

第四，地理有记，而后文学方能大盛。地记首先从知识架构上保证了山水记文类认知品格的形成。其次，六朝人在地学修养上的扩建引起诗文赋在创作题材和创作手法上的新变，并形成了刘勰部分文体理论观。

经过六朝地理学的发展，唐人因掌握了认知山水的基本知识要素，将认知的范围扩展到不知名的山、岩、洞、池、潭，展开对广泛地域的认知和表达，这就形成了唐朝的单篇山水记。唐朝地学知识的扩展，是以一种篇章形式的记文承担。唐朝的山水记文类，改变了六朝山川记的条录形式，综合其中认知山水的各要素，以篇章形式再次展开对广大山川的记载。这时的记文类完全脱离了地理书，成为文人地理认知的一种文体。

参考文献

（一）古籍类

[1] ［梁］刘勰．文心雕龙注［M］．范文澜，注．北京：人民文学出版社，1958.

[2] ［梁］沈约．宋书［M］．北京：中华书局，2011.

[3] ［梁］萧统．六臣注文选［M］．［唐］李善，注．北京：中华书局，1987.

[4] ［魏］杨衒之．洛阳伽蓝记校证［M］．周祖谟，校释．北京：中华书局，2010.

[5] ［唐］房玄龄，等．晋书［M］．北京：中华书局，2011.

[6] ［唐］李延寿．南史［M］．北京：中华书局，2011.

[7] ［唐］魏征等．隋书［M］．北京：中华书局，1973.

[8] ［唐］姚思廉．陈书［M］．北京：中华书局，2011.

[9] ［唐］姚思廉．梁书［M］．北京：中华书局，2011.

[10] ［宋］晁公武．郡斋读书志校证［M］．孙猛，校证．上海：上海古籍出版社，1990.

[11] ［宋］程大昌．考古编・续考古编［M］．刘向荣，校证．北京：中华书局，2008.

[12] ［宋］王应麟．困学纪闻［M］．孙通海，校点．沈阳：辽宁教育出版社，1998.

[13] ［元］马端临．文献通考［M］．上海：商务印书馆，1936.

[14] ［清］顾炎武．日知录集释［M］．［清］黄汝成，集释．上海：上海古籍出版社，2006.

[15] ［清］章学诚．文史通义・方志立三书议［M］．北京：中华书局，1985.

[16] ［清］周中孚．郑堂读书记［M］．上海：上海书店出版社，2009.

[17] 向新阳，刘克任. 西京杂记校注［M］. 上海：上海古籍出版社，1991.

（二）理论类

[18]［日］佐藤一郎. 中国文章论［M］. 赵善嘉，译. 上海：上海古籍出版社，1996.
[19]［德］加达默尔. 真理与方法：诠释学 I-II［M］. 北京：商务印书馆，2007.
[20]［德］马克斯·舍勒. 知识社会学问题［M］. 北京：华夏出版社，1999.
[21]［德］卡西尔. 人论［M］. 甘阳，译. 上海：上海译文出版社，1985.
[22]［德］伊曼努尔·康德. 康德著作全集［M］. 北京：中国人民大学出版社，2003.
[23]［法］爱弥尔·涂尔干. 原始分类［M］. 上海：上海人民出版社，2000.
[24]［法］福柯. 知识考古学［M］. 北京：三联书店，2007.
[25]［法］福柯. 词与物——人文科学考古学［M］. 上海：三联书店，2001.
[26]［法］福柯. 主体解释学［M］. 上海：上海人民出版社，2005.
[27]［美］罗伯特·索科拉夫斯基. 现象学导论［M］. 武汉：武汉大学出版社，2009.
[28]［美］理查德·罗蒂. 哲学和自然之镜［M］. 李幼蒸，译. 北京：商务印书馆，2003.
[29]［美］洛夫乔伊. 观念史论文集［M］. 吴相，译. 南京：江苏教育出版社，2005.
[30]［美］桑塔亚纳. 常识中的理性［M］. 北京：北京大学出版社，2008.
[31]［美］魏因斯海默. 哲学诠释学与文学理论［M］. 北京：中国人民大学出版社，2011.
[32]［英］巴里·巴恩斯，等. 科学知识：一种社会学的分析［M］. 邢

冬梅，蔡仲，译. 南京：南京大学出版社，2004.
[33] [英] W. C. 丹皮尔. 科学史及其与哲学和宗教的关系 [M]. 北京：商务印书馆，2009.
[34] [英] 李约瑟. 中国科学技术史 [M]. 北京：科学出版社，2011.
[35] 高路明. 古籍目录与中国古代学术研究 [M]. 南京：江苏古籍出版社，1997.
[36] 葛兆光. 中国思想史 [M]. 上海：复旦大学出版社，2009.
[37] 童庆炳. 文体与文体的创造 [M]. 昆明：云南人民出版社，1994.
[38] 吴承学. 中国古代文体形态研究 [M]. 广州：中山大学出版社，1997.
[39] 吴纳，徐师曾. 文章辨体序说·文体明辨序说 [M]. 北京：人民文学出版社，1962.
[40] 徐兴华. 中国古代文体总揽 [M]. 沈阳：沈阳出版社，1994.
[41] 许嘉璐. 古代文体常识 [M]. 北京：北京出版社，1980.
[42] 余英时. 中国古代知识人考察 [M]. 桂林：广西师范大学出版社，2004.
[43] 张立文. 中国学术通史 [M]. 北京：人民出版社，2004.
[44] 张羽佳译. 历史哲学：从启蒙到后现代性 [M]. 北京：北京师范大学出版社，2008.
[45] 褚斌杰. 中国古代文体概论 [M]. 北京：北京大学出版社，1990.
[46] 周光庆. 中国古典解释学导论 [M]. 北京：中华书局，2002.
[47] 周裕锴. 中国古代阐释学研究 [M]. 上海：上海人民出版社，2003.

（三）近现代著作

[48] 蔡云龙. 地理学思想经典解读 [M]. 北京：商务印书馆，2011.
[49] 仓修良. 仓修良探方志 [M]. 上海：华东师范大学出版社，2005.
[50] 仓修良. 方志学通论 [M]. 北京：方志出版社，2003.
[51] 常森. 先秦文学专题讲义 [M]. 太原：山西教育出版社，2005.
[52] 晁福林. 先秦民俗史 [M]. 上海：上海人民出版社，2011.
[53] 晁福林. 先秦社会思想研究 [M]. 北京：商务印书馆，2007.

[54] 陈劲松. 儒学社会通论［M］. 北京：中国人民大学出版社，2007.
[55] 陈来. 古代思想文化的世界［M］. 北京：生活·读书·新知三联书店，2009.
[56] 陈澧. 东塾读书记［M］. 北京：生活·读书·新知三联书店，1998.
[57] 陈柱. 中国散文史［M］. 北京：商务印书馆，1998.
[58] 成云雷. 先秦儒家圣人与社会秩序建构［M］. 上海：上海古籍出版社，2007.
[59] 程大昌. 考古编［M］. 北京：中华书局，1985.
[60] 程千帆. 文论十笺［M］. 哈尔滨：黑龙江人民出版社，1983.
[61] 程千帆. 校雠广义［M］. 济南：齐鲁书社，1988.
[62] 褚斌杰. 中国古代文体概论［M］. 北京：北京大学出版社，1990.
[63] 范文澜. 文心雕龙注［M］. 北京：人民文学出版社，1958.
[64] 费正清. 中国的思想与制度［M］. 北京：世界知识出版社，2008.
[65] 傅斯年. 傅斯年全集［M］. 长沙：湖南教育出版社，2003.
[66] 高敏. 魏晋南北朝史发微［M］. 北京：中华书局，2004.
[67] 葛志毅. 先秦两汉的制度与文化［M］. 哈尔滨：黑龙江教育出版社，1998.
[68] 顾颉刚. 顾颉刚学术文化随笔［M］. 北京：中国青年出版社，1998.
[69] 顾荩臣. 经史子集概要［M］. 上海：华东师范大学出版社，2008.
[70] 郭世谦. 山海经考释［M］. 天津：天津古籍出版社，2011.
[71] 郭英德. 中国古代文体学论稿［M］. 北京：北京大学出版社，2005.
[72] 郭预衡. 中国散文史［M］. 上海：上海古籍出版社，1986.
[73] 过常宝. 先秦散文研究：早期文体及话语方式的生成［M］. 北京：人民出版社，2009.
[74] 过常宝. 原史文化及文献研究［M］. 北京：北京大学出版社，2008.
[75] 韩高年. 礼俗仪式与先秦诗歌演变［M］. 北京：中华书局，2006.
[76] 韩养民. 中国风俗文化导论［M］. 西安：陕西人民出版社，2002.
[77] 胡阿祥. 魏晋本土文学地理研究［M］. 南京：南京大学出版社，2001.
[78] 胡宝国. 汉唐间史学的发展［M］. 北京：商务印书馆，2003.
[79] 胡道静. 中国古代的类书［M］. 北京：中华书局，1982.

[80] 胡适. 戴东原的哲学［M］. 合肥：安徽教育出版社，1999.
[81] 黄寿祺. 群经要略［M］. 上海：华东师范大学出版社，2000.
[82] 黄苇. 方志论集［M］. 杭州：浙江人民出版社，1983.
[83] 金景芳. 金景芳儒学论集［M］. 成都：四川大学出版社，2010.
[84] 乐爱国. 宋代的儒学与科学［M］. 北京：中国科技出版社，2007.
[85] 李国娟. 秦汉之际的儒家思想［M］. 上海：文汇出版社，2011.
[86] 李零. 简帛古书与学术源流［M］. 北京：生活·读书·新知三联书店，2004.
[87] 李零. 李零自选集［M］. 桂林：广西师范大学出版社，1998.
[88] 李零. 中国方术正考［M］. 北京：中华书局，2006.
[89] 李山. 先秦文化史讲义［M］. 北京：中华书局，2008.
[90] 李申. 中国古代哲学和自然科学［M］. 北京：中国科学出版社，1989.
[91] 李学勤. 简帛佚籍与学术史［M］. 南昌：江西教育出版社，2001.
[92] 李仲均. 中国古代地学书录［M］. 武汉：中国地质大学出版社，1997.
[93] 梁启超. 论中国学术思想变迁之大势［M］. 上海：上海世纪出版集团，2006.
[94] 林保淳. 经世思想与文学经世［M］. 北京：文津出版社，1991.
[95] 林存阳. 清初三礼学［M］. 北京：社会科学文献出版社，2002.
[96] 林庆彰，蒋秋华. 经典的形成、流传与诠释［M］. 台北：台湾学生书局有限公司，2007.
[97] 林衍经. 方志学综论［M］. 上海：华东师范大学出版社，1988.
[98] 刘家和. 史学、经学与思想［M］. 北京：北京师范大学出版社，2005.
[99] 刘琅. 精读刘师培·文说［M］. 厦门：鹭江出版社，2007.
[100] 刘师培. 刘师培儒学论集［M］. 成都：四川大学出版社，2010.
[101] 刘师培. 中国中古文学史·汉魏六朝专家文研究［M］. 北京：商务印书馆，2010.
[102] 刘绪义. 天人视界：先秦诸子发生学研究［M］. 北京：人民出版社，2009.

[103] 刘叶秋. 古典小说笔记论丛［M］. 天津：南开大学出版社，1985.
[104] 刘叶秋. 历代笔记概述［M］. 北京：北京出版社，2003.
[105] 刘跃进. 秦汉文学论丛［M］. 南京：凤凰出版社，2008.
[106] 刘耘华. 诠释学与先秦儒家之意义生成［M］. 上海：上海译文出版社，2002.
[107] 刘长林. 中国象科学观［M］. 北京：社会科学文献出版社，2007.
[108] 柳诒徵. 国史要义［M］. 上海：上海古籍出版社，2007.
[109] 陆宗达，王宁. 训诂与训诂学［M］. 太原：山西教育出版社，1994.
[110] 罗家湘. 先秦文学制度研究［M］. 上海：上海古籍出版社，2011.
[111] 吕思勉. 经子解题［M］. 上海：华东师范大学出版社，1995.
[112] 吕思勉. 吕思勉读史札记［M］. 上海：上海古籍出版社，2005.
[113] 吕思勉. 先秦史［M］. 上海：上海古籍出版社，2005.
[114] 吕思勉. 先秦学术概论［M］. 昆明：云南人民出版社，2005.
[115] 吕思勉. 中国文化思想史九种下［M］. 上海：上海古籍出版社，2009.
[116] 马国翰. 玉函山房辑佚书［M］. 上海：上海古籍出版社，1990.
[117] 梅新林. 中国游记文学史［M］. 上海：学林出版社，2004.
[118] 蒙文通. 经学抉原［M］. 上海：上海人民出版社，2006.
[119] 潘光旦. 儒家的社会思想［M］. 北京：北京大学出版社，2010.
[120] 彭静中. 中国方志简史［M］. 成都，四川大学出版社，1990.
[121] 皮锡瑞. 经学历史［M］. 北京：中华书局，2004.
[122] 平飞. 经典解释与文化创新［M］. 北京：人民出版社，2009.
[123] 钱存训. 书于竹帛：中国古代的文字记录［M］. 上海：上海书店，2004.
[124] 钱基博. 经学通志［M］. 桂林：广西师范大学出版社，2009.
[125] 钱基博. 钱基博儒学论集［M］. 成都：四川大学出版社，2010.
[126] 钱穆. 国史大纲［M］. 北京：商务印书馆，1996.
[127] 钱穆. 国学概论［M］. 北京：商务印书馆，1997.
[128] 钱穆. 两汉经学今古文平议［M］. 北京：商务印书馆，2001.
[129] 钱穆. 秦汉史［M］. 北京：生活·读书·新知三联书店，2004.

[130] 钱穆. 中国近三百年学术史［M］. 北京：商务印书馆，1997.
[131] 李慈铭. 越缦堂读书记［M］. 北京：中华书局，1963.
[132] 瞿兑之. 汉代风俗制度史［M］. 上海：上海文艺出版社，1991.
[133] 任铭善.《礼记》目录后案［M］. 济南：齐鲁书社，1981.
[134] 上海古籍出版社. 汉魏六朝笔记小说大观［M］. 上海：上海古籍出版社，1999.
[135] 沈立岩. 先秦语言活动之形态观念及其文学意义［M］. 北京：人民出版社，2005.
[136] 沈文倬. 菿闇文存［M］. 北京：商务印书馆，2006.
[137] 沈文倬. 宗周礼乐文明考论［M］. 杭州：杭州大学出版社，1999.
[138] 孙显军. 大戴礼记诠释史考论［M］. 北京：社会科学文献出版社，2011.
[139] 台静农. 台静农论文集［M］. 合肥：安徽教育出版社，2002.
[140] 谭戒甫. 墨辩发微［M］. 北京：中华书局，1964.
[141] 汤用彤. 魏晋玄学论稿［M］. 北京：人民出版社，1957.
[142] 唐久宠. 张华博物志之编成及其内容［M］// 中国古典小说研究专集 2. 台北：联经出版事业公司，1980.
[143] 唐君毅. 中国文化之精神价值［M］. 南京：江苏教育出版社，2005.
[144] 唐晓峰. 人文地理随笔［M］. 上海：三联书店，2005.
[145] 王爱和. 中国古代宇宙观与政治文化［M］. 上海：上海古籍出版社，2011.
[146] 王成组. 中国地理学史［M］. 北京：商务印书馆，1998.
[147] 王国维. 观堂集林［M］. 北京：中华书局，1959 年影印本.
[148] 王立群. 中国山水游记研究［M］. 开封：河南大学出版社，2007.
[149] 王琳. 齐鲁文人与六朝文风［M］. 济南：齐鲁书社，2008.
[150] 王水照. 历代文话［M］. 上海：复旦大学出版社，2007.
[151] 王天海. 荀子校释［M］. 上海：上海古籍出版社，2005.
[152] 吴承仕. 经典释文序录疏证［M］. 北京：中华书局，1984.
[153] 吴林伯. 文心雕龙义疏［M］. 武昌：武汉大学出版社，2002.
[154] 吴孟复，蒋立甫. 古文辞类纂评注［M］. 合肥：安徽教育出版

社，2004.
[155] 郗文倩. 中国古代文体功能研究：以汉代文体为中心［M］. 上海：三联书店，2010.
[156] 萧放. 荆楚岁时记研究——兼论传统中国民众生活中的时间观念［M］. 北京：北京师范大学出版社，2000.
[157] 萧放. 岁时：传统中国民众的时间生活［M］. 北京：中华书局，2002.
[158] 熊十力. 论六经·中国历史讲话［M］. 北京：中国人民大学出版社，2006.
[159] 徐复观. 两汉思想史［M］. 上海：华东师范大学出版社，2001.
[160] 徐复观. 徐复观论经学史二种［M］. 上海：上海书店出版社，2006.
[161] 徐复观. 中国思想史论集［M］. 上海：上海书店出版社，2004.
[162] 徐建委. 《说苑》研究［M］. 北京：北京大学出版社，2011.
[163] 徐杰舜. 汉族风俗史［M］. 北京：学林出版社，2004.
[164] 严杰. 唐五代笔记考论［M］. 北京：中华书局，2009.
[165] 阎步克. 乐师与史官：传统政治文化与政治制度论集［M］. 北京：生活·读书·新知三联书店，2001.
[166] 杨朝明. 出土文献与儒家学术研究［M］. 台北：台湾古籍出版有限公司，2007.
[167] 杨树达. 积微居读书记［M］. 北京：中华书局，1962.
[168] 杨树达. 积微居小学述林［M］. 上海：上海古籍出版社，2007.
[169] 杨义. 文学地图与文化还原——从叙事学、诗学到诸子学[M]. 北京：北京师范大学出版社，2011.
[170] 叶秀山. 科学·宗教·哲学——西方哲学中科学与宗教两种思维方式研究［M］. 北京：社会科学文献出版社，2009.
[171] 余嘉锡. 古书通例［M］. 北京：中华书局，2007.
[172] 余嘉锡. 四库提要辩证［M］. 北京：中华书局，1980.
[173] 鱼宏亮. 知识与救世：明清之际经世之学研究［M］. 北京：北京大学出版社，2008.
[174] 张国淦. 中国古方志考［M］. 北京：中华书局，1962.

[175] 张亮采. 中国风俗史［M］. 上海：上海书店出版社，1989.
[176] 张舜徽. 广校雠略［M］. 北京：中华书局，1963.
[177] 张舜徽. 汉书艺文志通释［M］. 武汉：湖北教育出版社，1990.
[178] 张舜徽. 清人笔记条辨［M］. 北京：中华书局，1986.
[179] 张舜徽. 四库提要叙讲疏［M］. 昆明：云南人民出版社，2005.
[180] 张舜徽. 中国文献学［M］. 郑州：中州书画社，1982.
[181] 张舜徽. 周秦道论发微［M］. 北京：中华书局，1982.
[182] 张岩. 从部落文明到礼乐制度［M］. 上海：上海三联书店，2004.
[183] 张永义. 墨子与中国文化［M］. 贵阳：贵州人民出版社，2001.
[184] 张紫晨. 中国民俗学史［M］. 长春：吉林文史出版社，1993.
[185] 章学诚. 文史通义校注［M］. 北京：中华书局，1985.
[186] 直江广治. 中国民俗学［M］. 林怀卿，译. 台南：庄家出版社，1980.
[187] 钟敬文. 建立中国民俗学派［M］. 哈尔滨：黑龙江教育出版社，1999.
[188] 钟敬文. 民俗学概论［M］. 上海：上海文艺出版社，1998.
[189] 周瀚光，戴洪才. 六朝科技［M］. 南京：南京出版社，2003.

（四）相关论文

[190] 曹文柱. 略论魏晋南北朝时期文化的更新［J］. 史学集刊，2011（4）.
[191] 龚胜生. 汉魏京都赋的自然地理学价值［J］. 中国科技史料，1992（3）.
[192] 郭声波. 唐宋地理总志从地记到胜览的演变［J］. 四川大学学报，2006（6）.
[193] 何李. 论记体文文体观念的演进［J］. 厦门理工学院学报，2011（3）.
[194] 黄克剑. 论语的义理指归、篇章结构与“六经”的关系［J］. 哲学动态，2011（6）.
[195] 黄卓越. 书写、体式与社会指令——对中国古代散文研究进路的

思考 [J]. 北京大学学报，2010（2）.
[196] 李婕. 论博物志地理叙述的价值与意义[J]. 宁夏大学学报，2006（1）.
[197] 李雁. 论谢灵运与山水游览赋的关系 [J]. 文史哲，2000（2）.
[198] 刘全波. 论类书的知识传播功能[J]. 山东图书馆学刊，2012（5）.
[199] 刘全波. 魏晋南北朝时期的抄撮、抄纂之风 [J]. 山西师大学报，2011（1）.
[200] 刘天振. 士风、学风、藏书风造就的文学奇观 [J]. 南开大学学报，2012（5）.
[201] 罗宗强. 我国古代文体定名的若干问题[J]. 中山大学学报，2009（3）.
[202] 潘晟. 宋代地理学的观念、体系与知识兴趣 [D]. 北京：北京大学，2008.
[203] 潘晟. 汉唐地理数术知识的演变与古代地理学的发展 [J]. 中国社会科学，2011（5）.
[204] 钱志熙. 论中国古代的文体学传统——兼论古代文学文体研究的对象与方法 [J]. 北京大学学报，2004（5）.
[205] 孙旭辉. 山水赋生成史研究 [D]. 杭州：浙江大学，2008.
[206] 陶敏，刘再华. “笔记小说”与笔记研究 [J]. 文学遗产，2003（2）.
[207] 汪前进. 地图在中国古籍中的分布及其社会功能 [J]. 中国科技史料，1998（3）.
[208] 王立. 类书与中国传统文学中的主题类分 [J]. 上海师范大学学报，1999（1）.
[209] 王琳. 略说六朝地记之写景 [J]. 文史知识，2011（9）.
[210] 王庆华. 古代文类体系中“笔记”之内涵指称 [J]. 华东师范大学学报，2010（5）.
[211] 吴承学. 中国文体学：回归本土与本体的研究 [J]. 学术研究，2010（5）.
[212] 邢冬梅. 库恩与科学知识社会学 [J]. 江苏社会科学，2012（5）.
[213] 赵世瑜. 文本、文类、语境与历史重构 [J]. 清华大学学报，2008

（1）.
[214] 褚孝泉. 中国传统学术的知识形态［J］. 中国文化研究，1996（14）.
[215] 邹福清. 关于笔记渊源与特点的思考［J］. 襄樊学院学报，2010（10）.
[216] 张金耀. 魏晋南北朝志怪小说与地志[D]. 上海：复旦大学，2001.
[217] 王立群. 晋宋地记与山水散文，文学遗产，1990（1）.
[218] 唐志远，陈松青. 六朝荆湘地记与文学［J］. 中国文学研究，2011（4）.
[219] 王琳. 六朝地记：地理与文学的结合［J］. 文史哲，2012（1）.
[220] 张帆帆. 魏晋南北朝区域人物传探论——兼与胡宝国先生商榷［J］. 云南师范大学学报，2016（3）.
[221] 张帆帆. 东晋南朝山水记的文学转向及其地位和影响［J］. 云南师范大学学报，2017（4）.
[222] 张帆帆. 六朝地记研究述评［J］. 辽东学院学报，2016（2）.
[223] 张帆帆. 六朝扬州地记之物类记述及其文学性探论［J］. 成都大学学报，2016（3）.

后 记

此书为广东省高等学校优秀青年培养计划项目的结项成果，研究思路来源于笔者 2013 年博士论文《先唐记体的生成与流变研究》的第四章。记得当时博士论文开题时，李山老师建议我把前面的研究去掉，直接以“六朝地记研究”为选题。我考虑再三，没有同意。主要有两方面的原因：第一，当时搜集的上古、中古时期记体文献甚多，感觉很多内容对于重新认识文学史很有价值，实在无法割爱。第二，自我感觉将地记放在整个上古、中古知识体系转折这一大背景下，才能凸显地记在整个文学史上的地位。

工作之后，我开始逐渐梳理六朝地记，发现将它作为一个单独选题，非常有必要。因为关于这一类文献，地理学界一般将它作为方志的开端，相关专著只在绪论中对其进行简单梳理，文学界则以纯文学学科的研究范式，考察地记诞生的外部背景、地记的文学特色、地记对后世的影响三个方面，不足以认知各类地记文献的文体特征。因此我着力先做第一步，对汉魏六朝地记进行文体研究。这一工作，在前期进行得非常艰难，因为并没有现成的话语体系可以模仿，是要实实在在读文本，再上升到理论话语，从感性到理性，诸多材料变成了一句话！又要从整个上古、中古学术体系的转换中考察记体的变革，涉及文献之多，如今回看，自己都很吃惊。“记”这一文体，从记述形态到记体再到记文类，不仅要以文章为范式，还要尊道为源。它往往是一个时代学术史和文学史变革前的知识储备，意义重大。现在基本完稿后，感觉在此基础上，还要再做一个关于记体在整个学术史和文学史上的地位和影响研究，方算完工。但是，又非三言两语能在此书中交代清楚，因此，在后记中从大的源流处概括如下：

1. 记体的本质、文体类型、文体特征

从字源上讲，和“书”的内涵相比，“记”的本意更强调知识的保存，如侧重于将别人的说话转化成文字表达，将口语变成书面语，从而得到记载、传承，即经学中的传记。又如将见闻认知、官方文献、口传文献

汇集，围绕一种知识进行理性有序的整理，这时就会产生一种新的认知范型和知识形态，从而使以前散见的知识得到系统的、理性的保存，如地记、风俗记。尽管一切书写行为均为保存知识的方式，但记体中的知识不是个人的创作，而是一种集体的智慧和行为，并且对于一个时代的其他各种文献具有一种构建作用，具有一种传承性，因此记的本质是知识的保存和传承。

如果从广义的角度言，凡人类一切知识记载的书写行为所产生的文献，都可以称为记。元代郝经言："记，凡志之典籍者，皆是也。"[①]但是，随着人事的发展，因为更加具体的目的、更加多样的行为，从最初的记载行为中分化出更为细致的文体，最终形成了蔚为壮观的中国散文体系。但是有一类文献一直以记为名，必定有它独特的内涵。

书与记，都可以指称人类的书写行为。如果辨析书、记之间的差别，那么记的一些独特内涵，应与后来一些以"记"命名的文献有联系。

书，作为一种行为方式，常常见用于史学范围，如《礼记·玉藻》："动则左史书之，言则右史书之。"[②]字书中对"书"的解释，如《说文》"书者，著也"，《广雅》"书，著也"，均以"著"来释义，则"书"并非一般意义上的随意记载。又言"著于竹帛者谓之书"，《周礼·春官·内史》"凡四方志事书，内史读之"，《荀子·劝学》"书者，政事之纪也"[③]。可见，以"书"这种行为所成就的文献，大多和史书、行政类文献有关。

书，常和职官的历史责任感相连。《大戴礼记·保傅》曰"太子有过，史必书之。史之义，不得不书过，不书过则死"，又曰"君举必书"。史官的职能意识可能赋予"书"这种书写行为特殊的内涵，是一般意义上的记所没有的。

关于记，汉代刘熙在《释名·释典艺》中解释为："记，纪也，纪识之也。"《广雅·释诂》解释为："记，识也。"识，志也。记最初的含义，在记载之外，有备而不忘的意思。用简单的线条做一个记号，是符号体系内的记，用语言文字保存一类知识或事件以备忘，是文献体系内的记。它的主要功能侧重于保存信息或知识。

① 郝经. 续后汉书 1-18 册 [M]. 北京：中华书局，1985：766.

② [清] 孙希旦. 礼记集解 [M]. 沈啸寰，王星贤，点校. 北京：中华书局，1989：778.

③ [清] 王先谦. 荀子集解 [M]. 沈啸寰，王星贤，整理. 北京：中华书局，2012：11.

书，著于竹帛，也在于保存，但是它的对象只是史官或行政体制内的受众。而记，作为人类基本的书写行为，内涵广大，其中最重要的特点和价值是，它可以用来认知和记载任何事物，将这种认知的成果“保存”下来，不只是史学备档。因此，记具有公共认知的品格，可以承担人类各种知识的保存与传承。明贺复征认为：“记如丝之有纪，谓编事实以备遗忘也。”即强调其“备忘”的特征。

又如古人识物类的记文，凡亭台记、器物记、园记、山水记等，在创作之后常刻之于山、石等自然承载物上，发挥其识物并告知众人的保存、传承内涵，常见的语言表达为“聊勒石纪事，以贻诸来者”①。可知记在记载的基本义外，其发展为一种文体，主要是从“保存”这一内涵中分支出去的。又如人类的各项技能，当其被创造之后，是作为人类共享的知识，如《考工记》者，将其命名为记，不仅仅是“记载”的内涵，更在于它具有全民的传承价值。

书作为一种具有官方色彩的书写行为，往往是训练有素的史官才可以应用，它有一定的文本体式。而记则任意人可随时著录，这个特征，又形成记体“条录”的语言形式，表现为不成系统的文本形式。“《说文》曰：‘记，疏也。’徐曰：‘谓一一分别记之也。’”②将记解释为疏这一点，段玉裁已经纠正，但是徐铉强调的“分别记之”的条录性质是记体的特征之一。实质上，它是人类感性认知在语言上的一种反映。

从记体的文体类型讲，最早“记体”的产生，不是对知识的直接记载，而是产生于孔门对西周官方文献的知识传承之中，作为教学笔记的形式出现。之后又出现了私记、杂记、集记、古今要记等各种笔记文献。魏晋南北朝时，接续古文经学中博物认知的倾向，形成了地理博物认知观，引起了六朝记体的繁荣，既产生了综合对各种知识进行保存的博物型杂记笔记，又产生了关于单一知识的记载，如岁时风俗知识、地理风土知识、社会历史知识、鬼怪神异知识等，是唐宋以后大多数记体类型的开端。

从记体的文体特征讲，先唐各类记体均以杂、散的条录形式呈现。记体的杂、散，在于它是对各种知识或对一种知识多种材料的整理记录，其来源广泛，内容复杂丰富，这是由其原始资料的性质决定的。而所采用的

① [清] 董诰，等. 全唐文 [M]. 孙映逵，等点校. 太原：山西教育出版社，2002：3687.

② 傅振伦. 傅振伦文录类选 [M]. 北京：学苑出版社，1994：671.

条录形式，实质上是一种初级的感性认知在语言上的反映。六朝士人开始注重经验现象本身，通过随意记载的方式关注各种零散形态的知识要素，但是，并不是对知识的客观探索，多是停留在现象上的收集汇录，因此颇具文学性。

2. 记体的生成与流变

而最初真正意义上“记体”的产生，并不是对知识的直接记载，而是在私学产生之后，私人对官方文献知识的学习和传承中所形成的。它是私人保存知识的一种著述形式。直到魏晋时期，伴随博学认知和分类认知能力的发展，从各种保存知识的杂记中衍生出关于单一类知识的认知型记体。从“保存”到“认知记载”，“记”体在内涵上的这种发展，实质上涉及了上古、中古时期整个知识体系的两次转变：一是战国时代的私学下移；二是魏晋时期的博物认知。

魏晋时期，以汉代古文经学中的知识倾向为发轫，经过汉代诸子杂学和魏晋博物知识的发展，知识的习得早已不仅仅来自官学文献，对于社会知识和自然科学知识的记载，亦不止史官可作。陶弘景《南史》本传称其“性好著述……尤明阴阳五行、风角星算、山川物理、方圆产物、医术本草，著《帝代年历》……云修道所须，非止史官是用”。魏晋博物认知风气，使文人的知识修养大为拓展。明谭浚《言文》：“记，疏也，谓一一分别记之也。《博物志》曰：‘贤者著述曰记。’记事物，具始末，原于《礼记》《学记》《考工记》，变为杂记。若郑朋奏记于萧望，阮籍奏记于蒋济，又一义也。”[①]其中言“贤者著述曰记”，表明“记”开始具备了认知和记载的内涵，这是“记”内涵的一大发展。

魏晋时期的博物认知风气引起中古知识体系上的又一次转变，发展出三类记体文献，并奠定了唐宋以后主要的记体类型。这些记体文献均以私人著述的形式存在，在文章形态上，均以条录的形式呈现。第一类是地记类文献。它的产生与魏晋地学博物认知视野的建立有关，如陈留之志风俗、襄阳之志耆旧、岳阳之志风土、洛中之志伽蓝、荆楚之志岁时、华阳之志人物等，最终发展出州郡地记这一重要文体形式，至《隋书·经籍志》在

① 王水照. 历代文话［M］. 上海：复旦大学出版社，2007：2422. 《南齐书·丘巨源传》：“议者必云笔记贱伎，非杀活所待。”实际上是奏记一体，不应再进入笔记的探讨范围。

史部专列“地理类”，罗列以魏晋地记为主体的有关地理著作，象征着中国地理知识在国家档案、图谱之外，开始出现私人地学著述。

第二类是杂钞类笔记。中古时期在知识体系上的转折，不仅表现在地理博物认知上，还表现在对经学主流之外知识的分类关注。文人开始整理典籍，分类钩稽典籍中的各种知识，使知识本身获得了独立的文体形式。如杂史类笔记、志怪类笔记、博物杂俎类笔记、杂钞类笔记、民间风俗类笔记等。魏晋时记体的大繁盛，最初就是以“抄撮众书”和“见闻记录”共存的杂记开始。这一类杂记体有别于早期礼记类文献对口传知识的记录。因其同样是对各种知识的保存，故也称为记。

第三类是单一类型的认知型记体。随着分类认知能力的发展，在地记类文献体系中开始衍生出单一知识类型的认知型记体。如魏晋时开始有异物志，是对于各种动植物的描述认知，山水记涉及对山水各知识要素的掌握等，这些均是对见闻所及的知识所进行的记录，奠定了中古时期对于众多事物进行认知的基本知识要素和表达体式。而它所用的术语和记述方式均源于早期经典中对相关知识记载时的术语和记注的表达方式，但是魏晋记类文献的记述方式超越了早期经典中单纯的记述片段，开始形成一种认知范型。魏晋时期，知识逐渐有一种学科的分类，“记”在内涵上开始表示对于一物本身的认知，而不只是通过教育接受知识的保存性记载。

从记作为一种书写方式上看，自上古至中古，记共有“标识”“笔记保存”“认知记载”三种内涵。标识这一内涵我们暂且不论。记在“笔记保存”“认知记载”内涵的背后存在着上古知识体系和中古知识体系之间的转折。其中第一次转折是王官之学中各类知识的传承在诸子学派中的下移，第二次转折是中古文人博物认知的学术风气下知识的独立和学科的逐步建立。魏晋之后，是中国类书的繁盛期，中国的类书始于魏晋，定型于唐朝。类书，是知识分类积累到一定程度，认知事物的知识架构生成之后的必然延伸。如果分析类书的分类条目和分类体系，可知它和魏晋记体的发展密切相关。

唐宋之后，接续魏晋时所形成的三类记体传统，各有自己的发展流脉，形成唐宋时期各种笔记杂纂类的著述形式。另外新衍生的一类是单篇的记体散文。这类文献发展了“认知型记体”所奠定的知识架构，并积极借鉴早期经典文献中的记述方法，发挥其“叙事识物”的主要文体功能，形成了唐宋之后繁盛不衰的记体散文。所谓叙事识物，重点在于认知，故行文必要明其“止”，即“山川记止夷陵，刹宇记止衰盛，令节记止嬉游，园林记止木石，比事属辞，不置一褒，不置一讥，习其读者，不必其知之，言外得之。”[①]记一山，则须明崖峦冈阪岩洞潭才能下笔；记一物，则须明物象的各种特征；记一事，则不须融合议论，而能交代事之始终。因此记体散文是一种认知，而不是描述。记体散文创作的背后是对一事一物知识架构和认知视角的掌握，这就奠定了记文类以“叙事识物”为核心的根本文体特征。

同时唐宋记文类在文体功能上依然有“保存”的内涵。如山水类记，“表章名胜，不专以描写为贵。命名之原，变迁之迹，前人记载之阙佚，习俗相传之讹谬，考正搜补，著之于篇，皆足以保存往迹而资来者之考览”；营建类记，吴讷言：“大体记者，所以备不忘，如记营建，当记月日之久近，工费之多少，主佐之姓名，叙事之后，略作议论以结之，此为正体。”[②]保存与传承是所有记类文献最根本的文体特征。

由以上所论，从古文经学强调认知的知识主义倾向开始，到地理博物风气下的地记类文献的昌盛，再到魏晋文人博物认知观下杂记类文献的繁荣，伴随上古到中古知识体系的两次转变，引起了整个记体和记文类的生成与流变。

如果将记体的文体特征仅仅看成笔记、描述、杂录，则必然对记体在知识传承中选择知识、序次知识、传播知识中的作用以及随物赋形所生成的文体特征认识不够充分。本书充分思考认知层面与文化内蕴积淀对文体的影响，从知识与文体互构的角度对记文体的生成及其流变进行研究。

3. 记体知识品格的确立

记体产生之后，并不在今天文学史的研究范围内。这些记体最终汇综到类书中，归隐在文注之中。文注形态的如礼记类文献和史学类杂记的证经补史、地记类文献对诗文地名的解释、风俗类文献对诗文赋中各种社会

① [明] 刘侗，于奕正. 帝京景物略 [M]. 孙小力，校注. 上海：上海古籍出版社，2001：3.
② [明] 程敏政. 明文衡：卷五十六 [M]. 四部丛刊影明本.

文化活动的解释等。各种记体以史注、文注的形式出现，它们和正文共同建构了一个知识体系和文学作品并存的文学整体形态。

而类书的成熟，代表着对一类知识相对稳定的认知，这得益于各种记体中对知识认知范型的建立。六朝一类“认知型”记体向我们展示了科学的分类是怎样建立在前科学层次之上的。类书产生后，也依然不能取代杂记、笔记在知识整合中的作用，因为它远比类书更为方便灵活，是文人博闻广见的文体承载。

如果说文人可以通过杂记笔记的方式收集各种零散的知识作为一种知识修养和知识储备，那么先唐各类记体当中，带有根本知识特征的礼记、地记、风俗记，它可以延展为整个中国古代散文背后的观念品格和智力品格。

此书得以完稿，要感谢我在北京师范大学和中山大学就读时的所有老师。你们的学术热情、治学风范都深深影响了我。感谢我的导师尚学锋老师，使我有了毕生要研究的学术领域。感谢吴承学老师，在文体学研究方法上的指导，使我有了研究的信心。感谢过常宝老师时时高屋建瓴、一语惊醒梦中人的指导。感谢郭英德老师“薪火相传”的话语激励，誓将铭记在心。感谢李山老师未卜先知，对课题学术价值的准确预测，感谢温昌衍教授在学术上的大力支持。工作之后，时时与我的诸位同门和师兄联系请教，如叶修成、刘全志、周晓平、丁玲、夏德靠、李辉、武吉煌、唐元、赵继承、尹洁等，感谢他们使我始终保持学术上的敏锐性，不至于掉队。

最后，要感谢我的家人给以我无私的爱。父母从事商业也算小有所成，为了支持自己的孩子，主动放弃了很多机会。而从金钱的获得来说，我这本书也许挣不了多少钱，却只有一个理念，就是希望通过地记的研究，能让学界开始重视“认知”，重视“记述”，恢复文学背后的智力品格，以为就是大得。我们倡导学生要获得文学表达背后的认知力和思考力。本书得以完稿，还要感谢我的爱人温为才，他从事工业设计，屡获国际大奖，虽是工科出身，但是在哲学和文学上的修养与生俱来，在专业上有自己的话语理论、话语体系，是不可多得的优秀人才，因此也是忙得很。而我，常常为了达到自己的目标，呵斥他做很多家务，因此经常看到他在厨房和洗衣间，放着音乐，大规模地完成我交派的任务。书稿的完成，不仅仅是我一个人的努力，我愿意将此书作为礼物送给我两个可爱的女儿，送给我的学生，希望他们能先拥有自己的笔记，再拥有自己的文学。

此书得到“广东省优秀青年培养计划项目”（YQ2015163）和“广东省高等学校千百十人才培养计划”（30313011）的资助。一并致谢！

2018 年 5 月